사람에 대한
예의

사람에 대한
예의

권석천

어크로스

바라건대, 스스로를 믿지 않기를.

낯선 나와 마주치는 순간

서늘한 바람이 불어올 것이다.

책을 내며

지금 저는 서울시청 건너편, 투썸플레이스에 앉아 있습니다. 맨 안쪽 구석 자리인데요. 이 자리가 좋은 점은 카페 안을 조망할 수 있다는 것입니다. 고개를 들어보니 직장인들이 삼삼오오 이야기꽃을 피우고 있네요. 어떤 이들은 계약서 같은 걸 들고 열심히 설명하고 있습니다. 주변에 집회가 많이 열려서일까요. 뭔가를 놓고 목청을 높이거나 성명서 문구를 다듬기도 합니다. 저처럼 혼자 앉아 노트북 자판을 두드리는 모습도 보입니다.

저는 사람들이 무엇을 생각하는지, 어떻게 느끼는지가 궁금합니다. 그중에서도 주목해온 건 사회적인 감정입니다. 우린 인권을 우습게 아는 공직자와 기업인, 세월호 참사를 "교통사고"라 말하는 정치인들에게 신경이 곤두섭니다. 성범죄에 주먹을 쥐고 분노하고, 못된 막말을 참지 못해 씩씩거립니다. 그 이유는 무엇일까요. 제발 사람을 사람으로 대하라는, 사람에 대한 예의를 지키라는 요구 아닐까요?

한국 사회는 조직에 대한 예의, 국가에 대한 예의는 차리라고 하면서 사람에 대해선 건너뛰기 일쑤였습니다. 정말 중요한 순간에 사람은 고려의 대상에서 빠지곤 했지요. 이제 사람에 대한 예의는 시대를 움직이는 정신입니다. 그건 또한 세대 차원의 윤리이기도 합니다. 제가 속한 세대는 단군 이래 가장 행복한 세대였습니다. 그런 세대로서 제대로 살고 있는지, 다음 세대를 위해 무얼 하고 있는지 스스로에게 묻는 것은 이 사회에 대한 예의입니다.

다 쓰고 나니 부끄러움이 밀려옵니다. 어떤 글은 감추고 싶은 치부를 드러낸 느낌이고, 어떤 글은 주제넘게 오버를 한 듯합니다. 이대로 나가도 될까, 두렵고 민망합니다. 그래도 세상에 내보내는 것이 글 쓰는 자의 예의겠지요. 편지를 유리병에 담아 파도에 띄우듯 이 책을 그만 손에서 놓으려 합니다. 당신은 어느 날, 어느 곳에서 이 책을 발견하게 될까요? 부디 반갑게 받아들고 좋게 읽히기를 바랍니다. 고맙습니다.

프롤로그

낯선 나와 마주치는 서늘한 순간

때는 초여름이었다. 네팔 카트만두행(行) 비행기에 올랐다. 행선지는 랑탕 히말라야 고산지대에 있는 고사인쿤드 호수. 지구 온난화로 빙하가 녹으면서 호수 물이 얼마나 불어났는지, 현지 주민들은 온난화를 어떻게 체감하고 있는지 취재하는 게 출장의 목적이었다.

카트만두 공항을 빠져나온 나는 현지 여행사로 전화를 걸었다. 고사인쿤드로 함께 갈 가이드와 셰르파를 주선해주기로 한 곳이었다. 가이드는 스물넷. 젊었다. 그는 한국에 가보진 않았지만 한국말을 할 줄 안다고 했다. 30대 후반쯤으로 보이는 셰르파는 가이드 청년과 생김새가 달랐다. 셰르파가 티베트 계열의 소수민족임을 비로소 알게 되었다.

"팁을 한꺼번에 주면 안 됩니다. 나눠서 매일 주세요. 그래야 말도 잘 듣고⋯."

여행사에서 권한 '분할 지급' 방식의 효능을 확인하는 데는 많은 시간이 필요하지 않았다.

고사인쿤드 등반 코스가 시작되는 둔체(해발 2030미터)까지 차로 꼬박 한나절을 달렸다. 낭떠러지 같은 구비 길을 끝없이 돌고 돌아서 가야 했다. 커브를 틀 때마다 운전사는 클랙슨을 울려댔다. 반대쪽에서 튀어나올지 모를 차량에 보내는 경고음이었다. 거의 50미터에 한 번꼴로 클랙슨이 울렸다(그 이후로 나는 골목이나 지하 주차장에서 커브를 돌 때 클랙슨을 울리는 버릇이 생겼다).

둔체에 도착했을 땐 해가 높은 봉우리들 너머로 사라지고 있었다. 셰르파가 갓 지은 쌀밥을 먹었다. 신기하게도 김치, 멸치조림 같은 반찬들이 셰르파의 짐 꾸러미에서 나왔다. 권력의 위계가 형성되기 시작한 건 둔체에서 신곰파(3350미터)로 오른 이튿날부터였다.

산을 오르는 내내 나는 지갑과 노트, 물병이 든 배낭 하나뿐이었다. 모든 무거운 짐은 셰르파가 짊어졌다. 계급제도가 남아 있는 걸까. 가이드는 셰르파에게 거리낌 없이 일을 시켰다. 그들의 관계가 조금씩 나를 변화시켰다. 아, 이 말엔 어폐가 있겠다. 정확히 말하면 나 스스로 변해갔다.

'나는 돈을 주고 당신은 노동력을 주기로 했으니, 계약에 따라 최선을 다해야 한다.' 그들이 내 뜻대로 움직이지 않는다고 생각되면 짜증이 났다. 폭력이나 폭언을 사용하진 않았지만 감정을 거르지 않고 표현하기 시작했다.

수십 년간 서울에서 썼던 문명의 가면을 이마 위로 올리는 데 채 하루도 걸리지 않았다. 말이 통하지 않는 셰르파는 상대하지 않았다. 미숙하나마 한국말이 통하는 가이드가 주된 대상이었다. 현지인들에게 던진 질문에 엉뚱한 대답이 돌아오곤 했다. 말이 가팔라지고 거칠어졌다.

"내 말을 정확하게 옮겨줘. 내가 물은 건 그 얘기가 아니잖아. 무슨 말인지 모르겠어?"

어디까지가 계약관계이고, 어디부터가 아닌지가 모호했다. 말은 갈수록 짧아졌다. 길게 말해봐야 뜻이 제대로 전해지지 않을 테고…. 반말은 '경제적인' 의사소통 방법이 아닌가. 권력의 야릇한 감칠맛에 길들어갔다.

3인의 반지 원정대는 계속 산을 올라갔다. 다음 목적지는 고사인쿤드(4380미터) 아래 베이스캠프 격인 라우레비나역(3930미터). 보슬비가 내리는 산기슭을 넘어 울창한 나무숲을 지났다. 라우레비나역에 도착했을 때 로지(산장) '마야 호텔'이 안개 담요에 덮여 있었다.

그날 밤 나는 한숨도 잠을 이루지 못했다. 가슴이 두근거리다 호흡이 불편해졌다. 숨이 마음껏 내쉬어지지 않았다. 허파에 바람이 들어가지도, 나가지도 못하는 상태가 이어졌다. 고산병이었다. 셰르파가 마늘 수프를 끓여줬다. 새벽녘까지 뒤척이다 로지를 나왔을 때 달빛이 교교히 흐르고 있었다. 멀리 안나푸르나와 마나슬루의 정상이 보였다. 이대로 죽을 수도 있을 것 같았다.

이튿날 아침 '시바 신(神)의 별장'으로 불린다는 고사인쿤드 호수에 올랐다. 텅 빈 머리로 천 길 낭떠러지를 따라 산허리를 돌았다. 가까스로 호수를 촬영하고 취재를 마쳤다. 다시 로지에 돌아왔을 때 현기증과 함께 무릎이 꺾였다. 가이드와 셰르파, 그들이 없었다면 나는 산에서 내려오지 못했을 것이다. 고마웠지만 '고맙다'는 말은 나오지 않았다.

해발이 낮아지고 기력을 되찾을수록 역학관계도 빠르게 정상화됐다. 나는 내려놓았던 권력을 다시 거둬들이기 시작했다. 웃기는 건 '나 정도 되는 고객은 없을 것'이라고, 스스로 믿기 시작했다는 사실이었다. 나처럼 가이드, 셰르파에게 친절하게 대해주는 사람이 있겠어?

사실이냐고? 나는 가이드에게 MP3를 듣게 해줬다. 이어폰을 귀에서 뺀 다음에도 그의 시선은 자꾸 MP3에 머물렀다. 미키마우스 문양이 들어간 막대형 MP3. 귀국해서 별로 쓰지도 않을 건데 선물로 줄까? 솔직히 아깝다는 생각이 들었다. '괜한 동정심'이란 귀엣말도 들렸다.

둔체로 내려오자 셰르파가 닭백숙을 끓였다. 나만을 위한 성찬(盛饌)이었다. 다시 굽이굽이 여덟 시간을 달려 카트만두로 귀환했다. 그들과 헤어지면서 네팔 돈을 한 푼도 남김없이 긁어서 줬다. 4, 5만 원쯤 됐을까. 그들이 많이 고마워할 거라고 기대했는데 그러지 않았다. 팁이 적었나? 속이 좀 상했지만 곧 잊어버렸다. 어차피 중요한 일은 아니었으니까. 인천공항으로 가는 이코노미 석에서 나는 흐뭇해했다.

그래, 나처럼 괜찮은 사람은 많지 않을 거야.

이른바 '갑질 사건'이 들려올 때마다 나는 히말라야에서의 1주일이 떠오른다. 그 회장님, 사장님, 사모님들도 자신을 괜찮은 사람으로 여기지 않았을까. '난 그렇게 나쁜 사람이 아닌데…' 하고 당혹해하고 있지 않을까. 착한 갑질과 나쁜 갑질은 어떻게 구분될 수 있을까.

비극은 '나는 남들과 다르다'고 믿는 데서 출발한다. 내가 만약 노예제 사회에서 태어났다면 노예로도, 주인으로도 '잘' 살았을 것이다. 지주 밑에서 마름 역할도 유능하게 해냈을지 모른다. '소작농에게 나만큼 잘해주는 마름은 없을 것'이라고 자부하면서.

인간이란 어떤 관계 속에 들어가면 그 관계에 따라 쉽게 변형되기 마련이다. 물이 그릇에 들어가면 그릇 모양에 따라 형태가 달라지듯이.

이를테면 한 검사가 있었다. 나는 그가 탐탁지 않았다. 그는 언론사 간부들 앞에서 과도하게 저자세였다. "형님께서 말씀하시면…." 좋은 말로는 사교적이었고, 나쁜 말로는 아양을 떨었다. '검사가 오만해서도 안 되겠지만, 꼭 그럴 필요까지…'라고 말할까 하다가 그만두기로 했다. 그러다 한 여성 검사에게 그에 대해 물었다.

"법무부에서 함께 근무한 적이 있는데 아주 좋은 선배죠.

능력 있고, 친절하고, 유머 감각도 있으시고."

윗사람, 옆 사람, 후배들에게 두루 잘한다면 뭐가 문제겠는가. 내가 사람을 잘못 봤구나. 그에게 괜히 미안해졌다.

얼마 후 그는 '성추행 검사'로 뉴스에 등장했다. 그를 칭찬했던 검사의 얼굴이 떠올랐다. 어떤 검사에게 좋은 선배였던 그가 왜 다른 검사에겐 추행을 한 걸까. 나는 그가 검사를 두 부류로 나누지 않았나, 추론해본다. 잘나가는 그룹에 있는 검사는 함께 가야 할 후배이고, 그룹에 끼지 못한 검사는 막 해도 되는 존재였던 것 아닐까.

그렇게 짐작해보는 건 내게도 비슷한 '분류의 경험'이 있기 때문이다. 신문이든 방송이든 언론사엔 '기수'와 '경력'이 있다. 기수는 해당 언론사에 신입 공채로 들어간 기자를, 경력은 경력 채용으로 다른 언론사에서 이직해온 기자를 말한다. 나는 신입 공채 입사 후 경력기자 선배들을 향한 편견의 방사능에 피폭됐다. "저 친구는 일을 잘못 배웠어." "좀 위험하게 기사 쓰는데… 저러다 사고치는 거 아니야?"

나 자신, 이직 후 경력기자가 되자 남들이 날 어떻게 볼지 늘 신경이 쓰였다. 경력들에 대해 어떤 말이 오가는지 알기에. 스스로 기수와 경력을 분류해왔기에. 몇 해 전 후배의 보고 메일을 받고 쓴웃음을 지은 일이 있었다. 모 언론사 기자의 성폭력에 관한 정보 보고였다. 'OOO 기자는 경력 출신으로….'

우리 인간은 '같음'보다 '다름'에 주목해 나누고, 차별하려 든다. 아마 그것이 생활에 유용하기 때문일 것이다. 같은 사람은 같게, 다른 사람은 다르게 대하는 편이 편하고 효율적일 것이다. 우리는 원시 시대의 식별법에서 그리 멀리 진화하지 못했다.

내가 계속 무엇이든 글을 쓰는 삶을 살게 된다면 인간과 인간 사이에 거미줄처럼 쳐진 관계의 그물에 주목하고 싶다. 그 관계의 그물 속에서 위태롭게 살아가는 나 자신을 주시하고자 한다. 남의 잘못은 중요하고 나의 허물은 대수롭지 않다고 여기는 나를, 다른 이의 막말엔 민감하게 반응하면서 "웃자고 하는 소리"로 남들을 불쾌하게 만드는 나를, 무시(無時)로 반칙하며 살면서도 세상엔 원칙의 청진기를 대는 나를.

나는 얼마나 한심한 인간인가. 돈 몇 푼에 치사해지고, 팔은 안으로 굽고, 힘 있는 자에게 비굴한 얼굴이 되기 일쑤다. 아는 얼굴이 보이지 않는 곳에선 욕망의 관성에 따라, 감정이 시키는 대로 행동하려 한다. 소심할 뿐인 성격을 착한 것으로 착각하고, 무책임함을 너그러움으로 포장하며, 무관심을 배려로, 간섭을 친절로 기만한다.

'모르고 짓는 죄'가 '알고 짓는 죄'보다 나쁘다. 알고 짓는 죄는 반성할 수나 있다. 모르고 짓는 죄는 반성할 기회조차 얻지 못한다. 우리는 숨을 쉬듯 누군가를 손가락질하지만 당신과 나 역시 한 발만 잘못 디뎠어도 다른 삶을 살게 됐을 것이다. 당신과 나는 우리가 살았을 삶을 대신 살고 있는 자들을 비웃으며 살고 있다.

'나도 별수 없다'는 깨달음. 인간을 추락시키는 절망도, 인간을 구원하는 희망도 그 부근에 있다. 바라건대, 스스로를 믿지 않기를. 낯선 나와 마주치는 순간 서늘한 바람이 불어올 것이다. 믿는 순간 편견의 구렁텅이에 굴러떨어지고, 믿는 순간 맞은편 차량과 추돌한다. 한 고비 돌 때마다 가능한 길게 클랙슨을 울려야 한다.

쉽지는 않은 일이다. 어찌할 수 없는 사고도 있다. 맞은편에서 돌진해오는 그것이 애써 눈여겨보지 않았던 나 자신의 어떤 이면이라면. 그러니, 다만 기도할 뿐이다. 우리를 시험에 들게 하지 마옵시고….

1부

인간이라는 한계,
인간이라는 구원

한없이 약한 인간도 악마가 갖지 못한 힘을 가지고 있다.
그 힘은 사람에 대한 마음이다. 오롯이 인간으로서 살고자 하는 마음이다.
악에 무릎 꿇지도, 용서하지도 않겠다는 마음이다.
그리하여, 인간이란 한계는 오히려 구원이 된다.

사람은 어떻게 흑화하는가

어이, 친구. 거기 혼자서 뭐 하고 있나? 나하고 얘기 좀 하지. 아, 날 어디서 본 적이 있다고? 하얗게 분칠한 얼굴에 슬픈 눈, 그리고 찢어진 입술. 그렇지. 사람들은 날 '조커'라고 부른다네.

아까부터 자네를 지켜봤네. 화가 좀 나 있는 것 같더군. 자꾸 화가 난다고? 자네를 무시한다고? 누가? 곁에 있는 동료들이? 상사가? 그렇다면 내 조언이 필요하겠군. 지금부터 내 얘기를 잘 들어보게. 친구.

사람들은 내가 흑화했다고 말하지. 흑화(黑化). 평범했던 사람이 어떤 사건을 계기로 검게, 냉혹하고 잔인하게 변하는 걸 이야기하지. 난 흑화가 나쁘다고 생각하지 않네. 알을 깨고 나와 아프락사스를 만나는 순간인데, 그걸 왜 나쁘다는 건지 모르겠더군.

흑화는 절대 나쁜 게 아니네. 진짜 어른이 되는 거니까. 남들보고 왜 날 안 봐주느냐고, 언제까지 졸라댈 건가. 자기 인생을 자기 힘으로 살아가야지 않겠나. 그게 더 성숙한 자세 아닌가. 그런데 사람들은 "착하게 살아야 한다", "나쁘게 살면 안 된다" 맨날 그 타령이지. 토머스 웨인 같은 작자가 만들어놓은 프레임에 갇혀 있는 거지.

생각해보라고. 자네가 왜 무시당하고 사는지. 그건 만만하기 때문이네. 자네가 얼마나 우습게 보였으면 보고도 못 본 척하고, 말대꾸도 제대로 않겠나? 정말 별거 아니라고 여기니까 그런 거 아니냐고. 만약에 자네가 만만한 사람이 아니었다면 그렇게는 못할걸? 네버(Never). 절대로.

지금 자네 모습을 보라고. 사람들이 두렵고 한없이 위축되지? 저 사람이 날 어떻게 하지 않을까. 혹시 나를 불러서 싫은 소리 하지 않을까. 어떻게 그렇게 잘 아냐고? 그건 나 역시 자네와 같은 삶을 살았기 때문이네. 내가 왜 웃음을 멈추지 못하는 병에 걸렸는지 아나? 그건 두려움과 좌절감 때문이지. 미국 작가 커트 보니것은 이렇게 말했네.

유머는 두려움에 대한 생리적 반응이다. 프로이트는 유머가 사람이 좌절했을 때 생겨나는 몇 가지 반응 중 하나라고 말한 바 있다. 개는 문이 열리지 않으면 문을 긁거나 땅을 파거나 으르렁거

리는 따위의 의미 없는 행동을 하는데, 이는 좌절이나 놀라움 또는 두려움에 대처하기 위해서라고 했다.[•]

　정말 힘든 것은 웃음으로도 두려움 자체를 없애진 못한다는 사실이네. 두려움은 그 자리에 그대로 남아 있지. 다시 상처받고, 다시 실패하고, 다시 따돌림당할지 모른다는 두려움, 그런 두려움에 부딪혔을 때 어떻게 해야 할까. 사람들은 대체로 두 갈래로 나뉘지.

　우선은 몸을 잔뜩 웅크리는 방법이 있네. 언제 괴로움을 당할지 모르니까 최대한 방어 자세를 취하는 거지. 자기 안으로 파고들어 가 안전함을 추구하며 사는 거라네. 그렇게 소시민으로 사는 것도 나쁘지만은 않아. 비겁하단 소리를 들을 수 있지만 그것도 뭐, 개인의 선택이라고 생각하네.

　다른 하나는, 적절하게 타협하고 사는 방법이 있네. 마음속으론 순수성을 지킨다고 믿으면서 밖으로는 악마와 악수를 하는 거지. "난 그러고 싶지 않았는데 그럴 수밖에 없었다." "관행이 그런 걸 내가 어떻게 하느냐." 이렇게들 변명을 하지. 많은 사람이 그렇게 살아가네. 뭐, 그렇게 사는 것도 나쁘지 않네.

　이 두 가지 말고 다른 방법은? 있네. 정말 소수의 사람만이 가는 길. 바로 내가 택한 흑화의 길이지. 겁내지 말게. 결코 어

• 커트 보니것 지음, 김한영 옮김,《나라 없는 사람》, 문학동네, 2007.

렵지 않네. 내 영화를 보고 어떤 관객이 인터넷에 남긴 '한 줄 평', 기억나나? "착하게 사는 것은 높은 계단을 오르는 것과 같지만, 포기하고 내려갈 때는 너무나도 빠르고 즐겁다." 바로 그거네. 착하게 사는 것을 포기하는 것. 정말로 롤러코스터처럼 빠르고 즐겁게 내려갈 수 있지.

나는 내가 원하는 대로 살면 되는 거다, 남들이 어떻게 생각하든 내 메시지만 확실하면 된다, 그렇게 생각을 바꾸면 되네. 흑화를 하고 나면 그렇게 즐거울 수가 없네. 내가 말하지 않았나. "내 인생이 비극인 줄 알았는데 코미디였다"고. 비극과 희극은 사실 동전의 앞뒷면이라네. 뒤를 앞으로 돌리면 되는 거야.

흑화했다고 꼭 나 같은 악당만 되는 건 아니라네. 사회적으로 성공했다는 사람들 중에도 흑화한 자가 적지 않지. 잘나가는 사람들이 왜 흑화를 하느냐고? 생각해보게. 평소엔 누구나 착하고 좋은 사람이고 싶어 하지. 시련이 있기 전까지는. 그런데 승진 인사 같은 것에서 한두 번 물을 먹고 나면 사람이 변하네. 그것도 한순간에.

왜 내가 경쟁에서 졌을까. 내가 어떤 대목에서 무슨 잘못을 한 걸까. 이 상황에서 벗어나려면 어떻게 해야 할까. 곰곰이 생각하고 또 생각하다 보면 한 가지 결론에 다다르게 되지.

"그래! 너무 원칙을 지키려고 했던 게 문제였어. 이제부턴 바보처럼 살지 않을 거야."

일단 마음을 먹으면 사고방식도 빠르게 구조조정이 되지. 아까 얘기하지 않았나. 정말 빠르고 즐겁다고. 명분이야 좋은 머리로 뚝딱 만들어내지.

"내가 이러는 건 다 조직을 위해서야. 나 혼자 잘 먹고 잘 살자는 게 아니야."

"지금 내가 이러는 건 나중에 세상을 바로잡기 위해서야. 이 보 전진을 위한 일보 후퇴라고."

그렇게 흑화는 완성되네. 웃기는 건 흑화를 하면 사람의 말과 행동이 달라진다는 걸세. 눈빛부터 달라지기 시작하지. 유연했던 사람이 갑자기 고집을 피운다든가, 마음 터놓고 대화하던 사람이 어느 순간 벽창호처럼 느껴진다든가, 그럴 땐 흑화를 의심해보게.

한 가지 특징이 더 있네. 자기가 하는 일을 정당화하기 위해 상대방을 악마화하기 시작하지. 자기 맞은편에 서 있는 인간은 동등하게 대우할 존재가 아니라고, 그러니 내 맘대로 해도 상관없다고 생각하기 시작하네. 검은 눈으로 보면 모든 게 검게 보이는 거랄까.

한국의 군부독재 시대를 떠올려보라고. 숱한 사람들이 간첩으로 조작돼 수사받고 재판받지 않았나. "수사기관에서 고문을 당해 어쩔 수 없이 허위 진술을 했다." 법정에 선 시민들이 눈물 흘리며 호소했지만 판사들은 독재자들이 원하는 대로 그들을 감옥으로 보냈지. 그 판사들은 왜 그랬을까.

"밝혀낸 증거가 부족할 뿐이다. 그자들은 간첩이 분명하다. 수사받으면서 고문 좀 당했다고 해서 그들이 간첩이란 사실이 달라지지 않는다."

이게 당시 재판장이었던 한 법조인의 말이라네. 정권의 손짓에 따라 판결하면서도 스스로는 양심적이라고, 다 사회를 위한 일이라고 정당화한 거지. 인간이란 알면 알수록 참 재미있는 존재야. 자신이 가진 지능만큼 악해지기도 하니까.

흑화한 다음에 하는 말들도 다들 비슷하다네. 후배들에게 마치 후일담처럼 말하지. "그때 많이 배웠다"고. '그때'는 자신이 승진 명단에서 누락됐거나, '조직의 쓴맛'을 봤을 때를 말하네. 그럼, '많이 배웠다'는 건 무슨 뜻일까? 자신이 흑화한 것이 아니라 성장한 것이라고 말하는 거라네. 진정한 '프로 직업인'으로 거듭났다는 거지.

그렇게 변해가는 사람들을 보면서 가끔 이런 생각도 들더군. 일부러 한 텀(기간) 늦게 승진시켜서 흑화시키는 매뉴얼이 조직마다 비치돼 있는 건 아닐까. 설마 그렇겠느냐고? 자넨 설마가 사람 잡는다는 걸 모르나?

한번 주위를 둘러보라고. 조직에서 잘나가는 인간들을. 오너나 상관 앞에서는 자기 간이라도 빼줄 듯이 살갑게 굴다가도 직원들 앞에만 서면 못 잡아먹어서 안달이지. 오너가 그걸 모르는 것 같아서 너무 안타깝다고?

이보게, 친구. 그들은 다 알고 있네. 알고도 모르는 척할 뿐이지. 왜냐고? 그게 편하거든. 말 잘 듣는 '나쁜 놈' 하나가 분위기를 휘어잡으면 오너 자신은 품위 있게, 우아하게 웃고만 있으면 되거든. 그 '나쁜 놈'이 조직을 망가뜨릴 지경이 되면 다른 '나쁜 놈'으로 대체하면 되는 거고….

역사 드라마를 보면 충신이 왕에게 머리를 조아리고 눈물을 흘리잖나. 왕이 누가 충신이고, 누가 간신인 줄 왜 모르겠나. 알면서 간신을 쓰는 이유는 그만큼 편하기 때문이지. 왕이 무슨 생각을 품고 있으면 귀신같이 알아차리고, 굳이 속마음을 입술로 옮기지 않아도 다 알아서 해주지. 입안에 있는 혀처럼, 풀숲을 조용히 미끄러지는 뱀처럼. 충신들을 생각해보라고. 꼬장꼬장하게 답답한 소리나 하고, 마음만 영 불편하게 하지 않느냐고.

자, 자네 안에 있는 감정을 들여다보라고. 그래, 그거. 좌절감과 두려움. 그 감정 앞에 솔직해져보게. 언제까지 자기 자신을 속이면서 살 생각인가. 언제까지 쓰디쓴 가루약 같은 좌절감을 맛보면서 살 거냐고.

다른 자의 죽음은 슬퍼하면서 내가 죽으면 내 시체를 밟고 지나가는 게 이 세상이라네. 착하게 살면 비웃음거리로 만드는 게 이 세상이라네. 세상이 자네를 평가해주지 않는다고 울상 짓지 말고, 자네가 세상을 평가해보게. 계속 웃을 자와 웃지 않을 자를 선택할 권리는 자네에게 있네. 코미디는 어디까지나 주관적인 거니까.

그러니, 친구, 이제 자기기만의 동굴에서 나와 진정한 자유를 찾아 나서게. 자네의 알량한 양심만 버리면 되네. 결핍은 사람을 어디로든 나아가게 하지. 그게 지옥이든, 천국이든, 연옥이든. 어떤 선택을 하든 자네의 자유네. 남들이 자넬 비난할 수 있어도 막아설 수는 없지.

어쩔 텐가. 이대로 있을 텐가. 나와 함께 흑화할 텐가. 그래도 지금까지 믿고 살아온 것들을 버리고 싶지 않다고? 제대로 살아도 분명히 길은 있지 않겠냐고? 그런 믿음이 인간을 인간답게 하는 거 아니냐고? 흑화를 하고 싶어도 흑화가 되는 사람이 있고, 안 되는 사람이 있을 거라고? 모든 걸 남 탓, 사회 탓을 하면서 살면 되겠냐고?

알겠네. 내가 바라는 건 간단하네. 찜찜하게, 어중간하게 흑화하지 말고, 자네의 자유의지에 따라 흑화하는 것이네. 1주일의 시간을 주겠네. 1주일. 신이 세상을 창조할 때 사용했던 단위지. 웁스(Oops)! 브루스 웨인(배트맨)과 놀아주러 갈 시간이군. 부모 잘 만난 덕에 검은 망토 휘날리며 설치고 다니는 그 어린 놈 말일세. 그놈을 언제 흑화시킬 수 있을지, 벌써부터 가슴이 두근거린다네. 그럼, 그때까지 잘 고민해보게나. 친구. 이 노래를 들으면서.

4월에 잘나가다가도 5월엔 꺾여버리지.
You're riding high in April, shot down in May.
하지만 난 내가 흐름을 바꿀 걸 알지.
But I know I'm gonna change that tune.
다시 정상으로 돌아오는 6월에는.•
When I'm back on top in June

• 영화 〈조커〉 OST 〈That's Life〉 중에서.

아무도 미끼를 물지 않았다

러닝타임 156분. 영화 〈곡성〉을 보는 건 불편하고 고통스럽다. 이유는 두 가지다. 머리카락처럼 뒤엉킨 복선이 발목을 잡아당기고, 커다란 싱크홀이 입을 벌리고 우릴 삼키려 한다. 다른 하나는 인간의 한계를 집요하게 물고 늘어지기 때문이다.

마을에 외지인(쿠니무라 준)이 나타나면서 영화는 시작된다. 의문의 사건들이 잇따르며 마을은 패닉에 빠진다. 사건의 공통점은 얼굴과 온몸이 두드러기로 덮이고 가족이 몰살당한다는 것. 마을 사람들 사이에 공포와 불안이 걷잡을 수 없이 번져간다.

"요렇게 소문이 파다하면 말이여. 무슨 이유가 있는 거여. 이유가."

경찰관 종구(곽도원)는 초등학생 딸이 귀신들림 증상을 보이면서 사건의 중심부에 들어선다. 그는 딸을 구하기 위해 무당 일광(황정민)을 불러들인다. 종구는 일광에게 묻는다. "왜 하필 내 딸이냐?"

종구의 물음은 인간적이다. "왜 하필 내 가족이냐?" "왜 하필 우리냐?" 질문은 무력하다. 답을 알아도 달라질 것은 없다. 그래도 인간은 "내 눈깔로 직접 봐야" 믿을 수 있고, 무슨 이유가 있는지 알아야 움직일 수 있다. 인간은 어떤 상황에 놓이든 상황을 합리적으로 재구성할 수 있어야 납득하는 존재다.

일광의 대답은 면도날처럼 단호하다.

"자네는 낚시할 적에 뭐 어떤 게 걸려 나올지 알고 하는가? 그놈은 낚시를 하는 거여. 뭐가 딸려 나올지는 몰랐겠지. 지도."

"그놈은 그냥 미끼를 던져분 것이고 자네 딸내미는 고것을 확 물어분 것이여."

일광은 악이 발현되는 건 우연이고, '미끼를 물어버린' 피해자의 탓이라고 말한다. 그는 종구에게 이런 말도 한다.

"자네 며칠 전에 만나믄 안 되는 걸 만난 적 있제? 자네가 고것을 건드려부렀어."

나는 일광이 내뱉은 일련의 발언 자체가 미끼라고 생각한다. 즉 '미끼'라는 그 말이 미끼인 것이다. 종구 딸내미가 미끼를 물어서, 종구가 만나면 안 되는 걸 건드려서 문제가 생긴 게 아니다. 아무도 미끼를 물지 않았다.

미끼를 물었기 때문에 불행이 시작됐다는 건 이 사회의 오래된 우화다. 성폭행 책임을 피해자에게 묻는 현실이 우화가 살아 있다는 증거다.

"밤늦게 다니지 마라.""짧은 치마 입고 다니지 마라.""인적이 드문 곳에 가지 마라."

이런 말들은 모두 미끼를 문 자의 책임이라는 전제 위에 있다. '미끼를 물어버린 자의 책임' 논리는 이 땅의 모든 사건, 모든 피해자에게 적용된다.

"왜 가습기 살균제를 사용했느냐?""왜 세월호에 올랐느냐?""그 위험한 장소에 왜 갔느냐?"

이 물음들은 그럴듯해 보이지만 전혀 사실이 아니다. 새빨간 거짓말이다. 가해자의 책임을 피해자의 책임으로 떠넘기려는 음모다. 무고한 피해자에게 죄를 뒤집어씌우려는 모함이다. 인간을 성욕의 제물로 삼은 자의 잘못이고, 독성물질이 들어간 살균제를 제조·판매한 자의 잘못이고, 바다에 떠서는 안 될 배를 띄운 자, 구조하지 않은 자의 잘못이고, 사람에게 흉기를 휘두른 자의 잘못이다. 피해자는 죄가 없다.

모두가 피해자의 얼굴을 궁금해하는 사이 가해자는 유유히 암흑 속으로 빠져나간다. 그는 다시 범행할 대상을 찾아 거리를 돌아다닌다. 그러다 그의 눈앞을 스치는 누군가가 피해자가 된다. 충분히 막을 수 있었던 사건이 몇 번이고 되풀이되는 이유는 피해자 환원론에 있다.

"이모가 그런 게 아니야. (가습기 살균제를 만든) 다른 아저씨

들이 그런 거야."•

가습기 살균제 피해자인 박나원(당시 5세) 양은 이모가 "미안해"라고 하자 이렇게 답했다. 하물며 다섯 살 아이도 누가 그랬는지 안다. 정작 어른들은 누가 그랬는지 모르거나 피해자들 탓이라고 잘못 알고 있다. 사고가 터지고 사건이 일어나면 자유의지를 존중하는 체하면서 그 직전에 어떤 선택을 한 사람들 탓으로 돌린다. 누가 당하든 당하게 돼 있는데, 어찌 됐든 당사자가 감수해야 할 몫이라는 거다.

"그래, 내 인생을 누가 대신 책임지겠어? 내가 책임져야지."

'개인의 윤리'로는 옳을 수 있으나 '사회의 윤리'가 되면 전혀 딴 얘기가 된다. "누가 대신 책임져주느냐?"는 반문이 사회 윤리로 굳어지면 힘 있는 자가 모든 걸 먹어치우는 약육강식의 세렝게티 초원이 펼쳐진다. 누가 미끼에 걸려 피해를 입었을 때, 그 책임을 당사자가 지라는 것은 부당할 뿐 아니라 잔인한 요구다. 그 요구는 사회적 구조의 문제점을 교묘하게 은폐시킨다.

불행이 엄습했을 때, 범죄와 혐오의 대상이 됐을 때 우리가 해야 할 일은 자책하는 것이 아니다. 피해자를 혐오하는 것이 아니다. 불행과 범죄와 혐오에 맞서 싸우는 것이다. 2016년 5월 강남역 살인 사건•• 추모제에서 들었던 가장 인상적인 단어는 '생존자'였다. 일요일 저녁 강남역 10번 출구 앞 인도에 모인

• 조혜지, "아이 목의 튜브는 뺐지만 '수사에서 애경 빠져 잠도 못 자요'", 오마이뉴스, 2016년 5월 23일.

청중들 앞에 한 여성이 나섰다. 그는 초등학생 때 성폭행을 당했다며 이렇게 말했다.

"크면서 성폭행당했다는 사실이 너무나 수치스럽고 고통스러웠어요. 내가 무슨 잘못을 했기에 그런 일을 당한 걸까, 죄책감을 갖기도 했고…. 그런데 대학에 갔을 때 '당신은 성폭행 피해자가 아니라 성폭행 생존자'라는 상담사 말씀을 들었어요. 그 말을 듣는 순간 제가 살아 있다는 사실이 자랑스러워졌습니다. 여기 있는 분들도 힘을 내시기 바랍니다."

생존자. 범죄의 고통에 갇힌 피해자가 아니라 그 고통을 이겨낸 생존자다. 생존자라는 말과 함께 그동안 견뎌낸 한순간 한순간이 특별한 의미를 갖는다. 그렇다면 '피해자'는 잘못된 단어일까.

미국 여성 작가 록산 게이는 열두 살 때 집단 성폭행을 당한 뒤 폭력으로부터 안전해지기 위해 초고도 비만이 된다. 게이는 자전적 에세이 《헝거(Hunger)》에서 자신의 몸에 대해 솔직하게 이야기한다. "먹고, 먹고 또 먹으며 내 몸을 요새로 만들고자" 했지만 "여전히 악몽을 꾼다". 이제 "내 행복의 기준은 내 몸무게가 아니라 내 몸에 더 편안해하는 감정임을 배우는 중"이다. 그는 열두 살 소녀였던 자신을 떠올리며 그때 자신이 들어야 했던 이야기를 해주려고 책을 썼다고 말한다.

•• 2016년 5월 17일 오전 1시쯤 서울 강남역 인근 노래방 화장실에서 일어난 살인 사건. 34세 김성민이 화장실에 들어가 대기하고 있다가 남성 여섯 명은 그냥 보낸 뒤 20대 여성을 흉기로 찔러 살해했다. 김성민은 경찰 조사에서 "여성들로부터 무시를 당해서 범행을 저질렀으며, 피해자와는 모르는 사이"라고 말했다.

나는 성폭행을 당한 순간 피해자가 되었고 지금까지도 여러 이름을 갖고 있지만 그 사실에 부끄러워해야 한다고 생각하지 않는다. 이렇게 되기까지 오랜 시간이 걸렸으나 현재 나는 '생존자'보다는 '피해자'를 선호한다. 일어난 일의 엄중함을 깎아내리고 싶지 않다. 희망의 여정을 걸어와 승리를 쟁취한 척하고 싶지 않다. 모든 것이 무사한 척하고 싶지 않다.●

게이는 "나는 그 일이 일어난 채로 여기까지 걸어왔고 내게 흉터가 남지 않은 척하면서 앞으로 나아가고 싶지도 않다"고 말한다. '피해자'와 '생존자'는 반대말이 아니다. 생존자인 동시에 피해자다. 게이는 선언한다.

나를 성폭행한 소년들을 절대 용서하지 않을 것이며 이 사실은 1000퍼센트 확신하는데 용서가 나를 구원해주지 않을 것이기 때문이다.●●

'가해자를 용서해야 한다'는 낡아빠진 이데올로기 앞에 굴복하지 않겠다는 것이다. 그의 결연함에 고개가 숙여진다. 피해자에게 "합의하고 잊어버려라"고 종용하고, 가해자에게 "반성하면 용서받을 수 있다"고 말하는 사회는 누구의 편인

● 록산 게이 지음, 노지양 옮김, 《헝거》, 사이행성, 2018, 39~40쪽.
●● 《헝거》, 337쪽.

가. 이런 사회에서 살아가는 피해자는 얼마나 불행한가.

"범죄자에게 서사를 부여하지 마십시오. 범죄자에게 마이크를 쥐여주지 마십시오. #nthroom_stop #nthroom_case"

2020년 3월 25일 가수 김윤아가 소셜미디어에 올린 글이다. "멈출 수 없었던 악마의 삶을 멈추게 해줘서 고맙다." 극악한 성범죄를 주도한 텔레그램 '박사방' 운영자 조주빈이 같은 날 경찰서 앞에 얼굴을 들고 발언한 직후였다.

김윤아의 지적에 고개를 끄덕일 수밖에 없다. 조주빈 같은 범죄자에게 왜 발언권을 주는가. 반성하고 사과할 기회를 주는 거라고? 시민들에게 용서를 빌라고? 그에게서 "미안하다. 용서해달라"는 말을 듣는다고 달라지는 게 있는가. 피해자의 상처가 치유되는가. 우리가 왜 그에게서 "고맙다"는 말을 들어야 하는가.

〈곡성〉은 종구와 그 가족의 패배로 막을 내리는 듯 보인다. 종구는 딸을, 가족을 살리기 위해 발버둥 친다. 의사를 찾아가고, 외지인에게 으름장을 놓고, 무당을 부르고, 신부에게 묻지만 모두 실패한다. 그러나 그는 포기하지 않았고, 끝까지 최선을 다하려고 한다.

그가 의심하고 또 의심한 것도 어떻게든 가족을 살리기 위해서였다. "닭이 세 번 울 때까지" 기다리지 못했던 건 그가 인간이기 때문이다. 그가 의심했다는 이유로, 현혹됐다는 이유로 비난받아야 하는가. 마지막 장면. 종구는 피투성이 얼굴로 딸에게 말한다.

"괜찮애, 우리 효진이. 이거 다 꿈이야. 아빠가 해결할게."

결과가 어찌 됐든, 딸이 어떻게 변했든 아빠는 아빠다. 그는 언제까지나 효진이에게 아빠이고 싶다. 그래서 넋이 나간 딸에게 계속해서 말을 걸고 있는 것이다.

괜찮다. 다 괜찮다. 인간은 악(惡)에 패배할 수 있지만 영혼까지 내주진 않는다. 악이 인간을 현혹해 죽일 수는 있어도 마음까지 빼앗아가지 못한다. 악이 이긴 것처럼 보이지만 악이 가질 수 있는 건 인간의 거죽뿐이다. 악마가 카메라에 담을 수 있는 건 오직 죽은 자의 데스마스크뿐이다.

한없이 약한 인간도 악마가 갖지 못한 힘을 가지고 있다. 그 힘은 가족, 친구, 사람에 대한 마음이다. 오롯이 인간으로서 살고자 하는 마음이다. 악에 무릎 꿇지도, 용서하지도 않겠다는 마음이다. 그리하여, 인간이란 한계는 오히려 구원이 된다.

악의 낙수(落水) 효과

20대에 경찰서를 출입하며 사건 사고를 취재할 때의 기억이다. 당시 심야 시간대 경찰서의 '피의자 보호실' 철창 안에선 많은 사람들이 밤을 지새우곤 했다. 술에 만취해 시비를 벌이다 연행된 이들이 많았다. "왜 기분 나쁘게 쳐다보느냐", "왜 반말을 하느냐"며 치고받은 경우였다. 술에 취하면 왜 눈 마주친 것 갖고 싸우는 거지? 풀리지 않는 미스터리였다.

대개는 양쪽 당사자가 모두 입건되는 '쌍피'• 사건으로 처리됐다. 보호실에는 그런 폭력사범 외에 절도범, 사기범, 강간범, 단속엔 적발된 성매매 여성들이 있었다. 그중엔 기사거리를

• '쌍방 피의' 혹은 '쌍방 피해'를 줄인 말이다.

찾아 보호실에 잠입한 기자도 있었다.

"타사에 계속 기사를 물먹으니까 안 되겠더라고. 그래서 친한 형님(형사)한테 얘기해서 보호실에 들어갔지. 그랬더니 한 사람이 막 떠드는 거야. 자기가 아는 사람이 아이를 유괴해서…."

그 시절 피의자 보호실엔 이상하게도, 행색이 번듯한 사람은 보이지 않았다. 하나같이 옷도 남루하고, 인상도 어두웠다. 대학 시절 형법 시간에 배웠던 '생래적 범죄인'*이 실제로 존재하는 것일까. 그들은 왜 인생을 그렇게 낭비하는 것일까.

그것은 완벽한 착각이었다. 착각을 깨뜨린 것은 조은 교수의 《사당동 더하기 25》였다. 사회학자인 조 교수는 1986년 사당동 재개발지역에서 만난 한 할머니 가족의 궤적을 25년간 추적했다. 그들은 유산할 돈을 구하지 못해 어쩔 수 없이 또 아이를 낳고, 며칠을 버틸 여유가 없어 '대포차'와 '대포폰' 만드는 데 명의를 빌려주고 수배를 당한다. 책은 그들을 중산층의 시각으로 재단하는 건 옳지 않다고 지적한다.

가진 것이라고는 맨몸뿐인 이들에게 더는 기댈 곳이 없어졌을 때 그리고 몸으로 할 수 있는 일이 없어졌을 때 잦은 가정 폭력이나 알코올 중독은 또 다른 빈곤 문화라 불리는 삶의 양식이다. 할

• 생래적(生來的) 범죄인 이론은 범죄인류학의 창시자인 이탈리아의 체사레 롬브로소 (Cesare Lombroso, 1835~1909)가 주장한 것이다. 범죄자는 원시 선조의 야만성이 유전된 것으로 비(非)범죄인과 뚜렷이 구별되는 신체적·생리적 특징이 있다고 한다. 오늘날에는 받아들여지지 않는 이론이다.

머니 가족의 경우 손자녀 세대에 와서 이러한 빈곤 문화가 심각한 수준은 아니지만 나타나기 시작한다. 그러나 이러한 빈곤 문화가 이들 가족을 빈곤하게 하는 것이 아니라 이들의 빈곤함이 그리고 빈곤의 재생산 구조가 이들 삶의 조건이 되고 있음을 보여준다.•

그들을 빈곤에 빠뜨린 것은, 그들을 가정폭력과 알코올 중독으로 밀어 넣는 것은 그들의 문화가 아니라 빈곤 그 자체다. 내가 보호실에서 목격했던 풍경을 만든 것도 빈곤이었다. 그 풍경을 보고 그들이 인생을 잘못 살았기 때문에 빚어진 결과로 판단한 건 '편리한' 선입견이었다.

일본 작가 요시다 슈이치의 소설《악인》••은 우리가 가진 선입견의 실체를 집요하게 파헤친다. 주인공 유이치는 일용직 노동자다. 엄마에게 버림받고 외할머니 밑에서 자랐다. 노랗게 염색한 머리에 말도 어눌하고 자신감도 없다. 연애를 할 주변머리도 없는 그는 온라인 데이트 사이트에서 만난 여성에게 돈을 주고 성(性)을 산다. 겉으로만 보면 시큼한 혐오감을 주는 인물이다.

유이치는 20대 보험설계사 요시노와 만나지만 어디까지나 돈과 성의 물물교환일 뿐이다. 그러던 어느 날 밤 유이치는 중

• 조은 지음,《사당동 더하기 25》, 또하나의문화, 2012, 314쪽.

•• 요시다 슈이치 지음, 이영미 옮김,《악인》, 은행나무, 2008.

고 차를 몰고 요시노를 만나러 갔다가 요시노가 대학생 마스오의 고급 차에 오르는 것을 본다. 마스오는 부유층 집안의 아들로 요시노나 유이치와는 전혀 다른 세계에 산다. 자신만 아는 그에게서 타인에 대한 배려 같은 것은 찾아볼 수 없다.

요시노를 태우고 국도를 달리던 마스오는 그녀가 귀찮아진다. 그녀의 입에서 나는 마늘 냄새부터 마음에 안 든다. 마스오는 고개 정상 부근에 차를 멈춘다. "내려. 널 태우니까 짜증만 난다." 요시노가 내리지 않자 말이 갈수록 험해진다. 마스오는 요시노의 등을 발로 차서 밀어낸다.

마스오의 차를 따라오던 유이치는 도로변에 쓰러져 있는 요시노를 부축한다. "차에 타. 데려다줄게." 순간 요시노는 마스오에게서 받은 모멸감을 유이치에게 터뜨린다.

"경찰에 신고할 거야! 성폭행했다고 신고할 거야! 여기까지 납치했다고! 난 너 같은 남자랑 사귈 여자가 아니야!"

유이치는 충동적으로 요시노를 있는 힘껏 누른다. 어떻게든 거짓말을 틀어막으려던 것이 목숨까지 빼앗게 된다. 그는 이제 살인범이다.

우리 앞에 서 있는 것은 유이치도, 마스오도 아니다. 우리 자신의 모습이다. 사건이 터질 때마다 우린 범인을 찾는다. 범인을 찾아내면 "마스크를 벗겨라", "사형을 선고하라"는 목소리가 빗발친다. 누가, 왜, 어떻게 범행을 했는지, 그 범행 뒤에 어떤 얼굴들이 숨어 있는지 묻지 않는다. 한바탕 분노의 쓰나미가 지나가면 사건은 망각의 쓰레기 하치장으로 보내진다.

우리가 손가락질하는 악인은 과연 진짜 악인인가. 그에게 침을 뱉고 지나가면 모든 게 해결되는가. 소설은 그렇지 않다고 말한다.

'한 인간이 이 세상에서 사라지는 것은 피라미드 꼭대기의 돌이 없어지는 게 아니라, 밑변의 돌 한 개가 없어지는 것이다.'

악(惡)은 위에서 아래로 흐른다. 두말할 것 없이 요시노를 죽인 살인자는 유이치다. 마스오에겐 법적인 책임이 없다. 그것으로 계산을 끝내기엔 한쪽은 뭔가 모자라고, 한쪽은 뭔가 남는다. 유이치의 살인은 용서받을 수 없는 범죄다. 우리가 가져야 할 의문은 처음에 증오를 촉발시켰던 마스오가 가해자의 범주에서 빠져나가는 것이 과연 정의롭냐는 거다. 꼭대기의 돌은 무사한 대신 밑변의 돌만 사라지는 게 옳으냐는 거다.

악의 낙수 효과는 현실이다. 위에서 물이 넘치면 아래로 내려가듯이 악은 계속해서 피라미드 계단 아래로 흘러내린다. 직장 상사에게서 받은 스트레스는 상사에게 되돌아가지도, 사라지지도 않는다. 그 아래에 있는 부하에게 내려간다. 스트레스 질량보존의 법칙일까. 갈 곳을 찾지 못한 스트레스는 거리로 쏟아져 나온다. 대상은 눈앞의 불특정 다수다.

"네가 뭔데 왜 기분 나쁜 눈으로 쳐다봐?"

"어깨를 치고도 왜 사과를 하지 않는 거야?"

멱살잡이를 하고, 주먹다짐을 한다. 거리에서 분노를 풀 용기조차 없는 자들은? 아내와 자녀에게 푼다. 한국 사회에 가정 폭력과 아동 학대가 넘쳐나는 이유 중 하나다. 학대받은 아이들은 다시 학교에서 분노를 배설한다. 내가 말하고자 하는 것은 폭력에 면죄부를 주자는 게 아니다. 폭력의 배경에 무엇이 있는지 보자는 것이다.

양극화된 사회에서 어떤 가해자들은 피해자들 가까이에 있지 않다. 그들은 저 멀리, 손이 닿지 않는 곳에 있다. 그들은 구속되지도, 재판에 넘겨지지도 않는다. 그들은 범죄와 전혀 무관한 것처럼 보인다. 그들은 너무도 단정한 얼굴에 깔끔한 옷차림, 나무랄 데 없는 매너를 갖추고 있다. 슬픈 영화를 보고 눈물 흘리고, 구세군 자선함에 돈을 넣고 흐뭇한 미소를 짓는다. 멋진 선배, 착한 배우자, 좋은 엄마, 자상한 아빠다.

그들은 피라미드 아래에 살고 있는 사람들에게 관심이 없다. 아니, 눈앞에 보이지 않으니 그런 사람들이 존재한다는 사실조차 알지 못한다. 자신이 무심코 한 행동이 피라미드를 따라 내려가며 눈덩이처럼 커져서 끔찍한 사건 사고로 이어진다는 것은 더더욱 모른다. 모르는 일이니 모른 척하는 것도 아니고, 양심의 가책을 받을 일도 없다.

그들은, 그리고, 안전하다. 안전마저도 돈으로 산다. '종합 안심솔루션'을 제공한다는 보안 회사 홈페이지에 들어가 보라. CCTV, 긴급 출동, 모바일 순찰, 범죄 동향 정보… 최첨단 시설과 근육질의 경비원들이 요람에서 무덤까지 지켜준다. 경찰서 피의자 보호실과는 완전히 다른 차원의 보호실이다.

한국에서 아파트 가격이 단독주택이나 빌라를 압도하는 까닭은 편리성뿐 아니라 안전성에도 있다. 아파트 단지에 살면 단지 밖 사람들과 부딪힐 일이 없다. 단지 안에 학교가 있다면 아이를 보다 안전하게 키울 수 있다. 분명한 건 국가가 국민의 생명과 안전을 균등하게 보장하지 않는다는 것이다. 안전이란 가치 앞에 모든 국민이 평등한 건 아니다.

사건 기사가 매일 스마트폰에 떴다가 진다. 안전한 보호실 안에 사는 사람들은 보호실 바깥에서 이유 모를 혐오와 반감에 허우적거리는 사람들을 향해 혀를 찬다. 보호실 밖 사람들도 "인생 왜 그렇게 사느냐"고 서로를 힐난한다. 눈앞의 가해자에게 돌팔매질을 하는 것만으로는 아무것도 바뀌지 않는다. 밑변의 돌들만 사라지는 악의 피라미드 속에서 우리가 할 수 있는 게 무엇인지 생각해야 한다.

소설이 막바지로 치닫는 상황에서 두 개의 장면이 선명하게 뇌리에 남는다. 장면 하나. 유이치가 경찰의 수배를 받고 쫓기는 사이 가족들은 취재진에 포위된다. 기자들에 쫓겨 버스에 오른 유이치 할머니에게 버스 기사가 말한다.

"아줌마가 잘못한 거 없어요. 정신 똑바로 차리셔야 해요."

"당신이 그렇게 키웠으니까 그렇게 됐지." "그러니까 죽은 거지." 가해자 가족도, 피해자 가족도 선입견의 먹잇감이 된다. 스스로도 가슴 깊이 죄책감의 주홍글씨를 새기게 된다. 그러나 버스 기사의 말대로 할머니는 잘못한 게 없다. 손주를 자식처럼 키웠을 뿐이다. 예상치 못한 누군가의 선의는 일어설 힘을 준다.

장면 둘. 요시노의 아버지가 딸의 죽음 뒤에 마스오가 있음을 알고 그를 찾아간다. 아버지는 딸의 마음을 짓밟은 놈을 도저히 용서할 수가 없다. 하지만 막상 그가 마주한 것은 철부지 아이다. 마스오는 자신에게 달려들었던 요시노 아버지를 친구들과 함께 비웃는다. "그 영감 얼굴, 진짜 웃기더라." 딸 잃은 슬픔을 웃기다고 말하는 마스오를 보고 모든 게 덧없어진 것일까.

"뭐가 그리 재밌나? 그렇게 살면 안 돼. 그렇게 다른 사람이나 비웃으며 살면 되겠어?"

아버지는 마스오를 향해 움켜쥐었던 스패너를 바닥에 던지고 돌아선다. 소설은 그의 심정을 이렇게 묘사한다.

'이루 말할 수 없이 슬펐다. 증오 따위는 날려버리고도 남을 만큼 서글펐다.'

그가 철없는 악인, 마스오를 보고 느낀 것은 서글픔이다. 서글픔은 현실을 있는 그대로 보게 됐을 때 가지는 감정이다. 한국 사회에도 어쩔 수 없는 현실 앞에서 서글픔을 안고 사는 이들이 얼마나 많을까. 그 서글픔을 세상을 변화시키는 힘으로 바꿀 순 없을까. 악을 아래로, 아래로 내려 보내는 시스템을 어떻게 심판대에 세울 수 있을까.

의심하라, '너를 위한다'는 속삭임을

한 로스쿨 교수에게서 들은 얘기다. 입학 30주년을 맞아 법대 동기 모임이 열렸다고 한다. 그가 주목한 건 권력 서열의 변화였다. 검사 친구들의 어깨에서 힘이 빠진 가운데 새롭게 모임의 중심 세력으로 떠오른 동기들이 있었다. 자녀를 서울대에 보낸 친구들이었다. 40대 후반 워킹맘의 이야기도 비슷하다.

"자식이 좋은 대학에 가면 목에 힘이 들어가고, 다들 부러운 표정을 감추지 못해요. 요즘 친구들 만나면 아들딸이 어느 대학 갔느냐에 따라 서열이 정해져요. 자식이 다니는 대학의 서열이 바로 자기 서열인 거죠."

아이가 공부를 못하면 부모가 무시당한다. 학부모 모임에서 은근히 따돌림을 당하거나 아예 초대받지도 못한다. 상위권이던 자녀의 등수가 뒤처지기 시작하면 모임에서 모습을 보기가 점점 어려워진다. "행복은 성적순이 아니잖아요"는 옳은 말이지만, 한국 사회에서 자녀의 성적은 부모의 행복감에 절대적인 영향을 미친다.

영화 〈4등〉의 엄마가 수영선수인 아들의 등수에 집착하는 이유도 그 연장선에 있다. 엄마는 대회에 나가면 4등만 하는 아들 준호가 답답해 죽겠다. 그래서 준호의 등수를 끌어 올려 줄 코치를 구하러 백방으로 뛰어다닌다. 엄마는 "(코치 때문에) 아이가 상처를 입을 것"이란 주변의 걱정에 아랑곳하지 않는다. "그 상처, 메달로 가릴 거예요."

역시 엄마의 소신이 옳았던 것일까. 국가대표 출신 코치에게서 맹훈련을 받은 준호는 다음 대회에서 '거의 1등'인 2등을 한다. 갈등이 시작되는 건 그때부터다. 준호가 엄마 아빠와 함께 즐겁게 축하 파티를 하고 있는데, 동생 기호가 진짜 궁금하다는 듯 묻는다.

"예전엔 안 맞아서 맨날 4등 했던 거야, 형?"

당신이라면 어떻게 할 것인가. 〈4등〉의 엄마는 흔들림이 없다. 맹자 엄마는 아들을 위해 세 번이나 이사를 다녔다는데, 아이가 좀 맞는다고 해서 등수 전쟁에서 물러설 순 없다. 엄마는 솔직하게 말한다.

"난 솔직히 준호 맞는 것보다 4등 하는 게 더 무서워."

코치의 신념도 확고하다. 그는 아이에게 말한다.

"집중을 안 하니까, 열심히 안 하니까 때리는 거야. 열심히 하면 내가 왜 때리겠어?"

'4등'이란 등수는 상징적이다. 메달권 진입을 눈앞에 둔, 조바심 나는 등수다. 조금만 더 잘하면 단상에 올라갈 수 있지 않은가. '1등만 기억하는 잔인한 세상'(영화 카피)에서 앞에 있는 세 명만 제치면 1등으로 기억될 수 있다.

엄마는 '아이가 열심히 하면 1등도 할 수 있다'고 믿는다. 준호가 코치의 물리적 폭력에 노출되기 전부터 엄마의 정신적 폭력에 노출돼 있었던 것은 그런 믿음 때문이었다. 작은 머뭇거림조차 없는 폭력의 밑바닥엔 '이 모든 게 너를 위한 것'이란 전제가 깔려 있다.

"4등? 너 때문에 죽겠다! 진짜 너 뭐가 되려고 그래? 너 꾸리꾸리하게 살 거야? 인생을?"(엄마)

"잡아주고, 때려주는 선생이 진짜다. 내가 겪어보니 그렇더라."(코치)

엄마도 '너를 위해' 짜증 내고, 코치도 '너를 위해' 체벌한다. 이러한 '너를 위한 폭력'은 스포츠에만 있는 게 아니다.

"부모님과 선생님이 나를 때려서라도 가르쳐주셨더라면…." 우리 주변엔 영화 속 코치처럼 어린 시절 자신을 '강하게 잡아주지' 않았던 부모나 교사를 원망하는 이들이 적지 않다. 40, 50대만 해도 '사랑의 매'는 향수가 되어 살아 있다. 나 역시 교실 복도에서 같은 반 친구들과 사이좋게 엎드려서 '줄빠따'를 맞은 경험이 있다. 항상 엇비슷한 훈화 말씀이 이어졌다.

"이거 다 너희들 잘되라고 이러는 거야! 알았어?"

"이 한심한 놈들아. 나라고 이러고 싶은 줄 알아?"

학교 성적이나 등수만이 아니다. 한 방송 프로그램에 한 여성과 그 가족의 사연이 나온 적이 있다. "네 허벅지 만져봐. 평생 이렇게 살래?" "그 몸 안 창피하냐?" 어머니와 자매들은 식탁에서, 옷가게에서 수시로 여성의 수치심을 건드린다. 마음의 상처를 받고 끙끙대는 여성에게 가족들은 말한다. "너 다이어트하라고 충격요법을 쓴 거야."

공부든, 일이든, 다이어트든 '충격요법'은 만병통치약이다. "다름 아닌 너를 위한 것"이란 말 한마디면 모든 것이 허용된다. 직장에서도 신입사원이 들어오면 "일을 빨리 배워야 한다"며 사랑의 회초리를 든다. "처음에 잘 배우고 적응을 잘해야 회사 생활을 잘할 수 있다"면서.

"너 인마, 뭣도 모르면서 말이 너무 많아. 앞으로 말하지 마. 네, 아니요만 해. 그 외에 뭐 함부로 지껄이면 죽는다. 네 생각, 네 느낌, 네 주장 다 필요 없어. 알았어?"

현실의 부장님들께서는 영화 〈열정 같은 소리 하고 있네〉의 부장(정재영)이 하는 막말을 하진 않으시리라 믿는다. 조금 순화해서 하실 것이다. 성격에 따라 직설적으로 얘기하기도 하고, 빙빙 돌려서 얘기하기도 하겠지만 취지는 별로 다르지 않다.

그렇게 전쟁 같은 하루를 보낸 뒤 회식 자리에서 부장님이 소주잔을 건네며 말씀하신다.

"아까 기분 나빴지? 그거 다 당신 위해서 한 얘기야. 그래도 잘할 수 있을 거 같으니까 그런 얘기도 하는 거라고. 알았지?"

그나마 이렇게 말하는 부장님은 낫다. 어떤 부장님은 이렇게 말씀하신다.

"아까 한 말, 피가 되고 살이 되는 거니까 명심해! 어휴, 이런 얘기는 정말 돈 받고 해줘야 하는 건데. 안 그러냐?"

힘든 일 시키면서, 초과 근무 시키면서 "기회를 주는 거"라고 말한다. 짜증과 조롱이 덕지덕지 묻은 잔소리를 늘어놓고는 묻는다. "오늘 많이 배웠지?"

정말 기회를 주고 배움을 주려는 것이라면 "이것도 모르느냐"고 우격다짐으로 할 게 아니라 옆에 앉혀두고 차분하게 알려주어야 한다. 한국의 상사들 중엔 자신이 해온 일을 말로 잘 설명하지 못하는 이들이 많다. 그들도 일을 체계적으로 배우지 못했기 때문이다.

우리는 '너를 위한다'는 속삭임을 의심해볼 필요가 있다. 혹시 자식을 위한 게 아니라 부모 자신의 비교 우위를 남에게 인정받기 위한 것은 아닐까. 후배 직원을 위해서가 아니라 부장이나 이사 자신이 얼마나 잘났는지 보여주기 위한 것은 아닐까.

문제는 많은 이들이 진짜 '너를 위해 이런 것'이라고 믿는다는 것이다. '너를 위해'로 시작했다가 어느덧 '나를 위해'로 바뀌었는데 그 사실을 깨닫지 못한다. 그러니 "이건 저를 위한 게 아니라고요"라고 말씀드려도 무슨 뜻인지 모른다. 이 경우 탈출 버튼을 누르는 것 말고는 답이 없다.

'너를 위한 폭력' 속에서 살아온 이들은 어떻게 될까. 설사 목표에 가까이 다가간다고 해도 행복하기는 어렵다. 남과 자신을 비교하면서 우월감과 열등감 사이를 쉴 새 없이 오갈 수밖에 없다. 이 사회의 우등생들이 자신을 어엿한 사람으로 키워준 부모에게 감사하면서도 마음 한구석에 왠지 모를 저항감을 갖는 까닭도 그 때문이다.

"너 하나만을 위해 모든 걸 바쳤다"는 부모 밑에서 자란 자식들은 커서도 정신적 탯줄을 끊어내지 못한다. 영원히 철들지 않는 마마 보이, 파파 걸로 평생을 살아간다. "미안해. 당신, 엄마 만들어서. 당신도 여자 하고 싶었을 텐데…." 드라마 〈동백꽃 필 무렵〉의 노규태(오정세)가 아내에게 혀 짧은 발음으로 한 말이다. 연인이나 배우자에게서 엄마 아빠를 찾는 게 노규태뿐일까.

'너를 위해' 이데올로기는 위험하다. 진심으로 '너를 위한 것'일지라도 자칫 너에게 무슨 일이든 할 수 있다는 의미로 변질되기 쉽다. 자식에 대한 관심이 집착과 학대로, 사랑이 스토킹으로 변하는 건 순간이다. 너를 위한다는 마음으로 얼마든지 무례해지고 잔인해질 수 있는 게 인간이다.

어떤 관계든 서로를 인격체로 존중할 수 있는 적정 거리는 반드시 필요하다. '집에 가서도 사회생활 하듯이 하면 100점짜리 부모'라는 조언이 괜히 있는 게 아니다. 코로나19 확산을 막기 위해 시행된 '사회적 거리 두기(Social Distancing)'가 진짜 필요한 건 가까운 사이에서다.

걱정하지 말라고? 자녀나 후배 직원과 충분한 거리를 확보하고 있다고? 그 정도 분별력은 있는 사람이라고? 잠시 시간이 있다면 주차장에 가보라. 그리고 자동차 사이드미러에 새겨진 문구를 읽어보라. 사물은 '거울에 보이는 것보다 가까이'에 있다.

시시한 인생, 인간마저 시시해지면

"애들 왜 데리고 살아요? 다른 팸이랑 다른 것 같아서요. 애들 일도 안 하고."

"일? 니네가 벌써부터 일을 왜 하니. 어차피 나이 좀 먹으면 염병 죽을 때까지 일만 하고 살 텐데."

〈꿈의 제인〉의 배경은 꿈이 사라진 시대다. 트랜스젠더 제인(구교환)은 꿈이 사라진 시대에 꿈을 꾸는 사람이다. 제인의 꿈은 서로가 서로를 아끼고 사랑하는 '가출 팸'•을 만드는 것이다. 제인은 자신의 팸에 들어오게 된 소현(이민지)에게 말한다.

• 가출 팸은 가출과 fam(family의 약자)의 합성어로 가출 청소년들이 가족을 이뤄 원룸이나 모텔 등과 같은 주거 시설에서 생활하는 것을 말한다. 아빠나 엄마 등으로 역할을 분담하는 경우도 있다.

"난 인생이 엄청 시시하다고 생각하거든. 태어날 때부터 불행이 시작돼서 그 불행이 안 끊기고 쭈우우욱 이어지는 기분? 근데 행복은 아주 가끔, 요만큼, 드문드문, 있을까 말까…."

제인은 비관론자 내지 염세주의자다. 그런데 좀 더 보다 보면 이런 장면이 나온다. 소현의 생일을 맞아 팸 식구들이 케이크를 놓고 앉아 있다. 제인이 말한다.

"케익이 몇 조각 남았니? 세 조각 남았지. 니네가 앞으로 살면서 이런 일이 있으면 그땐 넷 중 하나라도 케익을 포기하게 만들어선 안 되는 거야. 차라리 셋 다 안 먹고 말아야지."

그러곤 무심하게 한마디를 툭, 던진다.

"인간은 시시해지면 끝장이야."

제인의 말은 모순된 듯하다. '인생은 시시하다.' '인간은 시시해지면 끝장이다.' 이 두 마디를 하나로 합치면 이러할 것이다. 시시한 인생, 인간마저 시시해지면 끝장이다. 혹은, 인생이 시시할수록 인간은 시시해지지 말아야 한다.

제인이 말하는 '인간이 시시해지지 않는 법'은 케이크를 나눠먹는 것이다. 한 사람이라도 소외되는 사람이 없도록 하는 것이다. 불행한 사람들끼리 서로의 손을 놓치지 않는 것이다. 제인에게 중요한 것은 인생을 사는 목표가 아니라 인생을 견뎌내는 자세다.

영화의 1막이 지나고 2막이 시작되면 차가운 현실이 당신을 기다리고 있다. 현실은 늘 생각했던 것보다 비관적이다. 1막에 나왔던 제인의 가출 팸도 소현이 '제인이 팸을 만든다면 어떨까' 그려본 것이다. 소현이 그런 상상까지 했던 것은 현실이 그만큼 힘들다는 걸 말해준다.

현실의 가출 팸은 병욱이란 대리 아빠가 지배하는 세계다. 권위주의적이고 폭력적인 병욱의 팸에 적응하는 과정은 고통스럽다. 소현은 팸의 '공금'에 손을 댔다는 누명을 쓰고 폭행을 당한다. 병욱이 소현에게 어떻게 말하는지 보자.

"너 억울해?" "지금 짐 싸서 나가. 지금 말하는 거 보니까 우리 팸 물 흐릴 거 같아." "내가 얼굴만 보면 아는데 너는 딱 도둑 인상이거든."

하나같이 사람을 규정짓는 언어들이다. 소현은 고개 들어 저항하지 않는다. 모호한 대답으로 피해가려 한다.

"그냥 잘 모르겠어요." "그냥 제가 잘못했어요."

'그냥'은 자기 세계가 뚜렷하지 않음을 나타내는 부사다. 생각이 분명하면 가출 팸을 전전하며 살아가기 힘들기 때문일까. 같은 팸에 있게 된 지수(이주영)가 왜 이 팸에 들어왔느냐고 물을 때도 소현의 대답은 비슷하다.

"저는 그냥 받아주는 데가 여기밖에 없어서요."

내가 '그냥'이란 부사를 다시 떠올린 것은 어느 법정에서였다. 2018년 말 방송사에서 신문사로 복귀한 뒤 다짐한 게 있었다. '중요 사건이 아니더라도 한 주에 한두 번은 법정에 들어가 보자.' 그즈음 지켜본 재판이 있었다. 서울 서부지방법원에서 재판이 진행된 특수절도 사건이었다. 심야 시간대에 상점 문을 뜯고 들어가 돈을 훔친 혐의로 청소년 네 명이 재판에 넘겨졌다.

범행은 특별할 게 없었다. 사건에 관심을 갖게 된 건 그들의 무표정 때문이었다. 그 누구의 표정에서도 감정이 느껴지지 않았다. 울먹이기는커녕 자신이 놓인 상황에 대한 분노나 슬픔, 아쉬움, 후회 같은 것들이 보이지 않았다. 자신들이 왜 법정에 앉아 있는지조차 관심이 없는 듯했다. 몸은 법정에 있지만 정신은 다른 곳에 있다고 할까.

"마지막으로 할 말이 있습니까?" 검찰 구형 후 판사가 물었다. 한 명씩 차례로 일어났다.

"죄송합니다." "다음부터는 그러지 않겠습니다." "다시는 그런 일 하지…."

국선변호인과 가족이 '고개를 숙이라'고 하니까, 어쩔 수 없이 고개를 숙이는 것 같았다. 잠시 후 그들은 교정시설 관계자나 가족 손에 이끌려 법정을 나갔다. 어떻게 저렇게 자기 일에 무감각할 수 있을까. 자기 일로, 자기 문제로 여기지 않는 걸까. 당사자들과 직접 얘기 나눠볼 방법을 생각해봤지만 쉬운 일이 아니었다. 그들에 관한 의문은 빈칸으로 남았다.

그때, 내가 세워본 가설은 '학습된 무기력'이었다. 외부에서 부정적인 자극이 반복되면 그 자극에 순응해 스스로 상황을 바꾸려는 의욕을 잃는다. 의욕의 문제만이 아니다. 스스로 상황을 바꾸려고 해도 바꿀 수가 없다.

그들은 사회의 울타리 안에 있지만 실제론 '투명인간'이나 다름없다. 그들의 삶은 주류 사회에서 호명되지 않는다. 강력 사건의 가해자나 피해자가 됐을 때나 잠시 실시간검색어에 오를 뿐이다. 호기심을 넘어 진지한 관심의 대상이 되지 못한 다. 그래서 그들도 스스로에게 무관심해졌는지 모른다. 이런 아이들이 영화나 법정 안에만 있을까.

여기, 우리 앞에 20대 젊은이가 있다. 그를 A라고 부르기로 하자. A는 어려서 부모가 이혼한 뒤 고1 때 "너 같은 ××가 고등학교 나와서 뭐할래?"라는 아버지 말에 학교를 자퇴했다. 집을 나와 고시원에서 생활하며 찜질방 종업원부터 전단지 배포, 배달원까지 안 해본 일이 없다. 군 제대 후 정신적으로 의지하던 어머니가 숨지자 충격을 받고 우울감에 시달렸다.

'동반 자살 하실 분 도와주세요.'

2019년 8월의 어느 새벽, A는 소셜미디어에 글을 올렸다. 그가 올린 글을 보고 두 사람이 연락을 해왔다. 같은 날 오후 늦게 모인 세 사람은 필요한 도구들을 구입한 뒤 다음 날 오 전 실행에 들어갔다. 이들의 극단적 시도는 다행히 미수에 그 쳤다. 그중 한 사람이 '숨쉬기 힘들고 무서워서' 멈춘 뒤 다른 사람을 제지했다.

같은 해 12월 이들은 자살방조미수 혐의로 집행유예형을 선고받았다. 울산지법 형사11부 재판장인 박주영 부장판사는 A에게 책 선물과 함께 차비 20만 원을 건네며 말했다.

"재판부의 이 결정이 잘못된 판단이 아니기를 간절한 마음 으로 기원합니다. 어쩌면 이 마지막 당부는 재판부가 피고인들에게 드리는 간곡한 탄원입니다. 당원(재판부)에 선처를 호소했듯 이젠 스스로 선처하고 아끼십시오."

판결문은 어떻게 돼 있을까. 30쪽에 이르는 판결문엔 세 사람이 카카오톡 단톡방(단체대화방)에서 나눈 대화가 담겨 있었다. 주된 주제는, 슬프게도, 돈이었다.

"저도 어제 가불 땡기고 신불자 작업 대출까지 해서 올인 났네요ㅠㅠ."

"돈이라도 있어야 하는데, 죄송하네요."

"어유 다 그렇죠, 돈 있으면 죽을 일 있나요 뭐. 다 돈 때문이죠."

"네 ㅠㅠ."

"고생은요 무슨. 기쁜 마음으로 갑니다."

…(중략)…

"아침에 돈을 좀 썼는데 어찌어찌 6만 원을 만들었어요. 돈 구하기 진짜 힘드네요. 더 구해볼게요."

"힘들죠."

"도움이 못 돼서 죄송합니다. 제가 제일 미안해요. 멀리서 오시구. 차 준비해주시구ㅠㅠ."

"예전에는 몰랐는데 요즘은 급할 때 3만 원 구하기도 힘들더라구요. 참 쪽팔리고 서럽더라구요ㅠㅠ."

"맞아요ㅋㅋ."

…(중략)…

"무슨 일 하세요? 저는 직업 없습니다."

"저도 백수 3개월 차ㅋㅋ."

"너무 빨리 오신 거 아니에요?"

"전 집이 없어서요ㅋㅋ. 갈 데가 없어요. 방 보증금도 빼서 다 쓴 지 오래라. 모텔만 지겹게 있었네요."

"ㅎ 전 덤프 몰아요."

"대단하시네요, 전 면허도 없는데."

"인생 하빠리 운전이죠 뭐."

"제가 좀 생각해봤는데, 혹시 부족할 거 같으면 제 핸드폰 파는 거 어떠신가요. 알아보니까 20만 원 정도 중고값 받을 것 같네요."●

죽음에도 돈이 든다. 카톡 대화 하나하나가 개인적 자살이 아니라 사회적 자살임을 말해주고 있다. 극단적 선택 앞에서 서로의 가난을 털어놓으며 동지애를 나누는 모습이 이토록 짠할 수가 없다. 판결문은 "사회에서 철저히 고립된 피고인들이 전혀 일면식조차 없던 상태임에도 솔직하고 진지하게 나눈 마지막 대화가 자살에 대한 것이고, 사심 없는 순수한 생의 마지막 호의가 죽음의 동행이라는 점은 참으로 역설적"이라고 했다. 판결문은 사회의 관심에 기대를 걸고 있었다.

● 2019고합 241 판결문 26, 27쪽.

지상에 단 한 사람이라도, 자신의 얘기를 들어줄 사람이 있다면, 그러한 믿음을 그에게 심어줄 수만 있다면, 그는 살아갈 수 있을 것이다. 왜냐하면 그의 삶 역시 사회적으로 의미 있는 한 개의 이야기인 이상, 진지하게 들어주는 사람이 존재하는 한, 그 이야기는 멈출 수 없기 때문이다. 사람이 사람에게 할 수 있는 가장 잔인한 일은, 혼잣말하도록 내버려두는 것이다.[*]

　제인도, 소현도, 지수도, 그 누구도 불행의 중력에서 자유롭지 않다. 영화 마지막 장면, 제인은 클럽 '뉴월드'에서 노래를 부르기 전 마이크를 잡고 말한다.

　"어쩌다 이렇게 한번 행복하면 됐죠. 그럼 된 거예요. 자, 우리 죽지 말고 불행하게 오래오래 살아요. 그리고 내년에도, 내후년에도 또 만나요. 불행한 얼굴로. 여기 뉴월드에서."

　어쩌다 한번 행복하게, 죽지 말고 불행하게 오래오래 살면서, 누구도 혼잣말하게 내버려두지 않는 곳. 우리가 살아야 할 뉴월드, 우리의 신세계는 그런 곳이다.

* 판결문 30쪽.

자신만의 기억을 위해 싸울 때 당신은 인간답다

당신에게 세 개의 질문을 드립니다. 아쉽게도 객관식이 아 니고 주관식입니다. 잘 읽고 답해주시기 바랍니다.

① 뒤집힌 자라가 뜨거운 태양에 점점 말라서 죽어가는데 당신은 돕지 않는다. 왜인가?
② 생일날 누가 당신에게 가죽 지갑을 선물한다면?
③ 잡지를 보다가 여자의 누드 사진을 보게 된다면? 남편이 그 사진을 벽에 붙인다면?

정답이 있냐고요? 정답은 없습니다. 단지 이 질문이 말하는 상황에 놓인다면 당신의 감정이 어떨지 말씀해주시면 됩니다.

당신이 죽어가는 자라를 도와주지 않는 이유는 뭔가요? 가죽 지갑을 선물받으면 기분이 어떨까요? 남편이 여자 누드 사진을 벽에 붙인다면 화가 나나요, 나지 않나요?

이게 뭐냐고요? 영화 〈블레이드 러너〉에서 인간인지, 복제인간 '리플리컨트(replicant)'인지를 가려내기 위해 던지는 질문입니다. 가상 상황에 대한 대답과 눈동자 홍채의 변화를 분석하면 인간인지, 아닌지 알 수 있다고 합니다. 감정을 잘 조절하지 못하는 리플리컨트는 대답을 해내지 못한다는군요. 아, 당신도 대답을 잘 못 하겠다고요? 그렇다면 당신도 리플리….

영화의 배경은 영화가 나온 1982년만 해도 먼 미래였던 2019년 LA입니다. 이 미래의 도시에서 리플리컨트가 인간과 동일한 신체 조건과 지적 능력을 갖추고 인간들에게 노동력을 제공합니다. 전쟁에 대신 나가 싸우기도 합니다. 그런데 이들 중 일부가 반란을 일으킵니다. 그들을 제작한 타이렐 회장은 말합니다.

"복제인간의 문제는 감정의 경력이 없다는 것이다. 오랫동안 쌓여온 과거가 없기 때문이다. 그들이 감정을 잘 조절할 수 있도록 기억을 만들어줘야 한다."

그래서 리플리컨트에게 인간의 기억을 심습니다. 특수경찰인 '블레이드 러너' 릭 데커드(해리슨 포드)는 타이렐 회장의 비서 레이첼이 어릴 적 어머니와 찍은 사진을 보여주며 유년 시절 기억을 이야기하자 고개를 젓습니다.

"그거 이식된 거야. 당신의 추억이 아니라 회장 조카의 추억이야."

맞습니다. 레이첼도 리플리컨트입니다. 기억의 문제는 2017년 개봉한 〈블레이드 러너 2049〉에서도 변주됩니다. 이 영화에는 리플리컨트에게 심을 기억을 만들어내는 아나 스텔리네 박사(카를라 주리)가 등장합니다. 그는 블레이드 러너 K(라이언 고슬링)에게 기억이 필요한 이유를 이렇게 설명합니다.

"리플리컨트는 힘겨운 삶을 살아가게 되잖아요."

복제인간들이 살아가려면 '행복한 기억'이 필요하다는 겁니다. 비록 그것이 조작된 것일지라도.

이제 영화에서 나와볼까요. 제 질문은 이것입니다. 그렇다면 당신의 기억은 안녕하신가요? 무슨 얘기냐고요? 그러니까, 당신의 기억은 당신의 것일까요? 내 기억이 내 것이 아니면 누구 거냐고요?

우리가 우리 것이라 믿는 기억들이 실은 이식된 것인지 모릅니다. 과거의 기억을 떠올려보세요. 내 기억과 내 기억이 아닌 것들이 복잡하게 뒤엉켜 있지 않나요? 내 기억이라는 것들이 TV에서 봤거나, 영화에서 스쳐갔거나, 책에서 읽었거나, 뉴스에서 접한 것들 아닌가요? 내 기억 가운데 몇 퍼센트나 온전히 나의 것일까요?

내 어릴 적 기억을 떠올려보면 안데르센 동화가 몇 페이지 들어가 있고, 내 청춘의 기억에는 이문열 소설, 황석영 소설의 사건들이 들어가 있습니다. 정확한 글귀는 기억나지 않지만 그 느낌들은 내밀한 뇌 세포 사이사이에 남아 있습니다. 연애의 기억 속엔 로맨틱한 영화 장면들이 오버랩돼 있고요. 찬란하게 기억되는 과거의 멋진 내 모습이 다른 이들의 기억 속엔 없을 수도 있습니다.

더욱이 사회적 기억은 보다 정밀한 조작의 대상이 되곤 합니다. 이른바 '가짜 뉴스'가 겨냥하는 게 바로 사회적 기억입니다. 가짜 뉴스들이 쌓이고 쌓이면 진실이 뒤틀리고, 뒤틀린 진실들이 모이면 역사가 됩니다. 그래서 정치 세력들은 사회적 기억을 놓고 치열하게 갈등하고 대결합니다.

여기에 그치지 않습니다. 사회는 체계적으로 우리를 재단하고 편집하려고 합니다. 영화에서 리플리컨트는 지루한 문장을 외워 말하는 기준선 테스트를 계속해서 받습니다. 감정적으로 동요해 인간에게 순종하지 않을 가능성을 체크받는 거지요.

우리가 사는 현실에서도 비슷한 얘기가 들립니다. 일부 대기업의 인성·적성 검사 중에는 단순하기 그지없는 문제를 반복해서 푸는 시험이 있다고 합니다. 마치 인내력 테스트처럼요. 지루함을 견디지 못하고 시험 중간에 박차고 나가는 수험생도 있다고 들었습니다. 시험에 합격한 후엔 신입사원 합숙 교육에 들어갑니다. 매스게임, 극기 훈련, 철야 행군을 거치며 회사형 인간이 되어갑니다.

이러한 인성·적성 검사와 신입사원 교육은 '얼마나 창의적이냐'보다 '얼마나 순응적이냐'에 초점을 맞춥니다. 인간에 대해서도 "복제인간은 다른 기계들과 다를 바가 없지. 유용하거나 위험하거나"(영화 대사)의 기준으로 보는 건 아닐까요? 그렇다면 기억은 어떻게 조작될까요? 《심리 조작의 비밀》*이란 책에는 심리를 조작하는 다섯 가지 원리가 제시됩니다. 그 원리들은 다음과 같습니다.

> 제1의 원리: 정보 입력을 제한하거나 과잉되게 한다.
> 제2의 원리: 뇌를 지치게 만들어 생각할 여유를 빼앗는다.
> 제3의 원리: 구제를 확신하고 불멸을 약속한다.
> 제4의 원리: 사람은 사랑받고 싶어 하며 배신을 두려워한다.
> 제5의 원리: 자기 판단을 불허하고 의존 상태를 유지시킨다.

하나하나 고개를 끄덕이게 하는 내용들입니다. 그중에서도 "정보 입력을 제한하거나 과잉되게 한다"와 "뇌를 지치게 만들어 생각할 여유를 빼앗는다"는 부분이 피부에 다가옵니다. 한국 사회는 너무 많은 정보를 강요합니다. 끊임없이 뇌를 지치게 합니다. 초등학교부터 고등학교까지 좋은 고등학교, 좋은 대학교를 목표로 달려야 합니다. 조금이라도 다른 생각을 하면 무서운 속도로 뒤처집니다. 그러니, 아무 생각 없이 경주마처럼 달릴 수밖에요.

대학에 가면 이번엔 취업이란 관문을 통과해야 합니다. 도

• 오카다 다카시 지음, 황선종 옮김, 《심리 조작의 비밀》, 어크로스, 2016.

대체 나만의 기억을 따로 만들고 자시고 할 겨를이 없습니다. 도서관에서 공부하고, 외국어 학원에서 공부하고, 집에서도 공부해야 합니다. 기껏해야 짬을 내서 스마트폰 게임을 하거나 생일에 친구들과 파티를 하는 정돕니다. 젊은 세대의 기억이 비슷하다는 것은 자기소개서에서도 드러납니다. 신입사원 공채에 참여했던 한 전형위원의 소감을 들어볼까요? 그는 '자기소개서'가 아닌 '우리소개서'가 아니냐고 말합니다.

"수백 개의 자기소개서를 읽었는데 개개인의 개성이나 특징이 드러나지 않더군요. 동아리, 교환 학생, 인턴…. 경험들이 엇비슷하고, 대체로 어둡다는 느낌을 받았어요. 취업난 때문일까요? 젊은이답게 밝고 활기찬 모습을 기대했는데…."

전형위원의 아쉬움은 청년들 탓이 아닙니다. 한국 사회가 그렇게 생겨먹었기 때문입니다. 한국은 같은 기억들을 찍어내는 거대한 인큐베이터입니다. 매우 위험한 상황입니다. 왜 위험하냐고요? 조류 독감이나 구제역에 유독 한국 축산업이 취약한 것과 같은 구조이기 때문입니다. 전국의 가축들이 소수의 우수 종자 DNA를 공유하고 있어 하나가 쓰러지면 도미노처럼 무너지게 됩니다.

어쩌다 이렇게 된 걸까요. 저는 다시 리플리컨트에서 답을 찾고 싶습니다. 〈블레이드 러너 2049〉에서 리플리컨트를 생산하는 월레스는 막 세상에 나온 리플리컨트가 웅크린 채 몸을 떨자 이렇게 말합니다.

"맨 처음 갖는 감정은 두려움이지. 자신이 누군지도 모르면서 무엇을 빼앗길까 봐 두려워하거든."

두려움은 노예제의 작동 원리입니다. 한없이 불안하게 하고 두렵게 만드는 것이 노예를 지배하는 방법입니다. 낙오하면 어떻게 하지? 원하는 대학에 합격하지 못하면 어떻게 하지? 대기업에 못 들어가면 인생 망하는 거 아니야? 이런 불안감은 실은 별게 아닐 때가 많습니다. 불안해하고 두려워한다고 해서 달라질 것도 없습니다.

불안과 공포가 엄습하면 우리 뇌는 ○×의 이분법에 빠지고 말지요. 죽느냐, 사느냐의 패닉 속에서 제대로 판단 한 번 못 한 채 주눅 들고, 복종하게 되는 겁니다. 한 리플리컨트가 K에게 외치듯이 "사람 밑이나 닦아주며" 살게 됩니다. 모두가 자영업자가 되자는 얘기가 아닙니다. '노예의 마음'으로 살지는 말자는 얘깁니다.

한번 노예의 마음이 되면 분노해야 할 때 분노하지 않게 됩니다. 시도 때도 없이 화를 내는 것만이 분노조절장애가 아닙니다. 분노가 너무 잘 조절되는 것도 분노조절장애입니다. 보일러가 섭씨 20도에서 30, 40도로 치솟는 것도 문제지만, 20도에서 올라가지도, 내려가지도 않는 것도 문제입니다. 화를 내야 할 때 화를 내는 게 인간입니다.

"갑자기 출현한 것처럼 보이는 사람은 한 가지 공통된 특징이 있다." 일본 철학자 사사키 아타루의 말입니다. 그 특징은 무엇일까요? "누구의 부하도 되지 않았고, 누구도 부하로 두지 않았다"●는 것입니다. 누구의 부하도 되지 말고 누구도 부하로 두지 말고, 나의 가치와 나의 원칙과 나의 취향을 찾아가야 합니다. 그래야 나중에 덜 후회하게 됩니다.

기억의 숫자가 많을수록 건강한 사회입니다. 한 사람 한 사람의 다양한 기억들이 생생하게 살아 있을 때 그 사회가 건전하다고 할 수 있습니다. 우리의 기억은 같을 수도 없고, 같아서도 안 되니까요.

인공지능(AI)의 시대입니다. 굳이 리플리컨트를 만들 필요가 없을지 모릅니다. 자진해서 복제인간으로 살겠다는 사람들이 차고 넘칩니다. 한 번뿐인 인생, 남의 기억을 자기 것인 양 착각하고, 남의 기분을 자기 것인 양 떠벌리며 살 수도 있습니다. 한 번뿐인 인생, 그렇게 살아서야 되겠느냐고 하고 싶지만, 그렇게 산다고 뭐가 나쁘냐고 하면 할 말이 없습니다.

그렇습니다. 모든 건 당신이 결정할 몫입니다. 다만, 의미 있는 삶이 되려면 누구에게도, 어떤 일에도 흔들리지 않는 자신만의 기억을 갖기 위해 세상과 마주 서야 하지 않을까요. 상황이 불안하고 두렵더라도. 정확하게는 상황이 불안하고 두려울수록 말입니다. 잊지 마세요. 당신이 직접 경험하고, 느끼고, 기뻐하고, 고통받은 만큼만 진실입니다. 그것만이 진실입니다.

• 사사키 아타루 지음, 송태욱 옮김, 《잘라라, 기도하는 그 손을》, 자음과모음, 2012.

지더라도 개기면 달라지는 것들

영화 〈트루스〉는 실패의 이야기다. 그것도 암담한 실패의 이야기다. 영화 초반만 지나도 해피엔딩은 불가능함을 알게 된다. 그런데 왜 실패담을 봐야 하냐고? 앞으로 성공하려면 왜 실패했는지를 알아야 하니까? 우리 인간은 성공보다 실패에서 더 많은 것을 배우기 때문에? 내가 생각하는 답은 아니다. 그게 답이라면 너무 진부하지 않은가.

어떻게 성공하느냐(How to succeed)보다 어떻게 실패하느냐(How to fail)가 때로는 더 중요하다. 그것은 비단 실패한 원인을 알아야 다음에 실패하지 않는다는 실패학(失敗學)의 차원에 그치지 않는다. 우리가 실패에 주목해야 하는 이유는 성공했을 때보다 실패했을 때 휴머니티, 인간의 본질이 드러나기 때문이다.

영화의 시간적 배경은 2004년, 조지 W. 부시 대통령과 존 캐리 민주당 상원의원의 대통령 선거전이 펼쳐지던 때다. 미국 CBS의 시사 고발 프로그램 〈60분〉의 프로듀서인 메리 메이프스(케이트 블란쳇)는 부시의 병역 의혹 취재에 돌입한다. 부시가 베트남전 참전을 기피하기 위해 주(州) 방위군에 청탁으로 들어갔고 훈련도 제대로 받지 않았다는 의혹을 파고든 것이다. 메리는 부시의 상관이 작성했다는 1973년의 메모를 입수한 뒤 필적 감정 전문가의 분석과 당시 군인들의 증언을 확보해 보도를 내보낸다.

상황은 방송 다음 날 반전된다. 1970년대 타자기로 작성됐다고 보도한 문제의 메모에 대해 보수 진영 블로거가 현재의 컴퓨터로도 똑같이 작성할 수 있다는 글을 올린다. '부시 병역' 의혹은 'CBS 메모 조작' 의혹으로, 특종은 오보로, 성공은 실패로 뒤집히기 시작한다. 〈60분〉 취재팀이 메모 조작 의혹에 맞서 추가 보도를 하지만 여론은 돌이킬 수 없는 상태가 된다.

결정적으로는, 메모 제보자가 "메모 입수 과정에 관해 사실대로 말하지 않았다"고 털어놓는다. 취재 과정의 흠결이 나타나자 회사 측은 "회사를 보호하기 위해" 〈60분〉의 간판 앵커 댄 래더(로버트 레드포드)에게 사과 방송을 하게 하고, 취재팀을 상대로 혹독한 내부 감사에 들어간다.

우리가 눈을 크게 뜨고 지켜봐야 하는 건 지금부터다. 가차 없는 '꼬리 자르기'가 시작된다. 함께 호흡하던 상사가 등을 돌린다. "취재 상황을 제대로 보고받지 못했다." 감사팀은 메리에게 노트북과 이메일을 제출하라고 요구한다. 대리인을 맡은 변호사는 메리에게 말한다.

"이건 재판이 아니라 사냥이에요. 그들(감사팀)을 자극하고 싸우려 한다면 당신은 질 거예요."

그러나 메리는 '지는 싸움'을 택한다. 20여 명의 감사팀 앞에서 청문회식 조사를 받는 마지막 날, 변호사의 만류를 뿌리치고 감사팀에 반문한다.

"그 메모가 정말로 조작됐다면 조작한 사람은 수십 년 전의 공군 규정과 용어, 관련 군인들의 이름, 성향, 관계까지 파악해야 해요. 과연 우릴 속이기 위해 그 모든 걸 파악해서 메모를 조작했을까요? 우린 부시가 군인으로서 의무를 다했는지 물어봤을 뿐이에요."

조사가 끝난 뒤 회사 현관 앞에서 변호사가 메리에게 묻는다.

"꼭 그렇게 해야 했나요?"

"〈뽀빠이〉에 나온 불후의 명언이 있죠. '나는 나인 것이다.(I am what I am)'"

두 사람은 악수를 나누고 헤어진다. 변호사가 멀어져가던 메리를 부른다.

"난 당신 믿어요."

나는 메리가 한 사람의 믿음을 얻는 그 장면이 가슴 뭉클했다. 만약 메리가 변호사의 조언에 순순히 따랐다면 그는 그저 그런 실패자가 됐을 것이다. 그는 "언론은 문제를 제기하기 위해 존재한다"는 원칙을 말함으로써 단순한 실패자를 넘어선다.

"나는 나인 것이다"라는 선언 밑에는 '나는 원래 그렇게 생겨먹었으니 그럴 수밖에 없다'는 불가피함 같은 것이 깔려 있다. 메리의 심정을 풀어서 설명하면 이러할 것이다.

"당신들이 나를 해고하고 무슨 덤터기를 씌우더라도, 불에 기름을 붓는 짓이 될지라도 지금 이 순간 나는 나의 진실을 말해야겠다. 그래야 숨통이 트일 것 같으니, 그래야 나로 존재할 수 있을 것 같으니."

우리가 던져야 할 질문은 이것이다. 실패하면 루저(loser)가 되어야 하는가? 아니면, 실패해도 나는 여전히 나인가? 답은 분명하다. 실패했더라도 손가락, 발가락만 꿈틀거릴 수 있다면 나는 나다. 무슨 얘기냐고? 영화 〈벌새〉에서 학원 강사(김새벽)는 열네 살 여중생 은희(박지후)에게 말한다.

"힘들고 우울할 땐 손가락을 펴봐. 그리고 움직이는 거야. 아무것도 할 수 없는데 손가락은 신기하게도 움직여져."

신기하게도 〈벌새〉와 정반대쪽에 서 있는 듯한 쿠엔틴 타란티노의 〈킬 빌〉에도 비슷한 장면이 나온다. 빌과 그 일당에게 곤죽이 되도록 맞고 충격까지 당해 식물인간이 됐던 '더 브라이드'(우마 서먼)가 깨어난다. 그는 차 뒷좌석에 누워 마비된 하반신을 바라보며 쉬지 않고 중얼거린다.

"엄지발가락 움직여. 엄지발가락 움직여."

엄지발가락이 말을 듣지 않자 두 손을 모아 배 위에 올리고 정신을 집중해서 다시 말한다.

"엄지발가락 움직여. 엄지발가락….."

얼마나 시간이 흘렀을까. 한 번, 두 번, 세 번, 네 번. 오른발 엄지발가락이 가볍게 까닥이자 미소를 지으며 말한다. "어려운 부분은 끝났어."

그는 나머지 아홉 개의 발가락을 바라보며 말한다.

"자, 이제 다른 꿀꿀이들(piggies)을 움직여보는 거야."

삶이 고통스러워 죽고 싶을 때, 실패해서 꼼짝도 하기 싫을 때, 손가락을 펴보라. 꿀꿀이, 아니 발가락을 꿈틀거려보라. 당신 몸의 맨 끄트머리, 말단의 감각이 살아 있다면 당신은 살아 있는 것이다. 손가락, 발가락을 움직여보는 것은 내가 나로서 살아 있음을 확인하는 절차다. 아무리 최악의 실패라도 당신이 살아만 있다면 다시 시작할 수 있다. 성공했더라도 나는 나인 것처럼.

패배를 실패로 착각해선 안 된다. 패배가 상대와의 싸움에서 진 것이라면 실패는 나와의 싸움에서 진 것이다. 정정당당하게 싸워서 졌다면 실패한 게 아니다. 패배한 것이다. 정정당당하지 않은 방법으로 이겼다면 그건 실패한 것이다.

말장난이 아니다. 성공이냐, 실패냐를 정하는 것은 나 자신이다. 누구도 나 대신 실패라고 말할 권리는 없다. 〈트루스〉에서 고별 방송을 하는 댄 래더가 마지막 멘트를 한다.

"진실을 알리기 위해 위험을 무릅쓰고 있는 동료 언론인들에게… 용기를 내세요(Courage)."

대학 다닐 때 한 선배가 외치던 구호가 있었다. "싸우자. 이기자. 지더라도 개기자.●" 싸워서 이기는 것까지는 알겠는데 "지더라도 개기자"는 부분은 익숙해지지 않았다. 이미 진 다음에 개기는 게 무슨 소용이 있을까.

졸업 후 사회생활을 하면서 그 구호가 떠오르곤 했다. 이기기 위해 최선을 다해야 하지만 지더라도 버티고 대들겠다는 것. 세상 일이 내 뜻대로 되지 않을 때, 상황에 쫓기다 막다른 골목에 다다랐을 때, 생계라는 이름의 벽에 막혀 스스로가 구차스럽게 느껴질 때 그 구호가 새삼스러워졌다. 그래. 지더라도 개기자.

개기는 것은 불필요한 행위로 보인다. 개겨봤자 달라지는 건 없기 때문이다. 다시 생각해보자. 개겨서 과연 달라지는 게 없는가. 달라지는 게 분명히 있다. 개기는 사람 자신이다. 개기면서 결심이 단단해지고 확고해진다. 다시 싸워야 할 때 웬만한 충격엔 흔들리지 않는다. 실패의 의미도 달라진다. 실패했을지언정 원칙을 지키고 주장함으로써 가치 있는 실패가 된다.

실패는 성공의 어머니만이 아니다. 실패 그 자체로도 의미가 있고, 그 자체로도 빛나는 트로피다. 좋은 대학 나오고, 좋

●'개기다'는 명령이나 지시를 따르지 않고 버티거나 대들 때 쓰는 속된 표현으로 2014년 표준어가 됐다.

은 회사 들어가고, 돈 많이 벌고, 높은 자리에 올라 성공하는 것만이 유일한 목표가 돼서야 되겠는가. 삶의 가치는 무엇을 이뤘는지로 무게를 달 수 있는 그 무엇이 아니지 않은가.

자, 이제 우리도 우리의 꿀꿀이들을 하나씩 움직여보는 거다. 책에서 눈을 떼고 꿀꿀이들을 보라. 될 수 있는 한 정신을 집중해서, 자애로운 눈으로, 그 웃기게 생긴 것들을 바라보라. 어디선가 들려오지 않는가. 우리의 꿀꿀이들이 지축을 울리며 달려오는 소리가. 주인을 향해 지금 가고 있다고 숨 가쁘게 외치는 소리가. 사랑하는 꿀꿀이들이 있는 한 우린 살아 있다.

인간이란, 성냥개비로 지은 집

친애하는 트럼보 씨,

당신을 그린 영화 〈트럼보〉를 보고 당신에게 편지를 띄우고 싶어졌습니다. 혹시 이 편지가 당신의 영면을 방해하더라도 양해해주시기 바랍니다. 세상을 떠난 뒤에도 팬 레터를 받을 수 있다는 건 아무나 누릴 수 있는 기쁨은 아니니까요. 이런… 무례했다면 용서해주시길.

달톤 트럼보(1905~1976). '그 일'이 있기 전까지 당신은 미국 할리우드의 잘나가는 시나리오 작가였습니다. 말 그대로 부와 명예를 누리고 살았지요. 그 일이란 1947년 미 의회 반미활동조사위원회로부터 소환장을 받은 것을 말합니다. '가장 몸값이 비싼 작가'의 발목을 잡은 것은 미국-소련의 해빙기에 공산당에 가입하고, 분배의 정의를 위해 노조 파업을 지지했던 전력이었습니다.

그 순간, 당신에겐 두 가지의 선택지가 있었습니다. 친구들을 배신하고 풍요로운 삶을 이어가느냐, 아니면 매카시즘의 광풍에 맨몸으로 맞서느냐. 당신은 의회에 출석해 말합니다.

"사상의 자유는 의회도 빼앗을 수 없습니다."

"네, 아니요로만 대답하는 사람은 바보나 노예일 뿐입니다."

증언을 거부한 당신은 의회모욕죄로 교도소에 가지요. 교도관 앞에 알몸으로 서는 굴욕도 맛보게 됩니다. 교도소 출소 후엔 동료들과 함께 블랙리스트에 오릅니다. 영화 제작사들로부터 작품 의뢰를 받을 수 없게 된 거지요.

또다시 당신 앞에 두 갈래 길이 놓입니다. 하나는 변절. 영화계의 대부(代父)들에게 사상전향서를 제출하는 것입니다. 다른 하나는 좌절. 알코올 중독자가 되어 나락으로 떨어지는 것입니다.

당신은 두 길을 한사코 거부합니다. 권력 앞에 무릎 꿇지도, 가족과의 삶을 놓아버리지도 않습니다. 대신 제3의 길을 택합니다. 11개의 가명으로 시나리오 쓰기를 계속하는 것이지요. B급 영화 제작자를 찾아가 사흘에 시나리오 한 편씩, 무엇이든 쓰기로 합니다. 그리고 다른 사람 이름을 빌리거나 가명으로 시나리오(〈로마의 휴일〉, 〈더 브레이브 원〉)를 써서 아카데미

각본상을 받습니다.

세상은 당신을 '천재 작가'라고 말하지만 제 생각은 좀 다릅니다. 당신은 재능 있는 작가임에 틀림없습니다. 하지만 당신이 그런 작품들을 쓸 수 있었던 이유는 다른 데 있지 않을까요? 무슨 얘기냐고요?

가령, 당신이 매카시즘에 백기 들고 투항했다고 가정해볼까요? 잘 팔리는 시나리오는 쓸 수 있었겠지만 명작의 반열에 오르는 작품들은 쓸 수 없었을지 모릅니다. 당신이 각본을 썼던 영화 〈스파르타쿠스〉엔 이런 장면이 나옵니다. 로마군과 싸우다 궁지에 몰린 노예들이 로마군의 최후통첩을 받습니다. "누가 스파르타쿠스인지 알려주면 십자가형에 처하지 않겠다." 노예들은 일제히 일어서서 외칩니다.

"나다. 내가 스파르타쿠스다!"

당신에게 당신 자신과 동지들을 배신하지 않았던 결기의 경험이 없었다면 이 장면은 나오기 힘들었을 것입니다. 다시 말하자면, 반전이 가능했던 건 당신이 당신 자신을 지켰기 때문입니다.

인간이란 성냥개비로 지은 집과 같습니다. 마음속 작은 나사 하나만 틀어져도 망가지기 쉬운 존재입니다. 남들이 눈치채지 못해도 스스로는 서서히 망가지고 있음을 느끼게 됩니다. 반대로, 굳게 쥔 주먹 하나가 사람을 완전히 다른 존재로 만들기도 합니다.

당신이 만든 당신의 상황이, 영화계의 외면을 당하며 가명으로 각본을 쓸 수밖에 없었던 절박한 상황이 트럼보라는 정신의 튜브에서 최대한의 것을 짜내게 한 거라고, 저는 믿고 있습니다. '나를 지키며 산다'는 건 그래서, 더욱 소중하고 절실한 일 아닐까요. 때론 자존감(自尊感)이 인간의 모든 것이기도 하니까요.

경의의 대상이 돼야 하는 건 당신의 천재성이 아닙니다. 성실성입니다. 아니, 그 끝없는 성실성이 천재성이라고 말할 수도 있겠네요. 그 누구도 당신처럼 밤낮없이 타자기를 두드리고, 또 두드리고 할 수는 없을 테니까요(오, 트럼보, 저 너머에서 당신의 타자기 소리가 들려오는 것 같습니다).

트럼보. 우리는 무슨 일만 생기면 핑계를 대려고 합니다. 어둠의 위협 앞에서 가족을 핑계 대기도 하고, 자신이 놓인 상황을 핑계 대기도 합니다. 당신 역시 아내 핑계, 자식 핑계로 적당히 세상과 타협할 수 있었습니다. 다들 가족들 위해 사는데 뭐, 그 정도는 할 수 있는 거 아니야? 무슨 범죄를 저지르는 것도 아닌데…. 이렇게 생각할 수도 있었습니다.

하지만 당신은 그 어떤 핑계도 대지 않고, 묵묵히 자기 길을 걸어갔습니다. '나를 지키기 위한' 당신의 성실성은 가족에 대한 책임도, 작품에 대한 책임도, 자기 믿음에 대한 책임도 다 해낼 수 있게 했습니다. 그건 '아무나 할 수 있는 일'은 아니지만, '아무도 할 수 없는 일' 역시 아니라는 걸 우리에게 말해줍니다. 자신의 의지만 확고하다면 그 무엇도 '나를 지킬 수 없는 이유'가 되지 못한다는 걸 당신에게서 배웁니다.

당신이 살았던 시대도 암울했지만 지금 세상도 그리 밝아 보이지는 않습니다. 언제든 매카시즘의 암흑기는 다시 올 수 있습니다. 그래도 당신 같은 사람이 있었기에 희망을 버리지 않으려 합니다. 그것이 당신이 우리에게 준 가장 큰 선물입니다. 당신은 자유를 위해 싸운 우리의 스파르타쿠스입니다.

고맙습니다! 트럼보.

P.S. 영화관을 나오는데 소설 하나가 떠올랐습니다.《나는 공산주의자와 결혼했다》.* 당신이 통과해야 했던 매카시의 시대를 다룬 필립 로스의 소설이지요. 노동자 출신 공산주의자인 주인공이 여배우였던 아내의 배신으로 파멸하는 과정을 그리고 있습니다. 그 소설엔 "생각을 해야지. 난 작가니까. 중요한 것들을 얘기하는 작가!"라고 말하는, 당신을 연상시키는 대목이 나옵니다.

"잃어버린 대의를 위해 싸우고 싶나? 그렇다면 말(言)을 위해 싸워. 거창한 말이 아니라, 감격적인 말이 아니라, 이걸 찬성하고 저걸 반대하는 말이 아니라… 형벌처럼 미국에서 살아가는 교양 있는 소수에게 네가 말의 편이라는 걸 알리는 말을 위해 싸우라고!"

트럼보. 당신에게 묻고 싶습니다. 지금 한국 땅에서 말을 위해 싸운다는 것, 그리고 중요한 것을 얘기하기 위해 생각한다

---

* 필립 로스 지음, 김한영 옮김,《나는 공산주의자와 결혼했다》, 문학동네, 2013.

는 것, 그것은 무엇일까요? 트럼보 당신이라면 어떻게 싸우고, 어떤 걸 이야기하려고 할까요? 언제든 좋습니다. 길을 걷고 있든, 책을 읽고 있든, 영화를 보고 있든, 어느 날 어느 순간에는 당신이 힌트를 보내주리라 기대합니다. 당신의 성실함을 믿고 기다리겠습니다.

사랑은 우릴 어디론가 데려다줄 것이다

'고3'이란 긴 터널을 지나 학력고사를 치른 직후였다. 같은 반 친구가 소개팅을 주선했다. 아마 어린이대공원이었을 것이다. 친구는 퇴장하고 벤치에 둘만 남게 됐을 때, 이상하게 떨렸다. 난생처음 이모나 사촌이 아닌 '외간 여자'와 단둘이 있게 되자 뭐라고 설명할 수 없는 감정이 엄습했다.

사실 나는 고등학교 때 이성 친구를 만나러 다니는 친구들을 비웃곤 했다. 이 중요한 시기에 무슨 연애란 말인가. 인생에서 그게 뭐 중요한 일이라고. 하지만 막상 둘만 있게 되자 목소리에 이어 손까지 덜덜 떨리기 시작했다. 내가 떨림을 주체하지 못하자 상대는 웃음을 참지 못했다.

"야, 너 소개팅 처음이지? 내가 어떻게 할 것도 아닌데. 하하."

만남은 자기 자신을 알아가는 과정이다. 몰랐던 자신에 대해 알게 된다. 내가 이렇게 소심하구나. 이런 말도 할 줄 아는구나. 이런 편지도 쓸 수 있구나. 내가 이렇게 질투도 많고, 의심도 많은 사람이구나. 나는 착한 사람이 아니라 착한 척하는 이기적인 사람이구나.

알게 되는 것은 그것만이 아니다. 사람에 대해 알게 된다. 전혀 다른 삶을 살아온 두 사람이 한 공간에서 이야기한다. 만남을 통해 세상엔 정말 여러 유형의 사람들이 있다는 걸 알게 된다. 만남은 미지의 세계로 나아가는 경험이다. 예를 들면 이런 경우다.

대학교 1학년 가을이었다. 친구 소개로 찻집에서 한 여성을 만났다. 커피를 마시고 나와 벤치에 앉았을 때였다. 저녁노을이 하늘을 붉게 물들이고 있었다. 나는 분위기를 잡아보려고 노을을 바라보며 말했다. "오늘 따라 노을이 참 예쁘네요." 내 진의가 전달되지 않은 걸까.

"일종의 '빛의 굴절' 현상인데 해가 질 때는 빛이 대기권을 통과하는 거리가 길어져요. 그래서 파장이 긴 붉은색 계통만 보이는데…."

아, 그렇구나. 빛의 굴절 현상이구나! 이지적인 그녀는 내 마음이 굴절되는 건 느끼지 못한 모양이었다. 그때 느꼈다. 문과 출신과 이과 출신이 얼마나 다른지를. 다른 행성에서 살아온 사람들은 서로가 쓰는 어휘와 그 용법부터 익숙지 않다. (물론 그녀가 날 마음에 들어 했다면 빛의 굴절 따위를 말하지 않았을 거란 짐작은 들지만 굳이 그 생각을 오래하고 싶진 않다.)

만남의 이유가 이별의 이유가 된다. 냉철해 보여서 좋았는데 날카로움에 마음을 베일 수도 있고, 열정적이어서 좋았는데 감당하기 벅찰 수도 있다. 결정적으로 이별은 사소한 사건을 계기로 이뤄진다. 사소한 사건이지만 그 조그만 사건에 너와 나의 모든 것이 다 들어 있다.

만남을 통해 내가 괜찮은 사람이란 걸 알게 되고, 이별을 통해 내가 얼마나 한심한지를 알게 된다. 그렇게 만남의 설렘부터 사랑의 기쁨, 갈등의 아픔, 이별의 슬픔까지 통과해내면 왜 그 많은 감정들에 저마다 이름이 존재하는지 알게 된다.

영화 〈라라랜드〉의 두 주인공은 취업 준비생이다. 재즈 피아니스트 세바스찬(라이언 고슬링)은 언젠가 자신의 재즈 클럽을 차리겠다는 꿈을 갖고 있다. 현실은 친구에게 돈을 떼이고 "인생이 날리는 펀치"를 계속해서 맞는 중이다. 배우 지망생 미아(에마 스톤)는 아르바이트를 하면서 오디션에 도전하지만 번번이 떨어진다. 오디션을 보러 가는 날, 하얀 셔츠에 커피를 뒤집어쓴다. 둘 다 '머피의 법칙'에 빠져 있다.

세바스찬과 미아는 여러 번 마주치지만 의미 있는 접속이 이뤄지지 않는다. "What a waste of a lovely night(이 멋진 밤이 아깝구나)!" 차이기 전에 먼저 차버리는 것일까. 괜히 상처받고 싶지 않은 것일까. 그렇지만 마음속 불꽃을 꺼버리기에 그들은 아직 젊다.

기어코 사랑에 빠진 두 사람은 서로의 꿈을 격려하며 살아간다. "사람들은 다른 사람의 열정에 끌리게 돼 있어. 자신들이 잊고 있는 걸 상기시켜주니까." 미아는 현실에 지쳐 꿈을 잃어가는 세바스찬을 흔들어 깨운다. "사람들이 좋아할까?" 미아의 자신 없음에 세바스찬이 답한다. "그깟 사람들!"

이대로 해피엔딩으로 끝나면 얼마나 좋을까. 바쁜 일상과 거듭된 시행착오 속에서 둘의 마음은 엇갈리기 시작한다.

"재능은 없고, 하려는 열정만 가득한 사람들 있잖아. 나도 그런 사람 중 하나였나 봐."

"나는 끝났어. 완전히 끝났다고."

이 시대를 살아가는 청춘들의 좌절이요, 한숨이다. 미아가 세바스찬과의 생활을 정리하고 고향 집으로 돌아간 뒤에야 오디션 기회가 다시 찾아온다. 세바스찬은 미아에게 달려간다. "이번엔 반드시 될 거야." 오디션이 끝난 뒤 미아가 묻는다.

"우린 어디 있는 거지?"

세바스찬이 말한다.

"그냥 흘러가는 대로 가보자."

두 사람은 각자의 별을 따라가보기로 한다. 자신들이 진짜 원하는 걸 선택할 수 있도록 서로를 놓아준다. 20세기에는 그래도, 사랑과 꿈을 함께 이룰 수 있었다. 21세기의 현실은 사랑과 꿈을 모두 이루게 해주지 않는다. 둘 중 하나는 손에서 놓아야 한다.

사랑을 선택하더라도 꿈으로 뒷받침되지 않는 사랑이 지속되리란 보장은 없다. 21세기의 연인들에게 보다 절박한 것은 자신의 삶이다. 세바스찬의 "흘러가는 대로 가보자"는 말은 지극히 현실적인 선택이다.

성경 구절은 '사랑은 언제나 오래 참고 사랑은 언제나 온유하다'고 하지만, 우린 속세를 살아가는 속물들이다. 작은 것에 기분이 상하고 작은 것에 마음이 뒤틀린다. 우리들의 감정엔 유통기한이 있다. 하지만 '그냥 속물들'은 아니다. 사랑 때문에 두근거리는 가슴을 가지고 있고, 가끔은 누군가를 위해 내 소중한 것도 내줄 수 있는 속물들이다.

그래, 인정할 건 인정하자. 한 사람을 위해 살다가 한 사람을 위해 죽는 로미오와 줄리엣의 시대는 지났다. 쉽게 만났다 쉽게 헤어지는 것이 21세기에 맞는 사랑법일 수 있다. 어떻게 사랑해야 하는지 개념화할 능력도, 그럴 생각도 없다. 20세기에 청년기를 보낸 자에게 21세기의 사랑을 언급할 자격이 있을까.

단지 말하고 싶은 것은 ─진리가 아니라─ '사랑이 너희를 자유롭게 하리라'다. 진정한 사랑은 사람을 속박하는 것이 아니라 자유롭게 하고, 성장하게 한다. 사랑도 결국은 자유의 이야기, 성장의 이야기다. 진정한 사랑은 러브 스토리를 넘어선다. 세바스찬과 미아는 만남을 통해 성장했고, 그 성장한 마음으로 서로의 꿈을 격려하고 서로의 자유를 지지했다. 상대가 진정 원하는 걸 이루길 바라는 마음을 잃지 않았다.

사랑이 꼭 이어질 필요는 없다. 이어지진 않더라도 함께 설레고, 함께 마음 졸이고, 함께 눈물짓고, 함께 부딪힌 시간들이 있다. 시간 여행을 함께한 것만으로도 족하다. 완벽한 타인이 되고 나면 서로의 눈길도 피하게 되지만, 그래도 좋았던 여행의 순간들은 지워지지 않는 느낌으로 남는다. 이성복의 시는 그 지점을 말하고 있다.

내 살아 있는 어느 날 어느 길 어느 골목에서
너를 만날지 모르고 만나도 내 눈길을 너는 피할 테지만
그날, 기울던 햇살, 감긴 눈, 긴 속눈썹, 벌어진 입술,
캄캄하게 낙엽 구르는 소리, 나는 듣는다.●

간혹은 사랑이 이어지기도 한다. 작가 정세랑의 소설 《지구에서 한아뿐》은 '조금은 이색적인' 사랑을 다룬다. 2만 광년을 날아온 외계인, 그것도 몸의 40퍼센트가 광물 성분으로 된 외계인과 사랑에 빠지는 이야기다. 첫눈에 반한 그녀와의 사랑을 위해 빛까지 저 가며 우주를 횡단해오다니…. 그 당황스러운 스토리가 글의 뼈와 감정의 살을 입고 순도 100퍼센트의 현실로 다가온다. 소설의 한 대목이 빛난다.

한아는 계속 묻고 싶었던 것을 물었다.
"다시 여행하고 싶지는 않아? 공항에 오니까 여행 싫어하는 나도 막 그런 기분이 드는데."

● 이성복, 〈연애에 대하여〉 중에서.

"네가 내 여행이잖아. 잊지 마."•

　네가 내 여행이다. 너와 만나면서 나는 내가 살아보지 못했던 시공간으로 간다. 죽음을 앞둔 순간에도 두 사람은, 아니 한 사람과 한 외계인은 다시 새로운 여행을 시작한다. 외계인하고도 사랑에 빠지는데 못할 일이 무엇이랴.

　사랑은 우릴 어디론가, 어디에든 데려다줄 것이다. 그곳이 태양계 바깥에 있는 행성이든, 사람이란 또 하나의 우주든. 우린 사랑을 통해 지금까지와 다른 존재가 된다. 다른 느낌을 갖게 되고, 다른 마음을 품게 되고, 다른 사람이 된다. 사랑을 꿈꾸기 어려워진 세상에서 그래도 사랑의 세계를 일주해보라고, 당신에게 권유하는 이유다.

　그러다 안드로메다로 가면 어떻게 하느냐고? 뭐, 어떤가. 안드로메다는 지구로부터 250만 광년 떨어져 있지만 가장 가까이 있는 이웃 은하계다. 돈 주고도 못 가는 곳이다. 그곳도 사람이 살 수 있지 않을까. 갈 수 있으면 가는 게 좋다. 갈 수 있을 때 가는 게 좋다.

• 정세랑 지음,《지구에서 한아뿐》, 네오픽션, 2012, 137쪽.

어디선가 아버지가 센서 등을 깜빡일 때

"잠시 후 인천공항에 도착할 예정⋯."

쿵. 랜딩이 부드럽지 못하다. 민혁은 목을 좌우로 움직인다. 공항 입국장을 빠져나온다. 병원에 있는 녀석부터 찾아가보기로 한다.

녀석은 머리를 붕대로 감고 있다. 열 시간 넘게 뇌수술을 했다던데⋯.

"기우야. 미안하다. 내가 널 박 사장 집에 소개하지만 않았어도⋯."

정신이 이상해진 걸까. 기우가 연신 히죽거린다. 민혁은 병원에서 나와 스마트폰을 꺼낸다.

"다혜 어머니. 저 민혁입니다. 예. 그럼, 내일 찾아뵙겠습니다."

다혜 엄마. 남편 박 사장이 세상을 떠난 지금도 그녀의 매력은 심플함이다. 민혁이 좋아한 건 다혜가 아니라 다혜 엄마였다. 해외 교환학생을 가면서 기우를 찾아간 건 그래서였다. 돈이 고파 어쩔 줄 모르는 기우와 그 가족이 어떤 일을 벌일지 민혁은 예상하고 있었다. 기우의 집에 수석을 가지고 간 것도 행운이 찾아올 거라는, 환상을 심어주기 위해서였지.

기우 가족과 박 사장 가족. 전혀 다른 두 세계가 만나면 무슨 일이 일어날까. 굵게 팬 주름살 속에 마지막 자존심을 숨기고 사는 기우 아버지, 냄새가 선(線)을 넘는 걸 견디지 못하는 박 사장, 두 사람이 만나면 파국으로 치닫지 않을까. 박 사장은 냄새를 참지 못하고, 기우 아버지는 박 사장이 냄새를 참지 못하는 걸 참지 못하고….

때론 사람이 아니라 상황이 사람을 죽인다. 물리학을 배우면 작용과 반작용이 어떻게 물체를 움직이는지 알 수 있다. 민혁은 두 개의 세계를 오가며 자신이 파악한 조건에 변수를 집어넣은 것뿐이고….

이렇게 글을 써간다면 냄새와 선, 계급의 이야기를 하게 될 것이다. 그런데 내 머릿속엔 다른 이야기가 계속 맴돌고 있다. 소재(영화 〈기생충〉)는 같지만 다른 결의 이야기다. 글을 다시 시작하겠다.

그 주말 L열 9번 좌석에 앉아 〈기생충〉을 보면서 나는 아버지를 떠올렸다. 스크린에서는 반지하 집이 폭우에 잠긴 뒤 기우(최우식) 부자가 체육관 바닥에 누워 있었다. 아들 기우가 아버지 기택(송강호)에게 말한다.

"아버지, 죄송해요."

"뭐가? 인마."

"다… 전부 다. 제가 책임질게요."

순간 기택의 얼굴에 누군가의 얼굴이 겹쳐졌다. 9년 전 세상을 떠난 아버지였다.

〈기생충〉은 현실적이다. '현실적'이란 현실에서 일어날 법하다는 뜻이다. 그 현실적인 영화에 비현실적인 대목이 있다. 바로 가족애다. 기우·기정 남매는 '서울대 문서위조학과'에 갈 수 있을 정도로 사람들을 잘 속이면서도 부모에게는 착한 아들딸이다.

실업자 가정엔 큰소리가 나기 마련인데 반항 한번 하지 않는다. 딸 기정이 유일하게 부모를 힐난한 건 남 걱정해줄 때다. "제발 우리 걱정이나 하자." 아무리 봐도 그들의 오붓함은 비현실적이다. 그들에 비하면 나는 현실적인 사람이다. 늘 아버지와 불화했다. 이유는 아버지보다 내게 있었다. 풀지 못한 욕구불만 같은 게 있었다.

초등학교 때 네 번 전학을 했다. 기울어가던 아버지 사업이 초등학교 4학년 때 마침내 쓰러졌다. 트럭을 타고 서울을 떠났다. 내린 곳은 큰아버지 집이 있던 강원도 원주였다. 서울에서 온 전학생을 맞이한 아이들의 경계심은 따돌림으로 이어졌다. 원주 안에서 이사를 하면서 한 번 더 전학을 했다. 5학년 때 서울로 올라왔다. 관악구에 살다가 강동구로 다시 전학을 갔다.

그사이 나는 내성적인 인간형으로 바뀌어 있었다. 가끔 나 자신을 보면 여러 색의 크레용으로 덧칠한 그림 같다. 조금만 색깔을 벗겨내면 다른 색깔이 나온다. 점잖음 밑에 수줍음이 있고, 수줍음 밑에 냉정함이 있고, 그 밑에 소심함, 생각 없음, 쾌활함, 우울함 같은 것들이 끝없는 퇴적층을 이루고 있다.

그리고 2층 밑에 1층, 1층 밑엔 반지하가 있다. 반지하에서 생활한 건 강동구에 살 때였다. 그땐 별생각이 없었다. 그냥 그런 것으로 받아들였다. 그 동네엔 반지하에 사는 아이들이 적지 않았다. 내가 어디에 사는지 같은 반 아이들만 모르면 그것으로 되었다.

가난을 실감한 건 6학년 가을이었다. 담임선생님이 어머니에게 드리라고 편지를 줬다. 어머니는 내게 미안해했다. "시험 잘 봤다고, 선생님들 식사 대접 하라고 하시는데…." 어머니는 선생님 드리라고 구두 표 한 장을 구해왔다. 어린 마음이 언짢았다.

중학교는 서울 변두리에 있었다. 학교도 가난의 냄새로 어수선했다. 2학년 때 소풍을 갔는데, 선생님들이 다른 학교 선생님들과 패싸움을 했다. 두세 분은 그만두셨고, 한두 분은 퍼렇게 멍든 눈으로 수업을 했다. 박봉이었을까. 담임선생님이 자신에게 수학 과외를 받아보라고 했다. "어머니께서 감사하지만 과외는 어렵겠다고… 죄송합니다."

고등학교에 올라가자 급우들 모습이 달라졌다. 200~300미
터만 달려가면 경기도가 나오는 학교였지만 주변에 아파트들
이 들어서면서 상대적으로 윤택한 아이들이 많았다. 교복 자
율화 시대였다. 친구들은 옷을 빼입고 미팅하러 나갔다. 돈 없
이 할 수 있는 거라곤 우습게도 공부밖에 없었다.

물난리를 만난 것은 고3 가을이었다. 그땐 1층에 전세 살고
있었다. 친구 집에서 공부할 때가 많았는데, 어느 날 아침 친
구 어머니가 어깨를 두드려 깨웠다. 얼른 집에 가보거라.

물은 현관 앞까지 차 있었다. 주인집이 있는 2층으로 몸을
피했다. 순식간에 1층이 물에 잠겼다. 영화는 현실이었다. 옥
상에서 내려다본 골목은 캐리비안베이였다. 사람들은 스티로
폼을 타고 손으로 노를 젓고 다녔다.

넌 그래도 고3인데 공부를 해야 하지 않겠니? 어머니는 인
근 친척집에 가 있으라고 했다. 책가방을 머리에 인 채 물살을
헤치고 나와 친척집에 갔다. 등교를 하자 같은 반 친구가 눈살
을 찌푸렸다. "웃기는 놈이네. 부모님은 물난리로 고생하시는
데 너 혼자 공부하러 나왔다고?"

며칠이나 지났을까. 물이 빠지고 집에 갔다. 컴컴한 마당에
들어섰을 때 어머니는 빗자루로 진흙을 쓸고 있었다. 순간 고
개를 든 어머니의 얼굴은 수십 년이 지난 지금도 잊히지 않는
다. 마음에 있던 것들이 모두 쓸려가 아무것도 남지 않은 표정
이었다.

아버지가 원망스러웠다. 그는 악착같은 게 없었다. 직장이 생기면 생기는 대로, 돈이 벌리면 벌리는 대로 살았다. 친구들과 만나 술 한잔 걸치면 그것으로 그만인 사람이었다. 천성이 착했고, 싫은 소리를 못 했다. 그렇다고 보증을 서서 문제를 일으키거나 무슨 큰 사고를 친 적도 없었다. 다만 돈을 벌어오지 못할 때가 많았고, 집안 형편을 남의 일 보듯 했을 뿐이다.

어른이 되면 아버지처럼 되지 말아야지. 이렇게 사는 게 다 아버지 탓이라고 생각했다. 그가 자주 하던 싱거운 농담도 지겹고 싫었다. 이유 없이 짜증이 나곤 했다. 영화는 "돈이 다리미"라고 한다. 돈이 없으면 마음도 구겨진다. 그런데 이상하게도 그 말은 아버지에게 통하지 않았다. 아버지는 내게 한 번도 화를 낸 적이 없었다.

기자가 되고 이런 일이 있었다. 사회적으로 저명한 인사였던 아버지의 동창이 어떤 모임에서 나를 보고 아버지에 대해 말했다. "평소 존경해오던 친구로…." 얼마 후 인사를 갔을 때 그는 자신의 발언을 정정했다. "솔직히 내가 자네 아버지를 존경하지는 않네. 성격은 좋지만…."

그는 굳이 그 말을 왜 내게 한 걸까. 작은 거짓말이 마음에 걸려서? 그의 말엔 틀린 게 없었지만 기분이 좋지 않았다. 아버지를 그렇게 이야기한다는 사실이 싫었다. 진짜 화가 날 때는 화조차 낼 수 없을 때다. 그에겐 화를 못 내고 아버지에게 화가 났다.

아버지는 알고 있었던 것일까. 기택의 말대로 "절대 실패하지 않는 계획은 무계획"이란 것을. 계획하면 반드시 계획대로 되지 않고, 계획이 없으니까 잘못될 일도 없고, 아무 계획이 없으니까 뭐가 터져도 상관없다는 것을.

아버지는 순탄한 삶을 살지 못했다. 어린 시절, 전쟁 중에 아버지를 여의고 홀어머니 밑에서 성장했다. 어렵게 대학에 갔지만 누구 하나 끌어줄 사람이 없었다. 대학을 마친 뒤 나이 들어 군대에 갔고, 제대해보니 연령 제한에 걸려 들어갈 회사가 없었다. 어쩔 수 없이 뛰어든 사업은 40대가 되자 꺾이기 시작했다. 오일쇼크였다. 그의 인생에서 그가 어떻게 해볼 수 있었던 일은 많지 않았다.

아버지를 한심하게 여길 때가 많았다. '그 좋은 시절, 강남에 땅 몇 평이라도 사두지….' 아버지 나이가 되면서 깨달았다. 뭐든 물려받은 게 있어야 투자라도 한다. 아버지에게도 삶은 칠종칠금이었다. 기를 쓰고 풀려나면 얼마 가지 못해 다시 현실에 발목 잡혔다. 허덕이며 쫓아가면 꿈은 저만치 멀어져 있었다.

그도 조금씩 마음을 내려놓게 됐으리라. 현실의 옹벽 앞에서 '무계획'이 최선의 방책이란 걸 깨닫게 됐으리라. 계획이 없으면 또 없는 대로 '살아진다'는 걸 알게 됐을 것이고….

아버지는 잘못한 게 없었다. 자신의 생활에 충실했다. 매일 아침 한강변으로 운동을 나갔고, TV를 켜고 민병철 생활영어를 따라 했다. 세월이 흐르자 교육방송으로 중국어 회화도 공부했다. 사람들과 어울리기 좋아하는 건 여전했다. 아침에 집을 나서면 저녁나절 얼큰하게 취해서 들어왔다. 간암 말기 진단을 받기 전까지.

아버지도 처음엔 희망을 품었던 것 같다. 몇 차례 레이저 시술을 받았다. 기적은 일어나지 않았다. 병에 걸리는 것도, 병이 낫는 것도 계획대로 되는 일은 아니었다. 그즈음 아버지는 웃음기를 잃었다. 병실에 가도 고개만 끄덕이고 벽 쪽으로 돌아누웠다. 자신의 모습을 보이기 싫다는 듯.

4월의 어느 봄비 내리는 날이었다. 어머니에게서 전화가 왔다. 의사가 내일 널 좀 보자고 하는구나. 저녁에 갈까 하다가 내일 가면 되겠지, 하고 부서 회식에 갔다. 새벽에 전화가 왔다. 어머니였다. 아버지를 중환자실로 옮겼다고 했다. 병원으로 가고 있는데 다시 전화가 왔다. 돌아가셨다. 거리는 빗물에 젖어 눅눅했다.

아버지의 시간은 지나갔다. 그와 변변히 작별도 못 했다. 뭔가 마음에 엉켜 있던 실타래를 풀었다면, 하는 아쉬움이 남지만 그게 또 인생이 아닌가 싶기도 하다. 그도, 나도 어디서부터 말을 꺼내야 할지 몰랐을 것이다. 그는 맑고 욕심 없는 부처님 같은 사람이었다. 나는 이제 아버지를 그렇게 기억한다.

몇 해 전부터다. 거울을 보면 언뜻언뜻 아버지의 모습이 보인다. 그토록 부인하고 싶었지만, 그를 닮아 있고, 닮아갈 것이다. 계획 없이 살았던 건 나도 다르지 않다. 인생이란 파도에 떠밀리고 떠밀려서 여기까지 왔다.

그와 달랐던 건 이거 하나였다. 그는 운이 나빴고, 나는 운이 조금 좋았을 뿐이다. 능력도 기회가 주어질 때 생기는 것이다. 기택이나 아버지에게 주어진 기회는 '대만 카스텔라' 같은 것들뿐이었다. 내가 나았던 건 그가 그나마 마련해준 발판 덕분일 수도 있다. 좋든 싫든 내 삶은 그의 소산(所産)이다. 정조는 외칠 수밖에 없었다. 나는 사도세자의 아들이라고.

우린 모두 '사도세자'의 자식인지도 모른다. 누구 아들이 되고 누구 딸이 되겠다고 계획을 갖고 태어나는 사람은 없다. 눈을 뜨고 보니 그냥 어떤 집이었고, 어떤 아버지였고, 어떤 어머니였다. 그 우연성 속에서 우리가 할 수 있는 일은 냄새, 그 너머에 있는 무언가를 찾아가는 것 아닐까. 그 너머에 있는 인간을 만나는 것 아닐까.

'건축가 남궁현자'가 지은 저택 지하실에 숨어든 기택은 아들에게 센서 등(燈)으로 모스 부호를 친다. 언젠가 일본 도쿄의 한 전시회를 취재하러 갔을 때 특이한 램프를 본 적이 있다. 뉴욕에 있는 램프를 쓰다듬으면 도쿄에 있는 램프가 켜진다고 했다. '지구 반대편에 있는 마음과 마음을 연결한다.' 다른 세상과도 그런 교신이 가능할까.

그렇게라도 어딘가에 아버지가 있었으면 좋겠다. 어느 날 내가 발견하게 될 센서 등을 깜빡이면서.

2부

어둠 속,
갑자기 불이 켜지면

"우린 어둠 속에서 넘어지며 살아요.
갑자기 불이 켜지면 탓할 것들이 너무 많이 보이죠."

애 늙은이와 늙은 애들의 세상

K가 처음 신문사에 들어갔을 때, 기자의 기역(ㄱ)자도 모르는 상태였다. 기자가 하는 일에 관해 아무것도 모르고 있었다. 사회 정의를 위해 보람 있는 일을 할 수 있는 직업이란 정도만 알고 있었다.

취재부터 기사 작성까지 모든 걸 새로 익히고 배워야 했다. 선배 기자들이 뭐라고 지시해도 무슨 뜻인지 몰라 다시 물어야 했고, 되묻는 게 싫어서 엉뚱한 일을 한 적도 있다. 그럴 땐 K 자신이 참 한심하게 느껴졌다.

선배들 역시 K를 동등한 동료로 존중하기보다는 가르쳐야 할 대상으로 여겼다. 입사 한 달 후부터 시작된 수습기자 생활은 기자로 다시 태어나는 리모델링 과정이었다. 문제는 그 교육과정이 체계적이지 않고, 주먹구구라는 데 있었다. 어깨너머로 배우는 내용도 기자가 알아야 할 취재의 기본 원칙이 아닌 취재 관행, 보도 관행이었다.

그때 이런 일이 있었다. 어느 날 선배의 지시가 떨어졌다.

"K씨. 2호선 전철 문래역 옆에 작은 동물원이 있거든. 거기 있는 원숭이들이 추위에 얼어 죽지 않는지 매일 체크해봐."

동물 기사가 사회면에 크게 실리던 시절이었다. 매일 오전 서울 남부지청(현재의 남부지검) 취재를 한 뒤 점심을 먹고 문래역 동물원에 들렀다. 하나, 둘, 셋, 넷…. 추위에 곱은 손가락으로 스무 마리 가까운 원숭이를 세는 것은 생각처럼 쉬운 일이 아니었다. 한 놈이 굴속으로 사라지면 다른 구멍에서 비슷하게 생긴 놈이 튀어나왔다. 몇 번이고 처음부터 다시 세야 했다. 하나, 둘, 셋, 넷….

한 달 가까이 지났을 때였다. 언제까지 이 숙제를 해야 할까. 출석을 부를 수도 없는데…. 머리에 쥐가 날 지경이었다. 선배 허락을 받지 않고 서울대공원 동물원에 전화를 걸었다.

"원산지가 어디라고 돼 있나요?"

"팻말에 북해도(홋카이도)라고 돼 있는데요."

"아, 걔네들은 얼어 죽는 애들 아니에요."

K는 선배에게 보고했다. 좋은 선배였다. "그럼, 할 필요 없겠네." 허허 하는 웃음과 함께 지시를 거둬들였다. K는 그나마 나았다. 당시 수습기자들은 '교육'이란 명분 아래 이해 못 할 지시를 받곤 했다. 그중엔 밤늦게 장례식장에 들어가 영정 사

진을 들고 나오는 일도 있었다. 기사에 넣을 피해자 사진이 필요해서였다. 경찰서 간부 사무실에 몰래 들어가 사건 서류를 통째로 들고 나온 수습도 있었다.

'기자 근성이 있다.' 지금으로 치면 '살아 있네' 정도의 칭찬이라고 할까. 선배들은 일련의 취재 활동을 수행해낸 수습들을 치켜세웠다. 상식적으로 납득되지 않는 일들이 기자 사회 안에선 무용담으로 유통됐다.

그 모든 일들이 훈훈하지만 거역하기 힘든 가족적 분위기에서 이뤄졌다. '막내 기자'들은 선배들이 사주는 밥이나 술을 당연하다는 듯 먹고 마셨다. 선배들은 매일 수습의 동선을 체크하며 기획 기사의 케이스를 '물어오는' 일을 시켰다.

수습기자를 마친 직후였을 것이다. 심야 시간대 사건 사고에 대비해 경찰서 기자실에서 야근을 하고 있었다. 밤 12시를 넘겼을 때 기자실 전화벨이 울렸다. 타사 기자가 K를 불렀다. "K씨. 전화 받아요." 그의 표정이 왠지 의미심장했다.

"여보세요. 누구시죠?"

"K씨?" 젊은 여성의 목소리였다.

"예. K입니다. 무슨 일이신지…."

"K씨를 만나고 싶은데요. 혹시 지금 좀 볼 수 있을까요?"

잠시 할 말을 잃었다. 지금이 몇 시인데 만나자는 거지?

"지금이요? 제가 야간 근무 중이어서…."

"잠깐이면 돼요. 꼭 하고 싶은 얘기가 있어요."

마땅히 호기심이 일어야 했으나 마음 끄트머리에서 고개를 내민 것은 불안감이었다. 얼굴도 모르는 여자가 늦은 밤 만나자고 하는 게 겁이 났다.

"죄송한데요. 낮에 만나면 어떨까요?"

"아니요. 지금 K씨를 보고 싶어요. 저는 반포에 있는데… ×××-○○○○로 전화하시면 나갈게요. 오실 때까지 기다리겠습니다."

갈까 말까 망설여질 땐 가라는 말이 있다. 하지만 K는 계속 망설이다 가지 않았다. 여성이 집요하게 만나자고 하는 게 미심쩍었다. 자초지종을 알게 된 것은 그날 오후 출근했을 때였다. 선배 기자에게서 전화가 왔다.

"K씨. 새벽에 기자실로 어떤 여자가 전화하지 않았나?"

"그걸 어떻게…."

"실은 내가 어제 술을 마시다가 장난 좀 쳐본 거야. 알바하는 아가씨한테 전화를 걸게 한 건데…."

장난의 대상은 K 말고도 여러 명이었다. 선배는 "꿈쩍 안한 것은 K 당신뿐"이라고 했다.

"역시 K는 믿을 만해. 어떻게 그런 유혹에도 흔들림 없이 야근을 하는지."

K도 멋쩍게 웃었지만 왠지 모를 자괴감이 들었다. 바보가 된 느낌이랄까. 소심함이 성실함으로 해석될 수도 있구나. 선배에게는 선의의 장난이었지만 K로선 졸지에 시험당한 아이가 된 기분이었다. 그런 소소한 장난과 농담들이 밥 먹고, 술마시고, 이야기하고, 노래방에서 노래하는 틈틈이 이어졌다.

선배들은 유난히 사생활을 궁금해했다.

"주말에 데이트 안 해?" "그 아가씨는 계속 만나고 있어?" "요즘 표정이 안 좋은데 집에 무슨 일 있는 거야?"

K는 "당신들이 왜 남의 사생활을 궁금해하느냐"고 묻고 싶은 마음이 굴뚝같았다. 하지만 '후배에 대한 관심'을 어찌할 도리가 없다. 일종의 형제들이라고 할까. 맏형부터 막내까지 형들이고 동생들이었다.

사회부 경찰팀과 법조팀, 정치부, 경제부…. 수습을 마친 뒤에도 다른 부서에 배치되면 새로 입사한 느낌이었다. 출입처에 맞는 취재 방법과 노하우를 원점에서 다시 배워야 했다. 출입처 사람들과 사귀는 것부터 시작해 그 조직이 어떻게 돌아가는지까지 귀동냥, 눈동냥을 했다. 재미있는 건 출입처 사람들도 처음 출입하는 기자를 가르치려 한다는 점이었다.

"K 기자. 언제 내 방으로 와요. 얘기 좀 해줄게."

국회의원은 큰형이라도 되는 양 말을 놓았다. 밥 먹고 술 마시면서 출입처 취재에 필요한 필수 교양을 쌓았고, 그들의 시각을 배워나갔다. K는 국회의원을 '선배'라고 부르고, 보좌관을 '형'이라고 부르는 게 영 어색하고 불편했다. 그들이 어째서 내 선배이고, 형이란 말인가.

정치부 취재를 하면서 이상했던 건 그것만이 아니었다. 정치부에 배치된 지 1, 2년도 되지 않은 기자들이 정치인 행세를 했다. 정치인들과 호흡하고 그들의 말투와 용어를 따라 하며 국정을 농단, 아니 농담했다.

"당 대표가 이번엔 치고 나올 거 같은데 어떻게 봐요?"

"BH(청와대)에서 가만히 있겠습니까?"

새파랗게 젊은 30대 초·중반들이 마치 인생을 다 산 사람처럼, 세상을 다 안다는 표정으로, 고담준론(高談峻論)을 폈다. 정치부에 간 지 2년 정도 지났을까. 당시 실세 의원의 보좌관이 K에게 말했다.

"K형처럼 바뀌지 않는 사람은 처음 봐요. 정치부에 오면 다들 달라지는데."

분명한 것은 K가 그들의 문화 속에 잘 섞여들지 못했다는 사실이었다. 그들과 정치 얘기를 나누는 게 입에 붙지 않았다. 남의 옷을 입은 기분이랄까. 무엇보다 그런 모종의 대화들이 하나도 중요하게 느껴지지 않았다. 결국 대통령 선거가 끝나고 자의 반 타의 반으로 정치부를 나왔다.

그때 그 기자들은 왜 겉늙었던 것일까. 기자들은 연식(年式)이 좀 돼 보이는 게 취재에 도움이 되기 때문일까. 그것은 기자가 되어 접해본 직업들, 그러니까 판사나 검사, 정치인도 다르지 않았다. 나이 든 척 발언하고 행동했다.

아, K에게 이런 일도 있었다. 대학 시절 친했던 동기 녀석이 검사로 임관한 후 그의 사무실로 찾아갔다. "K 기자. 좋은 기사 많이 쓰시게." 그는 K의 등을 툭툭 두드렸다. 이제 너와는 급이 달라졌다는 듯.

한국의 공적 분야에서 일하는 직업인들은 '플러스(+) 10의 마법'에 걸려 있다. 실제 나이에 열 살을 더해야 그 사람의 사회적 연령이 되는 것이다. 무슨 뜻이냐고? 서른다섯 살인 판사의 사회적 연령은 마흔 다섯이다. 그만큼 사회적 의식이 노숙혹은 노쇠하다. '영감님'이란 말이 괜히 나온 게 아니다. 젊은기자, 젊은 검사, 젊은 판사들이 괜히 10, 20년 전 '평균인의 상식'으로 기사를 쓰고, 수사를 하고, 판결을 하는 게 아니다.

사회적으로 조로하면서도 정신 연령은 낮다. 조직 밖에 나가면 노숙한 척은 다 하면서 조직 안에만 들어오면 어린아이가 된다. 상사와 선배들 앞에선 스스로를 아직 모자라고 배워야 할 게 많은 존재로 여긴다. 자기주장을 펴지 않고 늘 고개를 끄덕일 자세가 돼 있다.

미성숙의 프레임은 10년 차가 돼도, 중견 기자가 되고 부장이 돼도, 부장검사가 되고 부장판사가 돼도 달라지지 않는다. 독자적으로 생각하고 행동하는 법을 모른다. 한 사람의 주체로서 책임감을 갖고 행동하기보다는 지시가 내려오기를 오매불망 기다린다. 상사 앞에서 항상 뭔가 부족한 아이가 되어 예뻐해달라고 징징거린다. 그들이 자기 인생을 책임져주지 않는데도.

몇 년 전 K는 판사들 저녁 자리에 끼었다가 충격을 받은 적이 있었다. 당시 담배를 피우고 있을 때였는데 마침 담배가 떨어졌다. 편의점에 가려고 자리에서 일어서자 당시 법원행정처 간부가 젊은 판사에게 말했다.

"판사님. 판사님이 담배 좀 사오세요!"

K는 "제가 갔다 오면 된다"고 만류했지만 기어코 그 판사

가 담배를 사왔다. 얼마나 미안한 일인가. 의도치 않게 헌법기관에 담배 심부름을 시킨 꼴이 됐다. 법정 안에선 시민의 자유와 재산을 재단하는 판사도 선배 판사 앞에 서면 어리고 순한 양일 뿐이다.

장류진의 단편소설 〈일의 기쁨과 슬픔〉에선 소규모 스타트업 회사의 내부 풍경이 그려진다. 대표부터 직원까지 모두 영어 이름을 쓴다. 동등하게 소통하자는 취지다. 하지만 대표나 이사와 대화할 때는 "데이빗께서 요청하신…", "앤드류께서 말씀하신…"이라고 해야 한다. 10분 이내로 끝나야 의미가 있는 '스크럼' 회의가 대표의 훈화 말씀으로 30분 넘게 이어지기도 한다.

낡은 문화에 경쾌하게 적응해나가는 소설 속 젊은이들의 자세는 쿨하기 그지없다. 그래도 씁쓸함이 남는 건 어쩔 수 없다. 한국 사회는 어딜 가나 비슷하구나! 공무원부터 대기업, 스타트업 회사까지 서열에 묶여 있다.

그 서열의 고리 속에서 젊지도, 늙지도 않은 인간형들이 차고 넘친다. 젊지만 나이 든 척 행동하는 '애 늙은이'와 나이 들었지만 철들지 않은 '늙은 애'들이 공생하고 있다. '애 늙은이'들은 조직의 문제점에 패기 있게 도전하지 않는다. 기존 체제에 기민하게 적응하려고만 한다. '늙은 애'들은 욕망을 자제하지 못한 채 냄새만 맡으면 무섭게 달려든다. 이 '애 늙은이'와 '늙은 애'들의 세상에서 어른다운 어른은 보이지 않는다.

'어른으로 대접하라.' 넷플릭스 성장의 비결을 다룬《파워풀

(Powerful)》•의 맨 첫 번째 장(章) 제목이다. "회사가 직원들을 어른으로 대할 때 직원들도 어른으로서 행동한다." 탁월한 엔지니어들을 뽑아, 그들과 극도의 솔직함으로 소통해서, 스스로 자율적·창의적으로 일하게 하면, 최고의 성과를 낼 수 있다는 것이다.

K는 '어른'이란 단어가 새삼스러웠다. 책은 회사가 직원을 어른으로 대접해야 한다고 말하고 있다. 전적으로 공감한다. 하지만 스스로를 어른으로 보지 않는데, 어떻게 남이 어른 대접을 해주길 기대하겠는가. 대학을 졸업하고 어떤 조직에 들어가면 어른으로 행동해야 하는 것 아닌가. 조직은 그 어른이 어른답게 일할 수 있도록 뒷받침해줘야 하는 것이고.

어른이 된다는 건 자신의 판단에 책임을 진다는 뜻이다. 한 발 한 발이 두렵고 떨린다. 그러나 어른이 되지 않으면 영원히 누군가의 그늘에서 벗어나지 못한다. 좋은 사람이든 나쁜 사람이든 남의 인생에 전세 사는 것은 비참한 일이다.

어른으로 행동할 때 어른이 되는 거다. 어른과 어른으로 일하다 서로의 길을 찾아 언제든 헤어질 수 있는 거다. 《파워풀》의 마지막 장 제목은 이것이다. '멋지게 헤어져라.'

• 패티 맥코드 지음, 허란 옮김, 《파워풀》, 한국경제신문, 2018.

그들이 가지고 다닌 것들

노트북과 휴대전화, 책 한 권, 수첩, 안경집, 사원증…. 카페에서 이 글을 쓰고 있는 지금, 내가 가지고 있는 것들이다. 아, 지갑도 있다. 지갑 속엔 신용카드 몇 개와 지폐, 운전면허증, 명함, 아파트 출입 카드, 증명사진이 있다. 부끄럽지만 철 지난 로또 용지도 보인다.

내가 가지고 다니는 것들이 곧 나를 이야기한다. 어디에서 살고(아파트 출입카드), 어디에서 일하고(사원증), 누구와 어울리고(휴대전화), 어떻게 소비하고(신용카드·지폐), 어떤 생각을 품고 있는지(노트북·책·수첩)를. 대부분이 비슷할지 모른다. 차이가 있다면 어떤 생각을 가지고 있는지 아닐까.

〈그들이 가지고 다닌 것들(The things they carried)〉●은 미국

작가 팀 오브라이언의 단편소설이다. 소설은 베트남전쟁에 투입된 미군 부대원들이 배낭에 가지고 다닌 것들로 이야기를 풀어간다. 여대생이 보내온 편지, 정량을 초과하는 C레이션, 막대 비누, 진정제, 신약성서, 일기장, 유머책, 콘돔….

그들이 가지고 다닌 것들은 그들의 필요와 취향에 따라, 그리고 계급과 임무에 따라 다르다. 소대장은 나침반과 지도, 코드북, 쌍안경, 45구경 권총을, 통신병은 무전기와 배터리를, 위생병은 모르핀과 혈장, 비상약을, 기관총 사수는 M60과 탄띠를 갖고 다닌다. 그들이 짊어지고 다닌 것 중엔 명예와 부끄러움도 있다.

만약 당신이 한국 사회에서 성공한 사람이라면 무엇을 가지고 다닐까. 의지와 열정? 인내심? 목적의식? 그런 추상적인 것들 말고 물건으로 답해보라. 자기계발서? 노트북? 아이폰? 스마트 워치? 몰스킨 다이어리? 신경안정제? 미안하지만, 아니다. 적어도 내가 생각하는 정답은 아니다.

정부 부처나 대법원, 검찰, 기업 같은 곳을 가보라. 그곳에서 일하는 이들이 겨드랑이에 끼고 있거나 손에 들고 다니는 물건이 보일 것이다. 그렇다. 업무일지(업무수첩)다.

업무일지를 왜 가지고 다닐까? 윗분들이 하시는, 금과옥조 같은 말씀을 받아 적기 위해서다. 왜 받아 적어야 할까? 윗분

• '그들이 가지고 다닌 것들'은 팀 오브라이언의 소설집 제목이기도 하다(팀 오브라이언 지음, 김준태 옮김, 《그들이 가지고 다닌 것들》, 한얼미디어, 2004). 1946년생인 오브라이언은 1969년 2월부터 1970년 3월까지 1년 동안 베트남전쟁에 징집됐다. 귀국 후 하버드를 졸업했고 〈워싱턴포스트〉지 기자로 일했다.

들의 한마디 한마디가 조직을 움직이는 원칙이기 때문이다. '적자생존.' 적응하는 자가 살아남는 게 아니라 적는 자가 살아남는다. 한마디라도 빠뜨리면 큰일 난다. 말과 말 사이에 숨어 있는 영혼의 뉘앙스까지 잡아채야 진정한 받아쓰기다.

업무일지는 한국의 조직들이 상명하복의 위계질서로 움직이고 있음을 보여주는 물증이다. '제왕적 권력'이 존재한다는 증거다. 조직의 모든 움직임이 기록되는 업무일지는 역설적으로 조직 내부의 범죄를 입증하는 단서가 되기도 한다.

말씀은 업무일지에만 적히지 않는다. 검찰이 기업 수사 과정에서 압수한 휴대전화들에선 녹음 파일이 쏟아져 나온다. 직원들이 임원들 지시를 녹음한 것이다. 나중에 녹음 파일로 협박을 하거나 무슨 앙갚음을 하려던 게 아니다. 상사가 말씀하시는 걸 하나라도 놓쳤다가는 '엄청 깨지기' 때문이다. 이얼마나 슬프고 짠한 광경인가.

이처럼 '윗분들 말씀'을 중심으로 정신없이 돌아가는 미생(未生)들의 조직에선 창의적인 아이디어가 나올 수 없다. 위에서 내려오는 지시만 잘 수행하면 된다. 굳이 머리를 쓸 필요도 없다. 시키는 대로, 군말 없이 하면 되는 거다. 상층부에 올라가지 못한 이들의 취향이나 기호 따위는 눈곱만큼의 가치도 없는 정보다.

인간 진화의 그림도 돌도끼, 창, 가래를 차례로 들고 가다가 마지막엔 스마트폰과 업무일지를 들고 있는 것으로 바뀌어야한다. 수백 년 후 정부 부처와 기업 건물이 있었던 곳에선 업무일지들이 무더기로 발견될 것이다. 대형 사건 수사 과정에서 압수된 업무일지들은 창고에 잘 보관해서 자자손손 물려줘야 한다. 가능하면 유네스코 '세계기록유산' 지정도 추진해보자.*

그다음으로 한국 사회에서 성공한 이들이 가지고 다니는 것은 무엇일까. 정답! 명함이다. 명함은 내가 어느 조직에서 어떤 자리를 차지하고 있다는 자기 존재 증명서다. 처음 인사를 나눌 때 명함을 주고받는 게 한국인의 기본 매너다. 명함이 없으면 UFO(미확인비행물체) 취급을 받는다. 아니면, 거꾸로 명함이 필요 없는 거물이든가.

외국에서도 명함을 주고받지만 한국의 명함 문화는 유별나다. 명함을 주고받고는 서로에게 회심의 미소를 짓는다. 그 밑바닥엔 '난 이런 사람이야'라는 인정욕구가 굵은 고딕체로 박혀 있다. 한국 사회의 엘리트들은 어릴 때부터 주위의 인정을 받으며 성장한다. "어린 게 열심히 하니 기특하네." "공부 잘하네." "머리가 좋네."

그래서일까. 어떤 조직이든 그 안에 들어가면 맨 꼭대기까지 올라가고 싶어 한다. 판사는 대법관·대법원장 명함이 갖고 싶고, 검사는 검사장·검찰총장 명함이 갖고 싶고, 공무원은 차관·장관 명함이 갖고 싶다. '무엇을 하고 싶다'보다 '무

---

* 한국에서는 《훈민정음》(1997), 《조선왕조실록》(1997), 《직지심체요절》(2001), 《승정원일기》(2001), 조선왕조 《의궤》(2007), '고려대장경과 제경판'(2007), 《동의보감》(2009), 《일성록》(2011), 《1980년 인권기록유산 5·18 광주 민주화운동 기록물》(2011), 《난중일기》(2013) 등이 세계기록유산으로 등재돼 있다.

엇이 되고 싶다'가 중요한 거다.

이런 사회에서 권력 운영의 핵심은 인정받으려는 욕구, 올라서려는 욕망을 적절하게 자극하고 활용하는 것이다. 더 높은 자리를 미끼로 충성 경쟁을 유도한다. '더 빨리, 더 멀리, 더 높이.' 올림픽 정신 아니냐고? 그렇다. 매일매일의 삶이 올림픽이고, 월드컵이다.

더 좋은 명함을 가지려면 결국 윗분들 말씀을 잘 들어야 하고, 눈치가 빨라야 한다. 조직이, 아니 고위 조직원이 가고자 하는 목표의 울타리를 벗어나면 절대 안 된다. 울타리 안에서 최대의 성과물을 내놓는 자만이 위로, 위로 올라갈 수 있다. 정부든, 기업이든 인사 시즌이 되면 모두 일손을 놓은 채 목을 길게 빼고 인사 발표만 기다린다. 그 모습은 가히 미어캣들을 연상시킨다.

인사 때마다 누구 라인(line)이 더 잘됐네, 누구 라인이 물먹었네, 뒷얘기들이 굴러다닌다. 같은 라인끼리는 서로 인정해서 좋고, 인정받아서 좋을 것이다. 그런데 그 조직이 발전할 수 있을까? 예상 못 한 위기가 앞길을 가로막을 때 제대로 대응할 수 있을까? 사생결단으로 내부 싸움에 에너지를 탕진해버리면 외부의 도전에 맞설 수 있을까? 한국의 조직들이 답해야 할 물음들이다.

그들이 가지고 다니는 것을 하나 더 꼽는다면? '일정표'다. 일정표는 한국이 거미줄처럼 치밀한 관계망으로 얽힌 사회임을 말해준다. "다음에 언제 만날까요?" 만날 때마다 다음 약속을 잡는 게 일이다. 서로 가능한 날이 언제인지 일정표—스마트폰에 있든, 수첩에 있든—를 꺼내 날을 맞춰본다. 다음에 만날 날을 정하기 위해 만났다는 듯이.

점심이나 저녁식사에 동석하게 될 때 내가 가장 곤혹스럽던 일은 "운동해요?"라는 질문에 답하는 것이었다. "못 한다"고 대답하면 다음 질문이 돌아온다. "아니, 왜 운동을 안 해요?" "어쩌다 그렇게 됐습니다. 제게 맞지 않는 거 같아서요." 그다음엔 서로 "○월 ○일 어떠냐?" "그날은 제가 선약이 있다", "그럼, ○월 △일은 어떠냐?" 같은 대화가 두세 번 오간 뒤 골프 약속이 성사된다.

이렇듯 '다음 약속'에 목을 매는 이유는 분명하다. 회식 자리와 골프 모임에서 중요한 일들이 이뤄진다. 함께 밥을 먹거나 골프를 치면서 믿을 수 있는 자인지, 믿을 수 없는 자인지 재본다. 간보기가 끝나면 끈끈한 정을 확인한다. 공식적인 비즈니스보다 더 중대한 통과의례다. 비즈니스의 중요 부분이 '인간관계'로 이뤄지기 때문이다.

업무일지가 한 조직의 일기장이라면 일정표는 조직들 간에 공유하는 '교환 일기장'이다. 명함은 그 일기장에 주요 인물로 등장할 수 있는 입장권이다. 이 세 가지 물건들은 한국이 아직도 전근대적인 왕국임을 증명한다. 하긴 업무일지, 일정표, 명함이 무슨 죄일까. 그것들에 너무 과도한 의미를 덧붙인 사회가 문제지.

자, 지금 당신 가방엔 무엇이 있습니까? 하나씩 꺼내놓고

명상에 잠겨보십시오. '옛날에 나는 금이나 꿈에 대하여 명상
했다/아주 단단하거나 투명한 무엇들에 대하여/그러나 나는
이제 물렁물렁한 것들에 대하여도 명상하련다…' 시인 장정
일이 '햄버거에 대한 명상'을 했듯이 당신도 당신의 소지품들
에 대하여 명상해보시기 바랍니다. 그 명상 속에 당신의 일상
이, 당신의 삶이 보일 겁니다.

좀비 공정

"권석천. 첫날부터 무슨 물을 이렇게 크게 먹는 거야? 정신 못 차려!"

그날 아침 수화기는 차가웠다. 흘러나오는 음성엔 가시가 돋아 있었다. "아…예." 전화를 끊고 나서야 억울함이 치밀어 올라왔다. 전날 오후 검찰 기자실에 들렀던 게 내 법조 취재의 전부 아닌가?

하루 전인 1993년 5월 16일 일요일, 나는 법조팀에 배치됐다. 휴일에 예상치 못했던 법조팀 발령을 받은 나는 선배 뒤를 따라 서울지검(현재의 서울중앙지검) 1층 기자실에 들렀다가 퇴근했다. 당시 홍준표 검사의 슬롯머신 수사가 숨 가쁘게 진행되고 있었지만 휴일이어서인지 기자들은 눈에 띄지 않았다.

오래전 일임에도 날짜와 요일까지 기억하는 것은 다음 날 일어난 일련의 상황 때문이었다. 이른 아침부터 삐삐가 울리기 시작했다. 법조팀장 전화번호였다. 자취방에서 공중전화 부스로 달려갔고, 전혀 예상치 못한 질책을 받았다.

그날은 우리 법조팀에 최악의 하루였다. 한 일간지에 지난 정부의 실세 의원 이름이 나왔고, 다른 일간지엔 전 안기부 기조실장 이름이 나왔다. 그 이름의 주인들은 슬롯머신 업계의 대부에게서 거액을 받은 혐의로 수사선상에 올랐다. 하루에 대형 폭탄 여러 개를 맞은 셈이었다.

전화를 받은 뒤 부리나케 서울지검 기자실에 출근했을 때 우리 팀 선배들은 보이지 않았다. 기자실 직원에 따르면 1진 선배는 우산을 들고 어디론가 사라진 상태였다(심지어 그날 비가 왔다는 것까지 기억난다!). 2진 선배는 지방 취재를 가려고 비행기 트랩에 오르다 삐삐를 받고 내려오고 있었다. '멘붕'은 그런 때 쓰는 표현이었다.

나의 법조기자 생활은 그렇게 처참하고 혼란스럽게 시작되었다. 그 길고 길었던 하루는 내게 '검찰 기사를 물먹으면 죽는다'는 사실을 각인시켜줬다. 법조팀에서 일하는 내내, 다음 날 아침 다른 신문에 무슨 기사가 나올지 겁나고 무서웠다(한 언론사 사주가 쓴 《나는 아침이 두려웠다》는 읽지 않았으나 책 제목에는 공감한다). 대형 수사가 시작되면 검사장, 차장검사와 스무고개 넘기를 넌더리나게 되풀이해야 했다.

"○○○ 의원을 소환한다는 게 사실입니까?"

"그 기사를 쓴 기자에게 물어보세요."

"그럼, 소환 안 한다는 얘깁니까?"

"소환할지 안 할지는 조사해봐야 아는 거 아니오?"

지긋지긋한 과정이었다. 그들의 입에서 팩트를 하나라도 더 듣기 위해 갖은 애를 썼다. 대검 차장, 중수부장, 공안부장, 강력부장, 지검 1차장, 2차장…. 검찰 간부들 사무실 앞에서 '뻗치기'•를 했고, 밤중에도 전화를 걸어 상황 변화를 체크했다. 화장실에 가는 검사 뒤를 따라 들어가기도 했다. "남자라고 화장실까지 쫓아가는 건 불공정 경쟁 아닌가요?" 여성 기자의 핀잔을 듣기도 했다.

그때 그 검사들은 기자들을 어떻게 여겼을까. 입 벌리고 먹이 달라고 졸라대는 병아리들을 연상하지 않았을까. 검사들과 '잘 지내는' 것은 특종과 낙종이 매일 포탄처럼 터지는 전쟁터에서 살아남기 위한 제1 조건이었다. 살아남는다는 표현이 이상하다고? 회사에서 "일 못한다", "무능하다"고 욕먹는 게 죽기보다 싫었다.

술을 잘 못 마시는 내겐 하루하루가 곤혹스러운 날들이었다. 밖에 나가 게워내고 들어와 다시 마셔야 했다. 술기운에 한참 졸다가 눈을 뜨면 자리가 끝나가고 있었다. 한심한 일이었다. 술 세지는 한약이 없는지 알아보기도 했다. 진짜 문제는 적극적으로 대시하지 못하는 성격이었다. 검사들과 쉽게 어울

• 사건의 주요 인물을 취재하기 위해 그의 집이나 사무실 앞을 지키고 있는 것을 말하는 기자들의 은어다.

리지 못하는 나를 자책할 때가 많았다.

검사들과 대차게 싸우면서도 특종기사를 뽑아내는 민완 기자들이 부러웠다. 그럼에도 그들 역시 나의 경험과 크게 다르진 않았을 거라고, 그들 역시 내가 겪었던 낭패감을 느꼈을 거라고 생각한다. 동종의 직업인이 겪는 경험이란 '부처님 손바닥 안'이기 마련이다.

그땐 알지 못했다. 그런 나와 기자들의 일상이 검찰 권력을 완성시켜주고 있음을. '검찰은…', '검찰에 따르면…', '검찰은 …할 방침이다', '검찰은 ○○○의 진술을 확보하고…'. 전지적 검찰시점*으로 사건을 취재하고 기사를 작성했다.

수사를 받는 피의자의 해명을 마지못해 달았지만 기사 앞쪽에 나열된 혐의와 의혹들을 '1'도 해명하지 못했다. 취재 경쟁은 단편적인 팩트를 확보하는 데 집중됐다. 생각할 겨를도 없이 설익은 기사들을 끝없이 납품했다. 공정 보도나 언론의 책임 같은 가치는 저 멀리 손이 닿지 않는 곳에 있었다.

'좀비 공정.' 2019년 8월 김용균 진상규명 위원회**가 내놓은 진상 조사 결과 종합보고서를 읽다가 두 눈이 붙들리고 말았다. 좀비 공정이란 무엇인가.

24세의 청년 노동자 김용균은 2018년 12월 10일 밤 태안화

---

* '전지적(全知的) 검찰시점'은 피의자나 피고인, 참고인 등의 행동은 물론이고 그 동기와 목적까지 검찰의 관점에서 설명하는 언론 보도를 지적하기 위한 말이다. '전지적 작가시점'에서 개념을 빌려왔다.

** 정식 명칭은 '고 김용균 사망사고 진상규명과 재발방지를 위한 석탄화력발전소 특별노동안전조사위원회'.

력발전소에서 설비 상태를 점검하던 중 벨트와 롤러 사이에 몸이 끼여 숨졌다. 특조위원들이 진상 조사를 위해 발전소 현장을 방문했을 때 한국서부발전 간부는 말했다. "벨트가 있는 기계 안쪽으로 고개를 넣고 점검하지 않아도 된다. 매뉴얼에는 그런 내용이 없다."

그렇다면 김용균은 왜 조명도 없는 기계 안으로 몸을 집어넣어야 했을까? 특조위가 찾아낸 답은 다음과 같았다.

가장 큰 문제는 김용균 노동자가 당시에 벨트에 접근할 수밖에 없었던 이유, 근접 촬영이라는 공정 때문이다. 근접 촬영은 연료 운전 노동자라면 모두 수행해야 하는 업무이고 용도는 원청 쪽에 보고하기 위해서다. 작업 공정상에 없는 업무이지만 반드시 해야 하는 일. 따라서 위험의 정도도 평가되거나 공유되지 않은 비가시화된 위험. 이러한 위험한 공정들은 사고 이후에야 드러나게 된다. 일종의 '좀비 공정'인 것이다.•

그렇다. 좀비 공정은 공식적인 작업 공정엔 없지만 분명히 존재하는, 위험한 공정을 말한다. '좀비'라는 수식어를 붙인 까닭은 무엇일까. 죽었지만 살아 있는 좀비의 특징은 세 가지다. ①계속해서 비틀거리며 걷는다. ②살아 있는 것은 뭐든지 덤벼든다. ③생각을 하지 못한다. 뇌에서 생각하는 영역이

• 고 김용균 사망사고 진상규명과 재발방지를 위한 석탄화력발전소 특별노동안전조사위원회, 〈고 김용균 사망사고 진상조사결과 종합보고서〉, 2019.

죽어 있기 때문이다. 아무 생각 없이 하는 좀비 공정은 김용균이 일했던 화력발전소에만 있을까.

법조기자로 일했던 나도 좀비 공정에 갇혀 있었다. ①계속해서 쫓기듯 허겁지겁 일했고, ②검찰 시각에서 피의자를 마녀 사냥했고, ③기사를 작성하면서 생각을 하지 못했다. 시시각각 기사를 넘겨야 하는 상황에서 '물먹지 않기' 위해, '깨지지 않기' 위해 넘어질 듯 말 듯 비틀거리며 달리기를 매일 거듭했다. 선배들이 물려준 좀비 공정 밖으로 뛰쳐나갈 엄두를 내지 못했다.

한국 사회에서 수많은 이들이 좀비 공정 속에서 일하고 있다. 이 일을 왜 해야 하는지, 그 일이 사회에 어떤 영향을 미치는지 생각하지 않은 채 '비가시화된 위험'을 살고 있는 것이다. 때로는 평범한 샐러리맨들도 교도소 담장 위를 걸어야 한다. 회사에서 주는 월급엔 '좀비 수당'도 들어 있는 것일까.

《두 얼굴의 법원》을 쓰기 위해 '사법농단' 사건을 취재하면서 느꼈던 것도 다르지 않았다. 법원행정처 발령을 받은 판사 이탄희가 선배 판사로부터 업무에 관한 조언을 듣던 중이었다. 이탄희가 "윗분들께 예쁨받고 싶은 욕심은 없다"고 하자 선배 판사가 정색을 하고 말한다. "넌 아직 모르는구나? 살기 위해서 그러는 거야. 살기 위해서."

법원행정처 같은 특별한 조직에서 매일같이 야근하고 눈코 뜰 새 없이 일하다 보면 그 조직에서 필요한 부분에만 집중하게 된다. 그러면 그럴수록 내부의 평판, 위로부터의 평가에 민감해진다. 조직 안에서 만들어진 자신의 평판에 작은 흠집이라도 날까 봐 전전긍긍한다. 그 평판을 지키기 위해 양심의 눈을 질끈 감아야 할 때도 있다. '양심적이다'라는 평가보다 '유능하다'는 평가가 더 중요하게 다가오기 때문이다.

너무 바빠서 '생각을 못 하는' 측면도 있지만, 생각을 하면 괴로워지기 때문에 '생각을 안 하게' 된다. 생각을 하면 그 조직에서 살아남을 수가 없는 것이다. 내부 평가나 승진과 관련 없는 '쓸 데 없는 생각'은 하지 말아야 일을 잘할 수 있고, 살아남을 수 있다.

이러한 좀비 공정은 의도적으로 조장되고 있을 가능성이 크다. 누구든 좀비 공정 속에 집어넣으면 제시된 목표만을 위해 달려가게 된다. 변혁을 꿈꾸지도, 반란을 시도하지도 않는다. 찰리 채플린의 영화 〈모던 타임즈〉에 나오듯 컨베이어벨트에 달라붙어 1분 1초도 한눈 팔지 못하게 만드는 분업 시스템이 좀비 공정의 시초였을 터. 끊임없이 어디론가 내달리게 만드는 것만큼 통제하기 쉬운 건 없다.

좀비 영화와 드라마가 각광받는 이유는 분명하다. 내게 미소 짓던 선한 이웃이 어느 날 좀비로 변해서 내게 달려든다. 좀비로 변한 이들이 비척거리며 걷다가 사람 냄새만 맡으면 일제히 모여든다. 좀비는 위험한 일상을 살아야 하는 현실의 우리를 은유한다. 살아 있지만 죽어 있는 사람들 속에서 당신은 어떻게 살아갈 것인가.

그동안 당신은 어디 있었나

영화 〈스포트라이트〉는 흔히 저널리즘 영화로 불린다. 주요 등장인물들이 기자들이고, 언론학 교재로 쓰일 만한 내용이라는 데 동의한다. 하지만 이 영화는 저널리즘에 국한되지 않는, 보다 크고 무거운 메시지를 던지고 있다. 그것은 '내부자 사회를 지탱하는 작은 악들'에 대한 경고다.

〈스포트라이트〉는 기자들이 가톨릭 사제들의 아동 성추행을 취재하는 과정을 그리고 있다. 수십 년간 보스턴 사회에서 많은 이들이 알고 있으면서도 방치해온 문제였다. 성추행 피해자들을 대리하는 변호사 개러비디언(스탠리 투치)이 기자에게 하는 말이 의미심장하다.

"새로 온 당신네 편집국장이 유대인이라면서…. 나는 아르

메니아 사람이야. 이 사건은 외부인이 필요한 사건이지."

그가 "이 도시(보스턴)가 주는 소외감"을 말하는 것은 보스턴이란 지역사회의 결속력과 폐쇄성을 지적하기 위해서다. 기자부터 변호사, 판사까지 핵심 인물들이 대부분 보스턴 출신이다. 더구나 상당수는 고교 선후배다. 그들은 수십 년 동안 한 울타리 안에서 내기 골프를 즐기고, 파티에서 어울리고, 함께 일을 도모해온 사이다. 그들은 친구인 기자에게 묻는다.

"(편집국장은) 몇 년 있다가 떠날 사람이야. 당신도 어디로 갈 거야?"

"왜 이래? 여긴 우리 고향이잖아."

그들이 사교계의 네트워크 속에서 사는 사람들이란 사실은 피해자 대부분이 가난하고 소외된 계층 아이들이란 것과 대조를 이룬다. 그렇다고 그들이 악인은 아니다. 사제들의 성추행을 합의로 종결해주는 대가로 돈을 벌어온 변호사는 양심의 가책을 받다가 한때 신문사에 제보 편지를 보낸 적이 있다. 기자는 아동 성추행을 '데일리 기사(daily coverage)'로 처리한 적이 있다. 다들 "내가 해야 할 일은 해왔다"고 말한다.

이들 중 알리바이가 없는 사람은 없다(Everybody has an alibi). 심지어 아이들을 추행한 신부조차 "만졌지만 즐겁지는 않았다"고 말한다. 보스턴 사회의 내부자들은 서로가 서로에게 책임을 떠넘긴다. 이러한 침묵의 나선 속에서 아이들은 계속해서 신부들에게 성폭력을 당하고, 정신병을 앓고, 술과 마약에 빠지고, 스스로 목숨을 끊었다.

외부인(편집국장)의 등장과 함께 진실의 몸통이 드러나고서야 내부자들의 양심을 가려온 가면이 벗겨진다. 한 내부자(변호사)가 자신에게 진실을 말해달라고 요구하는 다른 내부자(기자)에게 묻는다.

"그동안 자넨 어디 있었나? 왜 이렇게 오래 걸린 거야?"

그것은 곧 우리에 대한 물음이기도 하다. 당신도 다 알고 있던 일이잖아. 여태껏 침묵하고 있다가 갑자기 나타나서 왜 이러는 거야? 도대체 지금 무슨 소리를 하고 있는 거냐고?

보스턴에 사제들의 아동 성추행이 있었다면 우리에겐 '텔레그램 n번방' 사건이 있었다. 텔레그램 대화방에서 수많은 남성들이 집단적으로 여성들에게 끔찍한 가학 행위를 했다. 피해자 중엔 중·고등학생, 어린아이들도 있었다. 이름이 무엇인지, 무슨 학교 몇 학년 몇 반인지까지 올려놓고 "내가 1번"이라며 성폭행을 모의하기도 했다.

이런 성범죄를 주도한 '박사', '갓갓', '와치맨' 같은 운영자들만 괴물이 아니었다. 성 착취 촬영물들이 흘러 다닌 대화방만 100개가 넘었다. 대화방 가입자를 모두 합치면 단순 합계로 26만 명에 달했다. 한 명이 대화방 여러 개에 들어가 있으면 그 숫자는 줄어들 수 있다. 그렇다고 부끄러움의 크기가 줄어들지는 않는다. 대화방의 남성들은 '박사' 같은 자들에게 촬영물을 보여달라고 굽실댔고, 암호화폐를 보냈고, '품평회'를 열었다.

더 심각한 문제는 언론과 사회의 무감각이었다. 대학생 두

명이 2019년 7월 텔레그램 잠입 취재를 시작해 탐사기획물 공모전*에서 입상한 뒤 경찰과 공조하는 동안 언론은 관심을 기울이지 않았다. 같은 해 11월 〈한겨레〉가 대학생들의 도움을 받아 텔레그램 성 착취를 집중 보도한 뒤에도 다른 언론들은 꿈쩍하지 않았다. 마치 다른 나라 일처럼 받아들였다. 2020년 3월 〈국민일보〉가 보도하고 '박사' 조주빈이 구속된 후에야 취재 경쟁이 불붙었다.

그 이유는 그만큼 한국 사회에 여성 혐오, 여성을 성적 대상화하는 의식과 문화가 넓게 퍼져 있기 때문일 것이다. 몰카 영상을 '야동'이란 이름으로 소비하고, 결별에 대한 치졸한 복수극에 동원된 영상물을 '리벤지 포르노'로 부르며 즐겼다. 2019년 7월 폐쇄된 성매매 알선 사이트 '밤의 전쟁'은 회원 70만 명에 21만 개의 회원 후기가 올라와 있었다. 후기에는 '인증샷' 같은 불법 촬영물들이 고구마줄기처럼 달려 있었다. 이쯤 되면 그야말로 '전쟁'이라고 불러야 하지 않을까. 인격을 사냥해 죽이는 전쟁.

이런 상황에서 국회 법사위에서 '딥페이크(인공지능 기술을 이용한 합성 음란물)'를 놓고 진행된 토론은 낯을 뜨겁게 했다. 다음은 국회회의록에 오른 발언들이다.

"자기는 예술작품이라고 생각하고 만들 수도 있거든요."

* 2019년 뉴스통신진흥회 '탐사·심층·르포 취재물' 공모 우수상 수상.

"쉽게 말하면 청소년들이나 자라나는 사람들은 자기 컴퓨터에서 그런 짓 자주 하거든요."

"내 일기장에 내 스스로 그림을 그린단 말이에요. …(중략)… 그것까지 처벌할 수는 없지 않을까요?"

법사위에서 문제 발언을 했던 국회의원과 법원행정처 · 법무부 책임자들은 모두 50대 남성 법조인이었다. 50대 남성 기자인 나는 얼마나 다를까. 진작부터 '텔레그램 성범죄' 기사를 보면서도 왜 들여다보지 않은 걸까. 너무 익숙한 일이었기 때문일까. 텔레그램 잠입 취재를 했던 대학생 두 명을 만나 인터뷰하면서 그들의 지적에 할 말을 찾지 못했다.

"언론들이 왜 이렇게 뒤늦게 관심을 갖는 건지 답답합니다. 그것도 너무 박사(조주빈)에게만 집중하고 있습니다. 그가 죽일 놈인 건 맞지만, 아직 수많은 가해자들이 있고 더 이상 피해자가 생기지 않도록 대책을 세워야 하는데…."

직접 가해를 한 자들이, 구조의 꼭대기에 서 있는 이들이 가장 큰 책임을 져야 한다. 하지만 무감각하게 방조자 역할을 했던 자들도 n분의 1, 자기가 가진 힘만큼의 책임은 져야 하지 않을까. 보스턴의 기자들처럼 나를 포함한 한국의 기자들도 혐의를 벗기 힘들다. 바쁘게 살았다는 것으로 모든 죄를 용서받을 순 없다.

"우린 어둠 속에서 넘어지며 살아요. 갑자기 불이 켜지면 탓할 것들이 너무 많이 보이죠."

편집국장 배런(리브 슈라이버)의 위로는 '어둠 속에서 빠져나오라'는 경고이기도 하다.

미국 정치학자 한나 아렌트는 《예루살렘의 아이히만》에서 '악의 평범성(the banality of evil)'을 말한다. 독일 나치 전범 아돌프 아이히만이 유대인 학살이라는 반인륜 범죄를 저지른 건 아무 생각 없이 자신의 직무를 수행하는 '사고의 결여' 때문이라는 것이다. 우리가 아이히만이 아니라고 해도 이 물음을 비켜갈 수 없다.

평범한 사람들의 작은 악(惡)들이 거악(巨惡)을 떠받치고 있는 건 아닌가. 거악은 한두 사람의 악인이 아니라 선량한 시민들의 작은 악들이 모인 결과가 아닌가.

〈주기도문(主祈禱文)〉은 "다만 악에서 구하옵소서"를 바라고 희망한다. 그 악이 바깥에서 오는 것이 아니라 우리 안에서 오는 것이라면 어떻게 할 것인가. 그 위험을 인식하고 늘 깨어 있지 않다면, 내부의 악과 끊임없이 싸우지 않는다면 자신도 모르는 사이에 악마와 손을 잡고 있을 것이다. "난 내가 할 일을 했다"고 말하며, "그래도 난 최선을 다했다"고 변명하며.

나의 디폴트 값은?

1988년 4월 25일 저녁 8시 22분.

기자가 소련 핵물리학자 발레리 레가소프 박사와의 인터뷰를 마친 시각이다. 그로부터 다섯 시간 뒤인 26일 새벽 1시 23분, 레가소프는 극단적인 선택을 했다. 자신의 폭로를 담은 카세트테이프 여섯 개를 남긴 채.

레가소프의 시신은 당일 오전 그를 밀착 감시하던 KGB 요원이 발견했다(물론, 경찰 조사 기록에 기재된 발견자 신원은 '우편배달부'였다). 발견 당시 고양이 한 마리만이 주인의 죽음을 구슬픈 울음소리로 애도하고 있었다고 한다. 모스크바 중심가의 호텔에 있던 기자가 레가소프의 사망 소식을 들은 것은 비밀리에 인터뷰를 성사시켜준 소련 과학계 인사에게서였다.

레가소프가 남기고 간 육성 녹음이 모든 진상을 공개한 마당에 인터뷰 기사가 무슨 소용일까. 하지만 인터뷰 내용을 다시 들어보면서 팩트(사실)를 넘어 그가 남기고 싶었던 생각들에 주목하게 되었다. 레가소프는 특히 체르노빌 원전 폭발 사고가 왜 일어날 수밖에 없었는지, 체르노빌 사고에 응축된 소련 사회의 문제점은 무엇이었는지 거침없이 밝히고 있었다.

레가소프의 경고는 소련 사회뿐 아니라 우리 사회도 귀를 기울여야 한다. 이제 본론으로 들어가고자 한다. 그날 기자는 그의 집에 잠입하기 위해 썼던 가발을 벗은 뒤 그에게 "녹음을 해도 되느냐"고 물었다. 그는 "좋을 대로 하라"고 했다. 기자가 묻고(Q) 레가소프가 답한다(A).

Q   먼저 당신이 누구인지 소개 부탁드립니다.

A   나는 핵물리학자요. 쿠르차토프 원자력연구소 부소장으로 근무했소. 그러다 2년 전 체르노빌 폭발 사고가 일어난 뒤 대책반에 투입됐지. 이후 추가 폭발과 방사능 오염을 막고 사고 원인을 규명하는 작업을 지휘해왔소.

Q   지금은 자택에만 계시는 겁니까?

A   (쓸쓸하게 웃으며) 사실상 가택연금 상태요. 누구를 만날 수도 없고, 날 만나려는 사람도 없으니 연금되든, 되지 않든 별 차이는 없지만….

Q   이렇게 지내는 이유기?

A   아시지 않소? 지난해(1987년) 7월 체르노빌 사고 책임자

들에 대한 형사재판에서 "원자로 자체에도 결함이 있었다"고 증언했다가 '요주의인물'로 찍혔소. 각오한 일이었지. 소비에트연방공화국의 완결성에 큰 흠집을 냈으니까…. 담배 좀 피워도 되겠소?

Q 예. 피우십시오. 제가 가장 궁금한 건 대체 왜, 무엇 때문에 체르노빌 폭발 사고가 일어났느냐는 겁니다. 사회적 측면의 원인은 뭘까요?

A 나는 소련의 경직된 사회 시스템에서 그 원인을 찾고 싶소. 다시 그때 일을 짚어보면… 폭발 사고가 어떻게 일어났는지 보시오. 안전 검사를 하다가 일어난 거 아니오? 그 안전 검사만 마치면 발전소장은 모스크바로 영전해가고, 줄줄이 승진을 하게 돼 있었소. 그러니, 간부들은 어떻게든 검사를 마치려고 혈안이 된 거지.

Q 그러니까 선생 말씀은 자리 욕심 때문에 그렇게 됐다?

A 핵심은 그게 아니오. 가장 큰 문제는 위계적인, 아니 폭력적인 조직 문화였소. 사고 당시 원자로 4호기 통제실을 보시오. 안전 검사 책임자인 댜틀로프가 검사를 강행하려고 공포 분위기를 조성했소. "너 같은 머저리가 뭘 할 수 있겠어?" 연구원들에게 온갖 핀잔을 주고, 욕설을 퍼붓고, 규정집을 집어던지고…. 경력 4개월밖에 안 된 신입이 처음 보는 설명서를 더듬더듬 읽으며 출력량 조절을 해야 했지. 그게 말이나 되는 상황이오? 그나마 위험성을 감지한 고참 연구원이 원자로를 끄려고 했지만 댜틀로프가 고

함을 치며 막았소. "내가 안전하다면 안전한 거야! 출력 올려."

Q 그 연구원은 순순히 지시에 따랐나요? 위험성을 알면서 도?

A 댜틀로프는 연구원을 협박했소. "너 같은 놈, 다신 어디에 서도 일 못 하게 내가 손을 쓰겠다"고. 연구원들은 서로에 게 속삭였소. "우린 실수한 거 없어." "우린 잘못한 거 없어." 그러다…(양팔을 크게 벌리며) 펑 하고 원자로가 폭발하고 말았지. 조직 문화가 얼마나 중요한지 생생하게 보여주는 사례 아니오? 원전에 그 많은 연구원들이 있는 건 각자 맡은 분야를 책임지면서 협의해서 운영해가라는 얘기잖소. 그런데 윗사람 하나가 귀를 닫고선 자기 마음대로 조직을 좌지우지하다가 그런 사고가 난 거 아니겠소.

Q 그렇다면 댜틀로프와 발전소 지휘부에 전적으로 책임이 있는 겁니까?

A 잘못한 건 그들만이 아니오.* 댜틀로프가 원자로를 무리하게 작동시킨 건 안전장치가 있다고 믿었기 때문이오. (다시 담배에 불을 붙이며) 원자로 자체에 치명적인 결함이 있었소. 소련 당국은 그런 결함이 존재한다는 걸 알면서도 '국가기밀'로 분류하고 숨겼소. 국가 전체가 위계로 꽉 짜여서 경직돼 있었던 거요. 그 소련의 시스템을 축소해놓

• 드라마 〈체르노빌〉 중에서.

은 게 체르노빌 통제실이었을 뿐이고….

Q   어떻게 그 심각한 결함이 '국가기밀'로 지켜질 수 있었던 거죠?

A   "국가기밀을 외부에 누설하면 넌 사회적으로 매장된다." 진실을 아는 과학자들을 지속적으로 압박해왔소. 내게도 조심하라고 을러댔지. 재판에서 '원자로 결함'을 폭로한 뒤 KGB가 날 협박한 논리가 인상적이더군. "당신은 영웅이 아니다. 우리와 같다." 모두 다 같은 속물인데 뭐가 잘났다고 양심적인 척하냐는 거였소.

Q   어떻게 그런 체제가 장기간 유지될 수 있었던 거죠? 비밀과 거짓 위에 세워진 체제가.

A   (고개를 절레절레 흔들며) 나도 그게 신기하오. 어떻게 유지될 수 있었을까? 무엇 때문일까? 지난 2년 동안 묻고 또 물어봤소. 그러다 문득 답 하나가 떠오르더군. (안경을 벗은 뒤 기자 눈을 응시하며) 그건 바로 보수요.

Q   보수라고요? 보수, 진보 할 때 그 보수 말씀이십니까?

A   그렇소. 이념적이거나 정치적인 보수를 말하는 건 아니오. 쉽게 말하면, 바꾸기 싫어하고, 변하기 싫어하는 거요. 그냥 살던 대로 살자, 지금까지 살던 대로 살면 되는데 왜 자꾸 바꾸자고 하느냐, 다 귀찮다…. 뭐, 이런 거 말이오. '생활 보수'라고 할까? 물론 생활 보수가 정치적인 보수가 될 가능성이 크지만.

Q   소련은 사회주의 혁명을 하자는 나라 아닙니까?

A (허허 웃으며) 재미있는 지적이오. 혁명을 하자면서 웬 보수냐? 한 가지 예를 들어보겠소. 폭발 사고가 일어난 직후에 지역위원회가 열렸소. 그 회의에서 "주민들을 대피시켜야 하는 거 아니냐"는 주장이 나오니까, 원로 위원이 자리에서 일어나 벽에 걸린 레닌 사진을 가리키면서 이렇게 말했소. "소련 사회주의에 대한 우리의 믿음은 언제나 보상받을 것이오. 도시는 봉쇄합니다. 소개령은 없소. 전화도 차단하시오."

Q 무슨 뜻인지….

A 그 말밑에 어떤 믿음이 깔려 있는 것 같소? 국가가 하면 뭐든지 잘될 거다. 그러니까, 우린 정부 방침만 잘 따르면 된다. 털끝만큼의 의심도 없었소. 국가를 의심한다는 것 자체가 불경죄이기도 하지만, 국가를 의심하는 것 자체를 하고 싶지 않았던 거요. 순도 100퍼센트의 믿음이란 것은 이성을 포기하고, 합리성을 외면하는 데서 나오잖소. 어떻게 되겠지 하는…. 한마디로 생각하기조차 싫은 거요. 사고 직후 원인 파악이 제대로 안 됐던 것도 바로 그 때문이었소.

Q 그 때문이었다는 건?

A 원자로 노심(爐心)이 폭발한 뒤에도 발전소 지휘부는 "그럴 리 없다"고 말하오. 원자로가 폭발했다는 증거가 나오고 있는데도 계속해서 부정하지. 실무자가 폭발했다고 보고하니까, 오히려 야단을 쳤소. "노심이 어떻게 폭발할 수

있는지 이론적으로 설명해줄 수 있겠나?" 설명을 못 하니까 그 실무자를 다그치오. "자네 바보인가?"

Q 결국, 자신들이 믿고 싶은 것만 믿었던 거군요?

A 그렇소. 근거 없는 낙관주의에 갇혀서, 그 바깥으로 한사코 나오려 하지 않은 거요. 폭발한 게 사실이면 자신들이 그 모든 걸 책임져야 하니까 그게 싫었던 거지. 모래 속에 머리를 묻은 타조 같다고 해야 하나. 크렘린 대책회의 참석자들도 마찬가지였소. 오히려 크렘린 쪽이 더 심하오. 그들은 원자로 폭발의 비밀을 알면서도 체제를 지켜야 한다는 생각으로 그런 거니까.

Q 소련만의 문제라고 보십니까?

A 난 그렇게 보지 않소. 인간은 진실이 마음에 들지 않으면 계속해서 거짓말을 하지.● 인간의 본성이 그렇게 생겨먹은 게 아닌가, 하는 생각까지 들 정도요. 충격이 왔다가 사라지면 다시 낙관론에 빠지고, 어떻게든 잘될 거라고 하고…. 아무튼 변하기 싫어하오. 디폴트 값이 보수인 거지.

Q 디폴트 값이오?

A 컴퓨터 사용자가 값을 지정하지 않아도 시스템 자체에서 저절로, 자동적으로 주어지는 값 말이오. 특별히 집이나 학교에서 교육하지 않아도 그냥 그 사회에서 살다 보면 보수적으로 생각하고, 보수적으로 행동하게 되오. 특히

● 드라마 〈체르노빌〉 중에서.

134

돈 좀 있고 배경 좀 있는 기득권층일수록 더 그렇지. 기업인, 판사, 검사, 공무원, 기자 같은 직업을 가진 자들이 대체로 그러하오. 사회가 변하지 않아야 기득권을 누릴 수 있는 자들 아니오?

Q 디폴트 값이 보수라면… 시스템 내부에서의 변화가 가능할까요?

A 아무래도 어렵지 않겠소? 보수적으로 사는 게 편하고 좋은데 왜 변화를 시도하겠소?

Q 그러면 변화는 불가능한 건가요?

A 내가 재판에서 한 말이 있소. "우리가 거짓을 말할 때마다 진실에 대한 빚이 쌓인다. 머지않아 그 빚을 청산해야 한다. 원자로 노심이 폭발한 게 바로 그 대가였다. 거짓의 대가." 빚을 청산해야 할 때는 반드시 오게 돼 있소. 역사를 보시오. 늘 거짓이 이기는 듯 보이지만 언젠가는 폭발하오. 때로는 대형 사건으로, 때로는 충격적인 참사로, 때로는 혁명으로 터지지. 그리고 나서야 사회가 다른 방향으로 바뀌기 시작하는 거요.

Q 그러지 않고 해결할 방법은 없는 건지?

A 내가 너무 비관적인가? 다른 방법은 없는 것 같소만…. 무엇보다 눈치 없이 사실 그대로를 말하는 이들이 많아야 하오. 거짓을 말할 수 없어서, 그런 사람이라서 진실을 말할 수밖에 없는 이들이 곳곳에 있어야 하오. 순진무구한 과학자 같은 사람. 진실 탐색에 온 정신이 팔리는 바람에

진실이 드러나길 원하는 자들은 거의 없다는 걸 미처 생각 못 하는 사람[•]….

　기자는 그의 마지막 인터뷰어가 되고 말았다. 레가소프는 인터뷰 도중 시계를 쳐다보곤 했다. 1986년 4월 26일 새벽 1시 23분 45초. 체르노빌 원자로가 폭발한 때로부터 만 2년이 되는 시각에 죽음을 예비하고 있었던 것이다. '그때 눈치를 챘더라면' 하는 안타까움과 '좀 더 물어볼걸' 하는 아쉬움이 교차한다.

　그날 기자가 인터뷰를 마치고 자리에서 일어난 뒤 레가소프가 창가에 서서 창밖 도로 쪽을 가리켰다. "저기 좀 보시오. 저 차에 탄 사람이 날 감시하는 KGB 요원이오. 내가 무슨 일을 하든 저자가 크렘린에 보고하게 돼 있지…." 그때였다. 무슨 의미인지 모를, 작은 찡그림이 그의 얼굴을 스쳐갔다.[••]

• 드라마 〈체르노빌〉 중에서.
•• 이 글은 미국 HBO 드라마 〈체르노빌〉을 토대로 실존인물 발레리 레가소프를 통해 체르노빌 원전 폭발 사고의 사회적 원인을 들여다본 것이다.

편견이라는 미세먼지

　미국에서 있었던 일이다. 가족과 동부 여행에 나섰다가 뉴욕 외곽에서 길을 잃었다. 거리 이곳저곳을 둘러봐도 온통 흑인들뿐이었다. 덜컥 겁이 났다. 저 사람들이 차 앞을 가로막지 않을까. 차 문을 열고 올라타진 않을까. 땀이 차오르는 손으로 정신없이 핸들을 꺾었다.

　부끄러움을 깨달은 건 동네를 빠져나온 다음이었다. 사실 그들이 내게 피해를 준 건 없었다. 그들은 평범한 일상을 보내고 있었을 것이다. 나를 불안에 떨게 했던 것은 나 자신의 편견이었다. 인종차별 따위 하지 않는다고 믿었던 자화상은 와장창하고 산산조각이 났다. 만약 편견이 몸 안에 있다면 뇌나 심장이 아니라 내장에 숨겨져 있을 거야. 그때, 그런 생각을 했던 것 같다.

애니메이션 〈주토피아〉는 편견의 문제를 다루고 있다. 배경은 육식동물과 초식동물이 어우러져 살아가는 도시 '주토피아(zoo+utopia)'. 호모 사피엔스는 없다. '포유류 통합 정책'이 실시되는 이 도시의 경찰서에 어느 날 신입 경찰관이 배치된다. 토끼 주디 홉스다. 주디는 사기꾼 여우 닉 와일드와 함께 연쇄 실종 사건의 비밀을 풀어나간다.

툰드라 타운, 사바나 센트럴, 사하라 스퀘어, 레인 포리스트…. 다양한 생태계로 구성된 주토피아는 모두가 평등한 민주공화정이다. 하지만 서로에 대한 편견은 사라지지 않는다.

'작고 약한 토끼는 경찰이 될 수 없어.' '여우는 교활하고 토끼는 멍청해.' '육식동물은 언제든 야수가 될 수 있어.'

주토피아에서 가장 무서운 본능은 육식동물의 포식 본능이 아니다. 편견 본능이다. 어린 시절, 단지 여우란 이유로 다른 동물 친구들에게 집단 괴롭힘을 당했던 닉은 마음먹는다. '세상이 여우를 믿지 못할 교활한 짐승으로 본다면 굳이 다르게 보이려고 애쓰지 말자.' 자신을 바라보는 외부의 시선을 내면화한 것이다.

정의롭고 선량한 토끼 주디는 자신이 편견에서 자유롭다고 여긴다. 그는 세상을 더 좋은 곳으로 바꾸고 싶어 한다. '누구나 뭐든지 될 수 있다'는 믿음으로 "우리가 두려워할 것은 두려움뿐"이라고 말한다. 그러나 그 역시 여우 퇴치용 스프레이를 허리춤에 차고 다니고, "수천 년간 이어져온 육식동물의 생물학적 요소"란 말을 무심결에 내뱉는다.

〈주토피아〉는 어울려 살면서도 서로 다르다는 이유로 차별하고 차별받는 인간 세계에 대한 은유다. 희망은 반성할 수 있는 힘에서 나온다. 토끼 주디가 여우 닉에게 자신의 편견을 고백하고 용서를 구하면서 반전은 시작된다. 당신은 편견을 고백할 용기가 있는가. 영화가 당신에게 던지는 질문이다.

판타지가 아닌 현실로 돌아오자. 많이 배웠다는 분들, 지성인이라는 분들이 사석에서 특정 지역에 대한 편견을 거리낌 없이 드러내는 걸 일상적으로 봐왔다. 사건 기사에도 뜬금없이 지역을 거론하는 댓글들이 달린다. '그 지역은 원래 그런 곳이야.' '그 지역 출신이니 그렇지.' 이런 댓글을 볼 땐 대체 어떤 얼굴을 가진 인간인지 만나고 싶어진다.

출신 학교에 대한 편견도 심각하다. 한 언시생(언론사 시험 준비생)의 얘기를 들은 적이 있다. 모 언론사 신입기자 채용 면접에 갔는데 면접위원이 답변을 듣다가 물었다고 한다.

"아는 것도 많고 똑똑한 것 같은데, 왜 ○○대를 못 간 거죠?"

심사위원이 너무나 진지한 표정이어서 언시생은 항의할 생각도 못 했다고 한다. 고등학교 때 공부를 얼마나 잘했는지, 수능을 얼마나 잘 봤는지가 평생을 가는 게 합리적인가. 사회생활을 하면서 10대 후반에 시험 공부를 얼마나 잘했고, 어떤 대학을 나왔는지가 중요하지 않음을 절감하곤 한다. 실력을 좌우하는 것은 자기 분야에서 깊이와 새로움을 더하기 위해 얼마나 노력해왔느냐다.

더 심각한 것은 계층의 양극화에 따른 편견의 양극화다. '금수저' '흙수저' 계급론이 나올 만큼 양극화가 심해지면서 서로에 대한 이해는 사라져가고 있다. 이젠 계층이 다르면 친구 되는 것조차 어려워진 시대다. 사는 지역이 다르고, 다니는 학교가 다르고, 근무 중인 직장이 다르다. 토끼는 토끼끼리, 여우는 여우끼리, 나무늘보는 나무늘보끼리 살아가고 있는 건지도 모른다.

"판사를 이해하는 방법"이란 제목의 글을 읽은 적이 있다. 강문대 변호사가 쓴 글이었다. 그는 "노동사건에 대해 연일 쏟아지는 야릇한 판결을 보며 그런 판결을 선고한 판사들을 이해하기 위해" 가설을 설정해봤다고 한다.

우선 이들 판사들의 친구 중 노동자, 특히 노조 활동을 하는 노동자는 한 명도 없을 것이다. 이런 친구가 한 명도 없으니 노동자의 삶이 얼마나 스산하고 노조 활동을 한다는 것이 얼마나 절실한 것인지를 피부에 와 닿게 느끼지 못할 것이다. 그리고 판사가 맘 편히 가는 동창 모임이나 교회 모임 등에서 만나는 사람은 대부분 기업가 아니면 관리자일 것이고, 이들 중 노조가 헌법상 보장된 단체라고 하는 것을 이해하는 사람은 한 명도 없을 것이다. 대신 이들은 하나같이 기독교인이 이단 대하듯 노조를 비난할 것이다.●

강 변호사는 여기에 그치지 않는다. "판사들이 참석하는 연수원 동기 모임에서 술값은 로펌 변호사들이 낼 것"이고, "이들과 같은 로펌에 소속된 변호사들이 법정에서 하는 주장들도 살갑고 설득력 있게 느껴질 것"이고, "자신이 그러하든 아니면 시댁이나 처갓집이 그러하든 상당한 자산 수익을 얻고 있을 것"이고…. 결국 "기업 활동에 부정적 영향을 끼치는 행위에는 매우 민감하게 반응할 것"이라고 지적한다.

아, 내게도 '노조 활동을 하는 노동자 친구'는 한 명도 없다. 평소 만나는 이들은 대개 동료 기자이거나 법조인이거나 전·현직 공무원, 교수, 기업 임원 정도다. 물론 중·고등학교 친구 중엔 노조 활동을 하는 노동자가 있을 것이다. 하지만 대학에 다니면서 많은 친구들과 연락이 끊겼다. 그마저도 이사를 가고 직장 생활을 하면서 대부분 끊기고 말았다.

대학을 졸업하고 기자가 된 후 나는 더 작은 울타리에 갇혀 살게 되었다. 몸담은 언론사의 선후배 기자들, 같은 기자실에서 일하는 타사 기자들, 그리고 출입처 사람들이었다. 인간관계의 절반 이상은 같은 언론사에서 근무하는 선후배와 동료들이었다. 퇴근 후 회식 자리에서도 회사 얘기를 했고, 회사 사람 얘기를 했고, 회사 걱정을 했다. 회사가 사원들 걱정을 해야 하는데, 사원들이 회사 걱정을 하는 건 한국에서만 볼 수 있는 직장 문화다.

• 강문대, "판사를 이해하는 방법", 〈매일노동뉴스〉, 2016년 3월 14일.

이렇듯 작은 사회에서 아웅다웅하다 보면 자기도 모르게 직역이기주의[•]의 늪에 빠져든다. 기자들은 기자들 사회에, 검사들은 검사들 사회에, 의사들은 의사들 사회에 갇혀 산다. 그 세상이, '자기들만의 리그'가 전부인 줄 안다. 기자가 최고인 줄 알고, 검사가 최고인 줄 안다. 자신들이 가장 고생하는 양 집단적으로 자기연민에 빠진다.

그것만일까. 자신이 속한 분야의 화제에서 한 발짝만 벗어나도 아무것도 모르는 깜깜 절벽이 된다. 언제부턴가 기자들이 쓰는 기사나 칼럼을 읽으면 '우린 우물 안 개구리가 아닐까' 하는 생각이 들곤 한다. 자신이 들어가 있는 우물이 온 세상이라고 믿는 개구리. 언론은 자신들이 합리적인 비판을 하고 있는 것인지, 아니면 자기들 내부의 반감을 표출하고만 있는 것인지 구분할 수 있어야 한다. 그러한 엄밀함 없이는 '기레기'란 지적에서 벗어날 수 없다.

우리가 느끼고, 생각하고, 판단하고, 믿는 것들이 주변의 영향에서 얼마나 자유로울까. 사무실에, 나와 내 친구들 사이에 공기처럼 떠다니는, 크고 작은 편견의 미세먼지들이 뭉치고 뭉쳐서 내 가치관이 되고, 신념이 된 것은 아닐까. 그 가치관과 신념이 얼마나 균형감각 있고, 상식적이라고 말할 수 있을까.

가끔은 한 번씩 자기 주위에 어떤 친구들이 있는지, 어떤 이

• 직역(職域)은 특정한 직업의 영역을 말한다. 직역이기주의는 자신의 직업에 이익이 되는 쪽으로 생각하고 행동하는 것을 말한다.

들을 만나고 있는지 살펴보아야 한다. 당신이 거리에서 누군가와—이를테면, 생존권의 머리띠를 두르고 주먹을 움켜쥔 이들과—마주쳤을 때 서늘한 두려움이 앞선다면 뭔가 잘못 살고 있다는 뜻이다. 당신 마음속에 편견이 도사리고 있다는 의미이고, '다른 친구'가 곁에 없다는 의미다.

〈주토피아〉에서 가장 매력적인 캐릭터는 토끼 주디도, 여우 닉도 아니다. 나무늘보 '플래시'다. 주디는 용의 차량에 대해 차적 조회를 하려고 DMV(차량관리국)에 갔다가 플래시를 만나고 학을 뗀다. 말할 때도, 키보드를 두드릴 때도, 농담에 웃을 때도 시속 1미터의 슬로비디오로 움직인다. 마지막 장면에 그가 다시 등장한다. 주디가 시속 185킬로미터로 달리는 스포츠카를 쫓아가 차를 세운다. 과속 딱지를 떼려는 순간 차창이 내려가며 플래시의 겸연쩍은 얼굴이 나타난다.

'나무늘보는 느리다'는 편견에 대한 통쾌한 반박이다. 나무늘보의 몸이 느린 건 사실이지만 모든 일에 느린 건 아니다. 성격은 오히려 급할 수도 있다. 편견은 결정적으로 틀릴 때가 많다. 당신이 당신의 편견에 기대어 살다간 큰코다치는 날이 반드시 온다. 정말 그런 날이 올까, 의심스럽다면 내가 '큰코다쳤던 경험'을 말씀드리고 싶다.

그동안 나는 남녀 차별 같은 건 내 의식 속에 없다고 자신해왔다. 그 믿음을 깨뜨린 사건이 있었다. 《대법원, 이의 있습니다》 초고를 넘겼는데 편집자에게서 따끔한 지적이 돌아왔다. 글 어딘가에 쓰였던 '여기자'란 표현에 대해서였다. '여기자'

에서 '여(女)'를 빼라고 빨간색 펜으로 돼지꼬리 표시가 돼 있었다. 한마디 부연설명도 없었지만 나는 얼굴을 붉혔다.

왜 '여기자'라고 쓴 걸까. '기자'라고 써도 아무 문제가 없는데…. 그것이 팩트라서? 같은 팩트라도 '남(男)기자'라고는 안 쓰지 않는가. 그다음부터 나는 '여'자(字)에 민감해졌다. 여교사, 여검사, 여판사, 여교수…. '여'라는 접두어가 들어가 있으면 무조건 뺀다. 그래도 대부분은 의미 전달에 어려움이 없다.

내친김에… 다른 의미에서 큰코다친 경험도 있다. 몇 해 전 몸이 결린다고 했더니 동료 논설위원이 요가를 권했다. 요가학원은 신문사 건너편에 있었다. 한 클래스에 여성은 20여 명, 남성은 두세 명 정도였다. 맨 뒤 한쪽 구석에서 뻣뻣한 몸으로, 나무늘보처럼 슬로비디오로 버퍼링만 계속하고 있었다.

한 달쯤 지났을까. 수업이 끝나고 학원 문을 막 나서려는데 한 젊은 여성이 원장님께 뭔가 이야기하고 있었다.

"원장님. 남자들하고 반을 따로 만들어주시면 안 돼요?"

"왜 그러시는데요?"

"힐링이 안 돼요! 힐링이."

'힐링'이란 단어가 뒤통수를 쳤다. 뒤이어 에밀레종 같은 묵직한 울림이 왔다. 난 힐링이 안 되는 존재라는…. 중년 남자와 요가를 배우는 게 찜찜하고 불편했겠다는 생각이 뒤늦게 들었다. 한편으론 잠시나마 소수자의 입장에 서고 보니, 내가 그간 다수자의 입장에서 소수자를 어떻게 대해왔는지 반성하게 됐다. 여성들은 남성들의 사회에서 비교도 되지 않을 만큼

심한 이야기들을 들으며 살지 않았겠는가.

내가 느끼지 못했던 것을 순식간에 깨닫게 해준 그분께 감사드린다. 혹시 이 책을 보시고 연락주시면 아메리카노라도 보내드릴 생각이다. 아, 요가는 잘 배우고 있느냐고요? 그날 이후로 학원에 가지 못했습니다. 다시 배울 생각이 있냐고요? 글쎄요. 그건 잘 모르겠….

이 상상은 특정 사실과 관련이 없습니다

자, 우리 앞에 일군의 기업인과 정치인, 법조인, 학자들이 있다고 상상해보자. 이들의 공통점은 대한민국 서울에서 3대 (代) 이상 상류층을 형성해왔다는 것이다. 법조인 A는 조선 말 홍문관 교리, 일제 때 군수, 해방 후 고위 법관 집안의 아들이다. 기업인 B는 4대째 가업을 승계했다. 국회의원 C는 부(富)를 지키기 위해 정치에 뛰어든 아버지의 바통을 이어받았고, 학자 D는 대대로 국립대학 교수다.

이런 사람들이 모인다면 무슨 이야기를 나눌까. 사실과 다를지는 모르겠으나 대화 주제를 떠올리는 것만으로 사고의 반경이 넓어질 수 있다. 내 생각부터 말하자면, 그들은 요즘 자신들과 식솔들의 언행에 대해 사회적 비판이 거세지는 현실을 고민하고 있지 않을까. 바로 다음과 같이.

"대책이 있어야 할 거 아닙니까. 대책이."

"우리가 잘못한 게 뭡니까. 단지 자기 생각을 표현하고 권리를 행사한 것뿐인데…."

그렇다. 우린 막말이라고 부르지만 그들로선 "생각을 표현한 것뿐"일 수 있다. 하기야 나도 부아가 치밀 때가 있다. 예를 들어 막말은 참아도 감각 후진 것은 정말 못 참겠다. 그렇다고 머릿속 생각을 입 밖으로 옮기지는 않는다. 그거야말로 감각이 후졌음을 증명하는 것이므로. 아, A, B, C, D의 대화를 계속 들어보자.

"사고 치는 친구들은 극소수 아닙니까. 대부분은 우리와 관련 없는, 근본도 없는 애들인데 왜 우릴 걸고넘어지는지. 세상이 이렇게 변해도 되는 겁니까."

문제는 스마트폰이 등장하면서다. 그들은 예전과 다름없이 말하고 움직이지만 그 말과 행동이 언제 어디서나 녹음되고 촬영되는 시대가 도래한 것이다. 운전기사가, 회사 직원이, 학생이 녹음 파일과 동영상을 언론사에 제보한다. 언론사도 쉽게 넘어가주지 않는다. "저희도 이젠 어쩔 수가 없습니다. 보시질 않았습니까. 정권이 바뀐 다음 어떻게 되는지를요."

이명박-박근혜 때만 해도 이렇지 않았다. 나름의 특권은 인정해주었다. 대통령이 탄핵된 후 모든 것이 달라졌다. 이른바 '성역'이 사라졌다. 기득권을 지켜야 할 검사들은 판사들 잡으려고 난리고, 판사들은 판사들대로 난리다. 대체 누굴 믿고 살아야 하나. 나라 바깥으로 나가 살면 되지 않느냐고? 안전한 곳은 지구상 어디에도 없다.

"한국 사람 없는 곳이 있습니까? 지구 반대쪽에서 술 한잔 하려고 해도 '저 사람, ○○○ 아니냐'고 수군거려요. 한순간도 마음 편하게 놀 수 없고…. 미칠 노릇입니다. 차라리 중소기업을 하는 친구들이 부러워요. 돈 펑펑 써도 얼굴 알아보는 사람이 없으니."

이제는 그들 자신도 달라지고 있다. 중요한 용건이 있으면 호텔 사우나에 가서 무장 해제한 뒤 대화를 나눈다. 이 얼마나 슬픈 코미디인가. 세상을 지배하는 자들이 서로를 믿지 못하게 되다니….

"행동이야 조심한다고 해도 부지불식간에 튀어나오는 말은 막을 수도 없고…."

"그러게 말입니다. 최소한 말이라도 마음껏 하면서 살아야 하지 않습니까."

물론 생각과 습관을 바꾸면 된다. 그게 최상의 해결 방법이다. 모두 한날한시에 개과천선하기로 결의하면 그만이다. 바로 이렇게.

내가 경영하는 회사에서 일한다고 해서 내가 월급을 주는 게 아니다. 직원들 덕분에 내가 월급을 받고 주식가치가 커지는 거다. 모든 권력은 시민들로부터 나온다. 재판 당사자들이 법정의 주인이다. 학생은 교수인 우리가 모셔야 할 고객님이시다….

하지만 불가능한 일이다. 생각을 바꾸는 건 자신들의 존재 기반을 허무는 거니까. '나는 군림한다. 고로 존재한다.' 그들의 헌법 제1조다. 그러니 어떻게 바꿀 수 있는가. 눈높이를 낮추는 순간 일반인 레벨로 굴러떨어지는데.

이대로 가다가 더 이상 진화하지 못하고 멸종된 백악기 공룡 꼴이 되는 것인가. 아마 그렇게 자조 섞인 대화가 오고 간 다음일 것이다. 하버드대에서 박사학위를 받은 교수 D가 입을 여는 것은.

"이건 어떨까요? 남들이 우리 생각을 알아들을 수 없도록 언어의 베를린 장벽을 만드는 겁니다."

이목이 그에게 쏠릴 것이다. 누군가의 목구멍으로 침 넘어가는 소리도 들릴 것이다. 모두가 그의 설명을 기다리고 있다.

"베를린 장벽이라? 그게 가능하겠습니까."

"방법이 아주 없는 건 아니지요. 인공지능을 활용하면… 적잖은 비용과 시간이 들겠지만 말입니다."

"허허, 비용이 대수겠습니까. 그 베를린 장벽이란 게 가능만 하다면야…."

세상에 용빼는 아이디어는 없다. 말을 갖고 자꾸 문제를 삼으니 자신들만의 언어로 도피하자는 거다. 아이디어는 국제공용어 에스페란토에서 빌려올 것이다.

"에스페란토. 1887년에 폴란드 안과 의사 자멘호프가 창안했지요. a, e, i, o, u, 이렇게 다섯 개의 모음과 23개 자음으로 돼 있고, 명사는 -o, 형용사는 -a, 부사는 -e, 동사(원형)는

－i로 끝나지요. 그 정도 갖고는 안 되고요. 우린 좀 더 창의적인 방식으로…"

대단하다고? 어떻게 그런 거까지 아느냐고? 포털에 들어가면 이 정도 내용은 나온다. 중요한 건 그게 아니다. 그들 앞에 새로운 희망이 보인다는 거다. 희망은 유치해 보이지만 힘이 세고, 뜨거우며, 멀리 간다. 분위기가 달아오른다.

"우리만의 언어를 만든다면 우리는, 그리고 우리 아이들은 자기 생각을 마음대로 말할 수 있겠네요. 그거야말로 21세기의 훈민정음 아닙니까."

참석자들은 '언어 창제'에 들어가기로 한다. 프로젝트 팀장은 교수 D. 돈 있는 자는 돈으로, 머리 있는 자는 머리로 프로젝트에 참여한다. 그렇게 몇 달이 지나면 새로운 언어 하나가 고고성을 울린다. 제3 세계의 언어와 방언들이 미세먼지가 되어 흩어지는 시대에 사이비 언어 하나가 탄생한 것이다. 이름하여 '언어 X'. 왜 'X'냐고? 참여자들과 그 가족들, 즉 신성가족(神聖家族) 외에는 누구도 그 언어의 존재를 알아서는 안 되니까.

이런 경사에 축하연이 없을 수 없는 법. 모월, 모일, 모시에 초호화 골프장 클럽하우스에 고급 세단들이 줄지어 설 것이다. 골프장은 이중 삼중으로 경비원들이 에워싸고 있다.

"When they go low, we go high." "싹 다 갈아엎어주세요. 언어의 재개발이 시작됐다." "입이 열 개라도 할 말은 하나다. 우리의 언어 X."

플래카드들이 식장 곳곳에 붙어 있겠고…. 풍악, 아니 교향악이 울리는 가운데 역사적인 행사의 막이 오른다.

"나랏말싸미 듕귁에 달아 문자와 서로 사맛디 아니할새 이런 전차로 어린 백성이 니르고저 할뻬이셔도 마참내 제뜨들 시러펴디 못할 노미 하니라 내 이랄 위하야 어엿비녀겨…."

방송인 출신인 재벌가 며느리가 해례본 서문을 낭독한다. 참석자들은 D 교수 주위로 모여든다.

"우리가 말하려는 뜻은 과연 일반인들과 다르지요. 교수님, 수고 많으셨습니다. 교수님은 우리들의 세종대왕이십니다. 앞으론 마음껏 말하며 살아갈 수 있겠네요. 에고, 이제 숨 좀 쉬고 살 거 같다."

"그뿐이겠습니까. 서로에게 꼭 필요한 내용들은 이 언어를 사용해서 전하면 되겠네요."

"언어 X는 대대손손 우리들의 신분을 상징하는 표식이 될 겁니다. 정말 감사드립니다, 교수님."

이날의 주인공 D가 단상에 오른다. 검정 티셔츠에 청바지 차림이다. 파워포인트가 열리고 프레젠테이션을 시작한다. 신성가족의 자녀들이 초등학교에 들어갈 나이가 되면 X 프로그램에 입소한다. 아이는 이중 언어 환경에서 성장하면서 언어로 자신과 남을 구분 짓게 된다. X 프로그램에선 언어뿐 아니라 언어로 고기를 잡는 법도 가르치게 될 것이다. 웃으면서 화내는 법, 쥐도 새도 모르게 갑질하는 법, 흠잡기 어려운 뉘앙스로 모멸을 주는 법….

"여러분은 화가 난다고 해서 절대 한국어로 욕을 해선 안 됩니다. 화를 내고 싶을 땐 우선 얼굴에 미소를 띠고 언어 X로 하세요. 자, 리슨 앤 리피트. 에이, 이런… 스보아르 우랄알타 리야(예시임. 무슨 뜻이냐고 물어봐도 대답 못 함)."

"기사가 말을 잘 안 듣는다고요? 그럴 땐 우리 프로그램에서 운영하는 복싱 클럽으로 오세요. 소정의 참가비를 내면 분이 풀릴 때까지 스파링 파트너에게 어퍼컷을 날릴 수 있습니다. 그래도 안 풀린다고요? 부모님께 말씀드려서 조용히 자르세요."

파티는 점점 고조될 것이다. 여기저기서 샴페인 터지는 소리와 웃음소리가 찰랑대며 부딪힌다. 이때다. 절호의 타이밍을 놓치지 않고, 한 참석자가 초를 친다. 이런 사람, 어디에나 꼭 한 명은 있다. 그는 손을 높이 들고 의문을 제기한다.

"그런데 말입니다. 우리가 일반인들 앞에서 이 언어를 사용하면 눈치채지 않을까요? 저자들이 새로운 언어를 만들어서 자기들을 능멸하려고 하는구나, 하고…."

흥을 깬 그에게 짜증을 내려던 참석자들 얼굴이 어두워진다. 사태의 심각성을 깨달은 거다. 그간의 비용과 수고가 물거품이 되고 말 것인가. 하지만 모든 문제에는 답이 있다. 구석에 앉아 있던 참석자가 손을 들어 발언권을 얻는다. 미국 MBA에서 배워온 신종 마케팅 기법으로 주목을 받고 있는 젊은이다.

"이러면 어떨까요? 우리가 언어 X를 말해도 하나도 이상하지 않게 느끼도록 하는 겁니다. 요컨대, 비슷한 설정의 광고를 만들어서 뿌리면 광고 흉내를 내는구나, 이러지 않을까요?"

두 달 후 한 기업에서 광고가 출시된다. 특급 남녀 배우가 나와서 외계어 같은 언어로 대화를 주고받는 광고다. "신선하고 재미있는데?" "도무지 무슨 얘긴지 모르겠는걸?" 시청자들의 반응은 제각각이지만 새로운 언어에 대한 경계심만큼은 확실히 누그러든다. 간혹 외계어를 하는 자를 보더라도 광고 흉내를 내는 걸로 받아들여질 것이다. 할렐루야! 이제야 그들에게도 자유로운 언어 생활이 가능해졌다.

몇 년 후에는 언어 X로 지은 시와 수필, 소설이 등장할 것이다. 비공개 발표회가 열릴 테고, 언어 X로 편집된 문학잡지 〈엑스(X)트〉가 나올 테고, 한국 문학의 새로운 페이지를 장식하게 될 터. 수만 년 후에도 인류가 살아남는다면, 그리하여 누군가의 무덤에서 언어 X로 쓰인 문건들이 출토된다면 21세기 한반도엔 두 개의 언어가 있었다고 하겠지.

어디까지나 먼 훗날의 얘기다. 당신과 내가 당장 걱정해야 할 건 다음과 같은 상황이다. 어느 날 강남의 최고급 호텔에 가서 화장실을 찾다가 실수로 어떤 프라이빗 바에 들어갔다고 치자. 만약 그 바에서 이런 말이 흘러나온다 해도 놀라지 말라.

"우리라고 어이라 비스무리오?"

"알라이, 아기라리오."

시가를 물고 스트레이트를 홀짝거리던 선남선녀들이 일제

히 대화를 멈추고 당신 쪽으로 고개를 돌릴 것이다. 교양과 기품이 넘치는 눈망울로 당신을 아래위로 훑어보면서. 그때는 말없이 미소 지으며 뒷걸음질해서 바를 빠져나오는 거다. 그러는 편이 당신 신상에 좋다. 당신이나 내가 범접할 수 없는 인물들이므로.

그리고 이렇게 된다고 해서 우리가 손해 볼 것은? 없다. 그들이 뭐라고 해도 우린 알아먹지 못할 테니. 차라리 모르는 게 약일 수 있다. 우린 우리대로, 그들은 그들대로 살아가는 거다. 사실 그들의 한마디 한마디는 우리에게도 스트레스였다. 베를린장벽은 우리를 위해서도 필요할지 모른다. 그렇지 않습니까? 여러분!

저기 저분, 질문이 있다고요? 예? 그거 갖고 되겠느냐고요? 우리도 언어를 따로 만들면 안 되냐고요? 아, 그건 좀 생각을….

제발 조용히 좀 해요

젓가락질 잘해야만 밥을 먹나요?

잘 못 해도 서툴러도 밥 잘 먹어요

DJ DOC가 부른 〈DOC와 춤을〉은 이렇게 시작되지. 넌 이
노래를 들을 때마다 너의 옛 젓가락질이 떠오른다고 했어. 그
래. 솔직히 네 젓가락질은 '정상적'이지 않았어. 중지와 약지
사이에 젓가락 두 개를 끼워놓고 가위질하듯 젓가락질을 했
지. 그땐 뭐, 그 방법이 전부였으니 불편한 것도 몰랐겠지. 가
끔 반찬 놓치는 거 빼고는.

고등학교 때일 거야. 네가 젓가락질 고쳐보자 마음먹었던
건. 노래 가사처럼 주위 사람들이 한마디씩 한 것도, 옆집 아

저씨가 뭐라 그런 것도 아닌데 대견한 일이었지. 1주일쯤 지나자 거짓말처럼 젓가락질이 고쳐졌어. 그때부터야. 네가 다른 사람 젓가락질을 주시하게 된 건. 밥 먹다 보면 제멋대로 젓가락질하는 이들이 눈에 밟힌다고 했지.

너는 젓가락질이 식탁에 머물지 않는다는 걸 알아차렸어. 저렇게 젓가락질하다간 '가정교육 못 받았다' 소리를 들을 텐데⋯. 뭐 눈엔 뭐만 보인다고, 그만큼 민감했기 때문일 거야. "예비 장인이 '젓가락질 그 따위로 하는 놈은 사위로 삼지 않겠다'고 합니다." 넌 인터넷 게시판 글을 가리키며 그거 보라고 혀를 찼어.

넌 사람들을 두 부류로 나누고 있었는지 몰라. 젓가락질 잘하는 사람과 못하는 사람. 때론 후배들 앞에서 젓가락질이 얼마나 중요한지 떠벌리곤 했지. "⟨DOC와 춤을⟩. 그거 틀린 노래"라고. "젓가락질 잘 해야만 밥 잘 먹을 수 있다"고.

"내가 해봐서 아는데." 유죄 판결 받은 전직 대통령이 자주 했던 그 말. 너의 젓가락질 참견도 다르지 않았어. 그렇게 수천 년간 내려온 "내가 해봐서 아는데", "우리가 해봐서 아는데"가 집약된 게 사자성어야. 그 네 글자들은 우릴 에워싸고 끊임없이 계도하려 들지.

잘 생각해보라고. 정치인들이 애용하는 사자성어들 보면 항상 공(公)이 사(私)에 우선해. 선공후사(先公後私) 정도는 약과야. 멸사봉공(滅私奉公). 공적인 목적을 위해 사적인 감정이나 이해관계는 없애라. 이 이념을 박근혜 정부에서 되살린 인물이 비서실장 김기춘이었지. 그 시절 민정수석 업무수첩엔 김 실장의 어록들이 빼곡히 적혀 있었어.

①야간의 주간화 ②휴일의 평일화 ③가정의 초토화. *라면의 상식화. '(청와대는) 명예를 먹는 곳. 어떠한 enjoy도 없다. 모든 것을 바쳐 헌신.'

'어떠한 enjoy도 없다.' 멸사봉공이니, 진충보국(盡忠報國)이니, 일편단심(一片丹心)이니 하는 말들은 다 이 한마디로 수렴돼. '사(私)'가 '엔조이'로 바뀐다고 해서 달라질 건 없어. 그렇다면, 공(公)은 뭐냐고? 너에게 돈이든, 권력이든, 뭐든 줄 수 있는 게 공이야. 이명박 시대는 이명박과 이상득이, 박근혜 시대는 박근혜와 최서원이 공이었지.

공이 모든 것 위에 군림하는 이 나라에서, 김수영의 시 구절을 빌리면, 전통은 유구하고 우리 앞에 정서로 가로놓여 있어.* 정치인들이 선거에서 떨어졌거나 위기 상황에 놓였을 때 꼭 하시는 말씀 있잖아. 백의종군(白衣從軍). 공공의 대의를 위해 흰옷으로, 벼슬 없이 싸움터에 나가시겠다? 비장함이 흐르지만 속마음은 '당분간 너희 백성들 코스프레를 해보겠다'는 거야. 그렇잖아.

이순신은 자신이 백의종군하겠다고 한 적이 없어. 백의종군은 조선 시대 군대의 처벌이었거든. 제3자가 이 말을 쓰는 건 몰라도 당사자가 "백의종군하겠다"고 떠들 일은 아니지. 시민

• 김수영의 〈어느 날 고궁을 나오면서〉 중에 '옹졸한 나의 전통은 유구하고 이제 내 앞에 정시(情緖)로 가로놓여 있다'에서 따왔다.

이 주권자인 민주 사회에선 더더욱 써서는 안 되는 말이고. 백의종군이라고 하면 멋있게 폼도 잡을 수 있고, 남들이 속아주니 쓰고 또 쓰는 것이겠지만.

읍참마속(泣斬馬謖) 역시 거기서 거기야. 제갈공명(諸葛孔明)이 군율을 지키기 위해 울면서 부하 장수 마속의 목을 베었다지. 공정한 법 집행을 위해 사사로운 정을 버린다는 거, 얼마나 대단하고 눈물겹냐고. 막상 현실에서는 측근 비리가 의도치 않게 발각됐을 때 쓰지. 어쩔 수 없이 그만두게 하고 조사 받게 해야 하는데, 자기가 결단 내려서 그러는 것처럼 포장하는 거야. 그래야 생색도 나고, 자신의 책임이 크다는 사실도 감출 수 있잖아.

칠종칠금(七縱七擒)이란 말도 제갈공명에게서 나왔어. 공명은 남만의 왕 맹획(孟獲)을 일곱 번 잡았다가 일곱 번 풀어줬다지. 상대가 진심으로 고개 숙이고 들어올 때까지 인내심을 갖고 기다린다, 그런 뜻이래. 그런데 일곱 번이나 사로잡혀야 했던 맹획의 심정은 어땠을까. 치욕스러워서 혀 깨물고 싶지 않았을까. 차라리 목을 베는 게 인간적인 거 아닐까.

사자성어는 적당히 멈추지 않아. 사람을 끝까지 몰아붙이지. 자신을 이겨내고 쉬지 않고 나아가라(극기상진 · 克己常進). 자기 몸을 죽여 인을 이뤄라(살신성인 · 殺身成仁). 괴로움이 다하면(혹은, 다해야) 달콤함이 온다(고진감래 · 苦盡甘來). 도끼를 갈아 바늘을 만들어라(마부작침 · 磨斧作針). 수모는 잊지 말고 반드시 갚아라(와신상담 · 臥薪嘗膽). 뼈가 가루가 되고 몸이 으스러지게 온 힘을 다해라(분골쇄신 · 粉骨碎身).

여기에서 한 발 더 나아가기도 해. 달리는 말에 채찍질해라 (주마가편 · 走馬加鞭). 열심히 한다고 해서 만족하지 말고 더 노력하게 하라는 거야. 한마디로, 끝까지 착취하겠다는 거지. 일이 잘되지 않는 것은 너희들이 최선의 최선을 다하지 않아서다. 상황 평계, 여건 평계 대지 마라. 이렇게 길들여지면 어떻게 될까.

빙고! 죄책감을 갖게 돼. 정말 열심히 하지 않으면 너 자신과 가족과 세상에 죄 짓는 거다. 가난하고 불행한 건 애쓰지 않은 네 책임이다. 불만 있더라도 입 다물고 참아라. 죽을 때까지 못살게 구는 데도 외마디 비명도 못 지르지. 모든 게 게으르고 무능한 내 탓이니. 사회 안전망으론 이만한 이데올로기가 없지.

이 닫힌 세계에서 무위도식(無爲徒食)이나 허송세월(虛送歲月)은 질타당해 마땅해. '아무 하는 일 없이 먹고 놀기만 하면서 시간을 헛되이 보내는 건 사회악이다. 가치 있는 삶을 쓰레기로 만들어서야 되겠는가.' 이 단호함에 청년 구직자들의 자존심은 꼬깃꼬깃 구겨지지. 속절없이 죄인이 되지. 무위(無爲)도, 허송(虛送)도 아닌데 책임을 왜 그들에게 돌리냐고? 결과가 좋지 않으면 열심히 하지 않은 거니까. 얼마나 해야 '열심히'인지는 자로도, 저울로도 잴 수 없으니까.

극기와 분골의 정신은 또 하나의 기능이 있지. 자신이 차지한 지위와 명예에 소유권을 주장하고, 대물림할 수 있게 해주는 거. 내가 노력해서 이뤘으니 다 내 거다. 우리 가족 거다. 땀 흘리지 않은 놈은 끼어들지 마라. 학교 다닐 때 공부 좀 했다는 친구들, 스스로를 군계일학(群鷄一鶴)이라 여기지. 나는 발군이다. 독보적 존재다. 고로, 남들보다 더 누릴 자격이 있다.

웃기는 일이야. 돈 있고 힘 있는 자들 앞에선 꼼짝도 못 하는 것들이. "내가 참는 건 내일을 위해서다. 한나라 한신(韓信)도 동네 건달 가랑이 사이를 기어갔다." 입은 살아가지고⋯. 언제라도 남의 가랑이 사이를 기어갈 자세가 돼 있는 자신을 외면하고 기만하지.

그래서일 거야. 자기보다 못하다고 얕보는 자들에게 제대로 대접받지 못한다는 생각이 들면 화를 내고 토라지지. "그들은 우쭈쭈 해줘야 좋아해요." 젊은 판사들과 소개팅해봤다는 여성들 얘기야. 어디 판사뿐이겠어? 검사, 국회의원, 공무원, 기자들에게 공통적으로 나타나는 증상이지. 귀 기울여 들어봐. "우쭈쭈" 하는 메아리 소리가 광화문과 서초동, 여의도, 세종시에 울려 퍼지고 있어.

뼈가 가루가 되고, 몸이 으스러지길 요구하는 세계관은 웃지 못할 코미디들을 만들어내지. 철저하면 좋은 거 아니냐고? 뭐, 틀린 말은 아니야. 그러는 척만 한다는 게 문제지. 무슨 일이 터지면 윗분들께서 이렇게 말하잖아. 발본색원(拔本塞源). 뿌리를 뽑아버리고 근원을 막아 없애라.

이 말이 나오면 그 대상이 된 기관들은 결의대회를 열고 머리띠를 두르지. 환골탈태(換骨奪胎·뼈를 바꾸고 태를 빼냄)하겠습니다! 다시 태어나겠사오니 고정하옵소서! 그런데 그 고비만 넘기고 나면 금세 잊어버리고, 과거의 행태가 무한 리플레이되지. 환골까진 바라지도 않으니 함께 모여 박피를 하든가, 탈이라도 하라고.

아, 혹시 그거 알아? 남자들이 사자성어에 묘한 향수를 느끼는 거. 그 이유가 뭘까. 뭐긴 뭐겠어? 아련하게 멀어져가는 가부장사회에 대한 미련이지. 남녀유별(男女有別), 출가외인(出嫁外人), 부창부수(夫唱婦隨)…. 남자들 회사에서 왜 여자가 설쳐? 결혼하면 시댁 사람인데 왜 친정 가겠다고 난리야? 남편이 노래하면 아내는 따라 해야 하는 거 아니야? 중저음의 수군거림 속에 편견과 차별이 알알이 박혀 있지.

2000년 전의 교훈을 삶의 좌표로 삼는다는 게 말이 된다고 생각해? 심지어 전쟁과 살육이 판치고 신분 차별이 극심하던 춘추전국, 한나라, 《삼국지》 시대를? 그게 '말이 되는' 이유가 있긴 하지. 한국 사회를 이끌어간다고 자부하는 아저씨들. 뭐, 우리의 아저씨들에겐 달라진 게 없을 테니. 남을 이겨야 자기가 밟고 일어설 수 있다는 점에서는.

몇 해 전 병원에 며칠 입원했을 때였어. 좀비처럼 병원 안을 비척거리다 몇몇 아저씨들과 마주쳤지. "왜 주문한 대로 안 주는 거야!" 자신이 잘못 주문한 건 생각지도 않은 채 알바생 야단치고, 잔뜩 찌푸린 얼굴로 퉁명스럽게 말을 내뱉고, 휴대전화에 버럭 소리를 지르고…. 나도 후배들과 얘기할 때 저

표정, 저 목소리였겠지. 지구가 날 중심으로 도는 것처럼 짜증 내고 눈 치켜뜨면서.

그래도 조상님들이 주신 지혜의 말씀대로 노력은 해야 하는 거 아니냐고? 그래. 그렇지만 노력이 전부인 것처럼 말해선 안 되는 거잖아. 뭐가 되거나 뭔가 이루지 못하면 의미 없는 삶인 양 말해선 안 되는 거잖아. 노력만으로 안 될 게 뻔한데, 누구의 자식으로 태어나거나 뭔가를 물려받아야 이룰 수가 있는데, 아니면 세상이 뒤집히든가.

무슨 논리로 변명해도 소용없어. 불필요한 개입이요, 부당한 오지랖이요, 무례한 잘난 척이야. 한번 짐작이나 해봤니? 왜 이렇게밖에 못 사느냐고 지적당한 마음을. 그 마음이 얼마나 무안하고 상처받았을지를. 사람은 스스로 피는 꽃이야. 학도, 닭도 모두 존중받아야 할 생명이라고. 젓가락질, 그까짓 거 맘대로 하면 어떠냐고. 저마다 개성대로 할 수 있는 거잖아. 간섭하는 놈이 못난 거지.

어제의 그 무엇으로도 오늘을 살아가는 사람들을 상관하지 말아야 해. 남들에게만 환골탈태하라, 분골쇄신하라 하지 말고, 너희도 발본색원해서 환골탈태 좀 했으면 좋겠다. 지겨워서 더는 못 들어주겠어. 만날 우려먹는 헛소리들. 넌덜머리 날 만큼 들었으니 조용히 좀 하라고. 제발.

현실의 헌법에 길들여지지 않는다는 것

2019년 8월 MBC 기자 이용마가 세상을 떠났다. 파업을 주도했다는 이유로 5년 9개월 해직 기자 생활을 하다 복직한 지 1년 8개월 만이었다. 암 투병을 하다 병원에서 생을 마쳤다.

《세상은 바꿀 수 있습니다》*. 두 해 전 그가 보내준 책을 펴자 육필이 나타났다. "권석천 국장님. 세상을 바꾸는 길에 동반자가 되어주십시오. 2017. 10. 이용마 드림." '동반자가 되어달라'는 그의 문장은 청유형이었지만 명령형보다 더 격렬하게 행동을 요구하고 있었다. 그래서일까. 책을 받았을 때 한번 훑어봤을 뿐 이상하게 책을 읽을 엄두가 나지 않았다.

• 이용마 지음,《세상은 바꿀 수 있습니다》, 창비, 2017.

그의 빈소에 문상을 다녀온 며칠 후 다시 책을 폈다. 이용마는 세상에 무슨 말을 하고 싶었을까. 그는 한국이란 세상을 어떻게 느끼고 바라봤을까. 하지만 책에 담겨 있는 건 이용마의 경험이나 생각이 아니었다. 온전히 '인간 이용마'였다.

책이 곧 이용마인 이유는 글이 어린 두 아들을 향하고 있기 때문이다. "너희들도 알겠지만 나는 지금 암에 걸려서 언제 이 세상을 떠날지 알 수 없다." 이용마는 아들들에게 남겨줄 수 있는 것이 무엇인지 고민하다 '돈보다 소중한 경험'을 남기기로 했다고 한다. 그는 아들들에게 '나의 꿈을 기억해주기를 바란다'고 말했다. 그 꿈은 '공동체를 아름답게 만드는 것'이다.

책을 읽으며 거듭해서 확인한 건 이용마와 내가 동시대인이란 사실이었다. 어찌 보면 당연한 일이지만 그는 나와 비슷한 시기에 비슷한 경로를 거쳤다. 조금의 시차가 있을 뿐 사회부와 정치부, 경제부에서 비슷한 사건을 취재하고 비슷한 인물들을 만났다(나는 그를 검찰 기자실에서 만난 적이 있지만 제대로 얘기를 나눠볼 기회는 없었다).

그와 나의 차이는 세상을 대하는 자세에 있었다. 이용마는 한국 사회의 그릇된 현실과 끊임없이 부딪쳤다. 현실을 현실로 받아들이지 않고 바꿔나가려 했다. '원칙적인' 똑똑한 사람보다 '조직의 지시를 잘 따르는' 똑똑한 사람을 요구하는 회사, 취재원에겐 군림하지만 상부의 지시엔 절대 복종해야 하는 조직 문화, 자신만의 '호기심 천국'을 추구하거나 콘텐츠

없이 처세술만 능한 부장, 직언하길 꺼리는 박쥐 같은 선배들…. 그는 어느 것 하나도 허투루 넘기지 않았다.

취재했던 이슈들에 대해서도 마찬가지였다. 검찰, 삼성, 정치인들을 비판하는 감시자 역할에서 한 치도 벗어나지 않았다. 그 결과 이용마 자신의 말처럼 '말 안 듣는 놈', '싸가지 없는 놈', '모난 돌'이 되어갔다. 그는 MBC 사장이었던 최문순과 엄기영에 대해서도 가차 없이 평가했다.

"신자유주의자가 되었다. 돈 없이는 공정보도도 어렵다는 것이 그의 공공연한 신조였다."

"소신 발언을 했다는 이야기를 들어본 적이 없다. 누가 보도국장이 되든 항상 시류에 맞춰서 적당히 따라가기에 바빴다."

나는 그와 달랐다. 정면으로 부딪치기보다 우회하기 일쑤였다. 비판하는 대신 속으로 삭였다. 얼마쯤은 비겁해야 편하다고, 계속 얼굴 보며 살아야 하는데 너무 심하게 밀어붙여서야 되겠냐고 생각했다. 반대해봐야 달라질 게 없다고 지레 짐작했다. 나 역시 후배와 함께 분개하다가 회사 앞에 서면 쩔쩔매는 박쥐 같은 선배였는지 모른다.

글을 보면 사람이 드러난다. 내 글에 보이는 주저흔(躊躇痕)이 그의 글엔 없다. 그것은 이용마가 세상과 사람들 앞에서 얼마나 원칙을 지키려 했는지 보여주는 증거일 것이다. 세상에 길들여진 자와 길들여지지 않은 자의 차이를 말해주는 것이다. 그렇다. 그는 길들여지지 않았다.

길들여지지 않는다는 것은 현실의 헌법에 굴복하지 않는다
는 뜻이다. 현실의 헌법은 무엇인가. 법전을 펴보자. 헌법 제
10조는 선언한다.

"모든 국민은 인간으로서의 존엄과 가치를 가지며, 행복을
추구할 권리를 가진다. 국가는 개인이 가지는 불가침의 기본
적 인권을 확인하고 이를 보장할 의무를 진다."

제11조 1항은 "모든 국민은 법 앞에 평등하다"며 성별 · 종
교 · 사회적 신분에 의한 차별을 금지한다. 2항은 "사회적 특
수계급의 제도는 인정되지 아니하며, 어떠한 형태로도 이를
창설할 수 없다"고 말한다.

나는 "법전에 있는 대로 헌법이 지켜지고 있다"고 말할 자
신이 없다. 헌법이 제대로 지켜지고 있다면 힘이 있다는 이유
로, 돈이 많다는 이유로, 그 무수한 '갑질'이 왜 일어나는가.
'유전무죄'와 전관예우, 그리고 금수저 · 은수저 · 흙수저의 계
급은 또 무엇인가.

현실의 헌법은 엄연히 존재한다. 이 헌법은 교실과 강의실
밖에서 시민들의 실생활을 지배하고 있다. 대표적인 현실의
헌법이 '좋은 게 좋다'다. 노무현 정부 시절 헌법재판소가 행
정수도 이전에 대해 위헌 결정을 하면서 근거로 들었던 '관습
헌법'이 현실에 존재한다면 바로 이것일 것이다.

'좋은 게 좋다'는 좋은 것인 양 들린다. 착각은 금물이다. 좋
다고 해서 모두가 좋은 건 아니다. '좋은 게 좋다'는 규칙에는
선택과 배제의 원칙이 적용된다. 정치권력-재벌권력-검찰권

력-사법권력-언론권력의 펜타곤(5각형) 안에서만 유통되는 가상화폐다. 서로의 기득권을 지키기 위한 짬짜미다. 그 피해는 고스란히 펜타곤 바깥에 있는 이들에게 전가될 수밖에 없다. 그들에게 '좋은 게 좋은 것'은 아니다.

2016년 겨울 촛불집회는 현실의 헌법에 대해 시민들이 위헌을 선언한 것이었다. 하지만 이제 시작일 뿐이다. "대한민국은 민주공화국이다"라는 헌법 제1조는 되찾았지만 제10조와 제11조는 아직 요원하다. 불가침의 기본적 인권은 아직도 수사기관에서, 산업 현장에서 지켜지지 않고 있다. 내로라하는 공기업에 청탁으로 입사하는 '사회적 특수계급'이 존재한다.

세상을 움직이는 규칙은 자신에게 발맞추라고 가르친다. 발맞추지 못하면 발맞추는 시늉이라도 하라고 한다. 잘못된 규칙에 길들여지면 그 규칙이 정상으로 보인다. 규칙에 맞춰 살려고 안달하게 된다. "왜 규칙을 지키지 않느냐"고 남들에게 눈을 흘기게 된다. 그래서 우린 세상에 길들여지고 있지 않은지, 항상 깨어 있어야 한다.

길들여지지 않은 이용마는 한국 사회에 내장된 폐쇄회로를 냉철하게 들여다볼 수 있었다. 그는 "좋은 게 좋은 것이라는 문화가 팽배해지면 그 조직은 발전보다는 정체나 퇴보하게 마련이다. 하지만 대부분의 조직에서는 이런 게 통한다"고 지적한다. 그가 "국민이 검찰과 언론, 그리고 엘리트들을 개혁해야 한다"고 역설하는 건 그래서다.

이용마의 MBC 선배인 최승호가 영화 〈공범자들〉을 만들

때 이용마에게 집요하게 물은 것이 있었다.

"다들 노조에 가기를 거부했는데, 당신은 왜 굳이 수락했는가?"

이용마의 대답은 길지 않았다.

"그렇게 살아본 적이 없어서…."

스스로의 대답처럼 이용마는 그렇게 살아본 적이 없다. 1969~2019. 어떤 규칙, 어떤 사람도 그를 길들이지 못했다.

3부

사람에 대한
예의

그러나 그들도 죄를 짓고, 그 죄에 괴로워한다.
"주님은 잊을 수 있지만 저는 잊지 못합니다."

악이 승리하기 위한 필요조건

"야, 너 금 밟았어."

"나 안 밟았어."

"얘 금 밟은 거 봤지? 금 밟았는데 안 밟았다고 하잖아."

"너 나가. 금 밟았잖아."

영화 〈우리들〉은 아이들이 피구를 하는 장면으로 시작된다. 피구는 공이 몸에 맞거나 금을 밟으면 아웃되는 게임이다. "너 금 밟았다"라는 한마디는 곧 퇴장하라는 명령이다. "금 밟는 것을 내 눈으로 봤다"는 주장이 등장하면 혐의를 벗기 힘들다. 누군가 제3자가 "금을 밟지 않았다"고 반론을 펴주기 전까지는.

주인공인 초등학교 4학년 선은 아무도 변호해주지 않아 금 밖으로 밀려난다. 그에게는 자동적으로 또 하나의 혐의가 추가된다. '거짓말쟁이'다. 선은 집에선 사랑받는 딸이지만 학교에만 가면 같은 반 보라가 주도하는 '왕따'의 대상이다. 아이들에게 선은 그저 '깨지지 않는 장난감'일 뿐이다.

왕따는 교실에서도 이어진다. 보라와 친구들은 선에게 '냄새 난다'는 혐의를 씌운다.

"무슨 냄새 나는 거 같지 않니?"

"땀 냄새인가?"

냄새는 눈에 보이지 않는다. 남들이 냄새가 난다고 하면 '냄새가 나는 것'이다. '냄새 난다'는 지적이 되풀이되면 그 대상이 된 사람도 스스로를 의심하게 된다. 선은 옷을 코에 대고 냄새를 맡는다.

그런 선에게 희망이 생긴 건 전학 온 지아를 만나면서다. 방학 동안 선과 지아는 서로의 집을 오가며 살가운 사이가 되지만 둘 사이에 균열이 가기 시작한다. 지아가 보라와 어울리면서 선은 다시 외톨이가 된다.

하지만 얼마 가지 않아 지아도 보라와 그 '일당(一黨)'◆에게 왕따의 대상이 된다. 보라는 선과 지아 사이를 끊임없이 이간질하고 싸움을 부추긴다. 두 아이는 다시 친구가 될 수 있을까. 선은 어느 날 "날 때린 친구와 같이 놀았다"고 말하는 어린 동생 윤에게 묻는다.

• 목적이나 행동 따위를 같이하는 무리.

"너 바보야? 같이 놀면 어떡해? 다시 때렸어야지."

"그럼 언제 놀아? 연우가 때리고, 나도 때리고, 연우가 때리고… 나 그냥 놀고 싶은데."

동생의 지적은 지극히 타당하다. 서로를 향한 편견과 선입관을 키워가며 치고받기만 거듭하는 한국의 어른들이 귀 기울여야 할 대목이다. 하지만 영화가 여기에서 멈췄다면 울림은 크지 않았을 것이다. 영화는 한 발 더 나간다.

영화 첫 장면에서 선이 피구를 하다 "금 밟았다"는 말을 들은 것처럼 마지막 장면에선 지아가 똑같은 함정에 빠진다. "야, 한지아 너 금 밟은 거 아냐? 빨리 나가." "나 진짜 안 그랬어." 지아의 항변에 "얘는 왜 맨날 거짓말이냐?"고 확인 사살이 이뤄지려는 순간 선이 나선다.

"한지아 진짜 금 안 밟았어. 내가 다 봤어."

아무도 선 자신을 위해 해주지 않았던 말, 선이 가장 듣고 싶었던 말이었을 것이다. 선은 지아에게 그 말을 선사한다. 지아는 선을 바라본다. 선도 지아를 바라본다. 순식간에 일어난 마법에 두 아이의 마음은 성큼 성장한다.

선과 지아의 이야기를 어디에서 본 것 같지 않은가. 우리가 기시감을 느끼는 건 한국 사회에서 흔하게 일어나는 일이기 때문이다. "당신, 지금 금 밟았어", "분명히 냄새가 나는데"라는 한마디로 얼마나 많은 이들이 손가락질 앞에 섰고, 지금도 서고 있는가.

스포츠나 놀이에서 금은 매우 중요한 역할을 한다. 축구에서 공이 금 밖으로 나가면 공격 찬스가 상대 팀으로 넘어간다. 야구에서 타자가 친 공이 금 밖으로 날아가면 '파울'이 선언된다. 아무리 잘 친 공이라도 홈런이나 안타가 되지 못한다. 피구와 사방치기 같은 게임에서 금을 밟거나 금 밖으로 나가면 '죽는다'.

그런데 '금 밟았다'가 사회생활에서 은유로 쓰이면 상황이 달라진다. "너 이렇게 선을 막 넘어도 되는 거야?" "이건 참을 수 있는 정도를 넘어선 거잖아!" '금 밟았다' 혹은 '선(線)을 넘었다'는 게 그 자체로 나쁜 것은 아니다. 인간이 사회를 이루며 살면서 정해진 선을 지키는 건 중요한 일이다. 서로의 사이에 있는 사회적 경계선이 잘 지켜져야 예측 가능하게 생활할 수 있다.

문제는 '금 밟았다', '선 넘었다'가 공격과 통제의 수단이 될 때다. 힘을 가진 자가 이런 말을 구사하면 대책이 없다. 영화 〈달콤한 인생〉에서 보스 김영철이 이병헌에게 내뱉은 말도 비슷한 취지다. "넌 나에게 모욕감을 줬어." 언제, 어디에서, 무엇을, 어떻게, 왜 잘못했는지, 무엇이 모욕감을 줬다는 건지가 명확하지 않다.

"제가 언제 금을 밟았다는 거죠?" "제가 뭘 잘못했는지 말씀을…." 이런 말을 하는 순간 진짜 금을 밟게 된다. 어떤 게 금인지 설명해달라는 요구 자체가 금을 밟게 되는 것이라면 어떻게 해야 할까.

더욱이 무슨 일이 있었다는 건 그나마 증명이라도 해볼 수 있지만, 무슨 일이 없었다는 걸 증명하기는 불가능에 가깝다. '금을 밟은 적이 없다'는 사실을 증명하려면 폐쇄회로(CC)TV나 드론 정도는 있어야 한다. 사람들이 스포츠를 좋아하는 건 '비디오 판독'이 가능하기 때문인지 모른다. 서로가 가진 힘에 차이가 있을 때 금을 밟았는지 판단하는 권한은 힘을 가진 쪽에 있기 마련이다.

군사독재 시절, 이른바 '용공(容共) 사건'이 무수하게 조작됐다. 독재정권은 민주주의를 외친 이들에게 간첩죄와 국가보안법을 적용했다. 독재정권에 반대하는 것을 국가 안보를 해친 것으로 이어 붙였다. 독재자는 제왕이었고 "짐은 곧 국가"였다. 독재자를 비판하는 목소리는 국가 체제의 38선을 넘은 것으로 간주됐다.

민주화 이후에도 사회적 금기를 넘어서려는 시도들은 어김없이 '금을 밟았다'는 공격을 받았다. 교수 마광수는 소설《즐거운 사라》를 썼다가 강의 도중 경찰에 연행돼 구속됐다. 소설가 장정일은《내게 거짓말을 해봐》가 음란물이란 이유로 실형을 선고받고 법정 구속됐다. 과감하게 금을 밟고 선을 넘어서는 게 문학의 역할 아닌가. 장려하진 못할망정 처벌의 몽둥이를 치켜든 한국 사회는 대체 무엇이란 말인가.

문학뿐인가. 여의도의 정치부터 대학가의 연구까지 좀 새롭거나 기존과 다른 생각들은 불문곡직 '불온하다'는 혐의를 뒤집어써야 했다. '금도(襟度)를 넘어섰다', '사회적 혼란이 우려된다', '북한의 주장과 비슷하다'…. 보수적인 언론들은 자신들이 한국 사회의 모든 룰(rule)을 정하고 지키는 심판인 양 득달같이 달려와 줄자를 갖다 댔다. 조금이라도 과거의 기준과 다르면 과잉반응하며 호루라기를 불어댔다.

'냄새'의 경우는 더 심각하다. '금'은 보이기라도 하지만 '냄새'는 보이지도 않는다. 더구나 후각은 사람마다 제각각 다르다. 같은 냄새가 나더라도 누구는 맡지 못하고, 누구는 참을 만하고, 누구는 절대 못 견딘다. 특히 음식이나 쓰레기 냄새도 아니고 사람에게서 냄새가 난다고 하면 밑도 끝도 없어진다. '냄새 나는 사람'이란 것만큼 치명적인 말이 있을까.

영화 〈기생충〉의 박 사장(이선균)은 냄새에 극도로 민감하다. "냄새가 선을 넘지." "왜, 지하철 타면 나는 냄새 있잖아?" 그는 냄새가 싫어서 코를 막다가 죽음을 맞는다. 그는 왜 역겨움을 참지 못한 것일까. 그건 역겨움을 표현하는 것도 습관이기 때문이다.

권력관계가 살아 숨 쉬는 조직 안에서 "어디서 무슨 냄새가 나지 않냐"고 물을 수 있는 건 권력자뿐이다. 당신이 하급자라면 감히 "냄새가 난다"고 말할 수 있겠는가. 그 냄새가 상급자에게서 나는 것일 수도 있는데…. 냄새든, 뭐든 언어와 표정으로 혐오를 표현할 수 있는 것 자체가 권력이다.

'금'과 '냄새'는 세트로 움직인다. 금이 팩트라면 냄새는 팩트를 뒷받침하는 정황이다. 이 앙상블 앞에선 누구든 '잠재적 피의자'가 될 수 있다. 어떻게 해야 금과 냄새의 올가미를 벗어날 수 있을까. 그것은 금과 냄새를 증거로 삼으려 할 때 용기를 내서 "아니다"라고 말할 수 있는 제3의 목격자가 있느냐에 달렸다.

침묵의 문화는 침묵이 자신을 보호해줄 것이란, 굳건한 믿음 위에 서 있다. 하지만 침묵은 잠시 시간을 늦출 뿐이다. 침묵하는 자도 희생될 수밖에 없다. "악이 승리하려면 선한 자들이 가만히 있기만 하면 된다"(영화 〈갱스터 스쿼드〉)는 것은 한 치의 틀림도 없는 진리다. '침묵은 금(金)'이라는 격언은 수정되어야 한다. 침묵은 금이 아니다. 다른 사람과 나를 해치는 흉기다.

우리는 선에게서 배워야 한다. 침묵하면 그다음은 내 차례란 것을. 내가 침묵하면 나 자신도 꼼짝없이 금 밟은 사람, 냄새 나는 사람이 되고 만다는 것을. 당신과 나는 스스로에게 물어야 한다. 누군가를 위해 "진짜 금 안 밟았어. 내가 다 봤어"라고 말한 적이 있는가. 왕따당하고 마녀사냥당하는 이를 위해 "그 사람이 무슨 잘못을 했느냐"고 변호한 적이 있는가. 불이익을 감수하고 진실을 말할 자신이 있는가.

아, 중요한 걸 빠뜨릴 뻔했다. 〈식스 센스〉의 반전 같은 것이다. 스스로에게 물어야 할 건 그것만이 아니다. 혹시 내가 다른 이들을 향해 "금 밟았어!"를 합창하고 있지는 않는가. "무슨 냄새 안 나느냐"며 코를 막고 있진 않는가. 이렇게 화살표가 우리 안을 향할 때 물음은 완벽해진다. 집단 따돌림과 마녀사냥은 동조자들 없이 이루어지지 않는다. 동조자들은 대개 착하고 평범하게 생긴 얼굴들이었다.

가끔은 거울을 보고 오늘 누구와 어울려 다녔는지 생각해 보자. 무슨 일에 흥분하고 어떤 일에 목소리를 높였는지 떠올려보자. 우리가 보라는 아니더라도, 선이나 지아도 아니었을 가능성이 크다. 우린 보라와 함께 고개를 끄덕이고 누군가를 향해 손가락질했던 '보라의 일당'이었는지 모른다. 그 일당을 부르는 이름이 바로 '우리들'인지 모른다.

살던 대로 살기 싫어지는 순간

나는 도덕적으로 살려고 노력해왔다. 물론 돌부리에 걸려 넘어질 때도 있다. 도덕책에서 배운 대로 살지 못할 땐 죄의식을 느꼈다. 시선은 밖으로도 향했다. '왜 저 자들은 도덕적으로 살지 못할까?' 우월감과 짜증을 동시에 느끼기도 했다. 그런데 어느 순간, 그토록 확신했던 도덕률을 의심의 눈초리로 보게 됐다. 그것은 순전히 TV 드라마 하나 때문이었다.

어느 날 밤 소파에 쓰러질 듯 기대어 앉아 있었다. 눈은 넋이 나간 채 TV를 향해 있었다. 드라마 이름은 〈SKY 캐슬〉. 드라마에서 '괜찮은 의사'로 나오는 인물이 내부의 문제를 언론에 고발했다. "의사들 실적 경쟁 내몰아, 피해는 고스란히 환자의 몫." 자신의 이야기임을 직감한 '나쁜 의사'가 '괜찮은 의사'의 멱살을 잡고 엘리베이터 안으로 거칠게 밀어붙인다.
두 사람 사이에 침 튀기는 설전이 오간다.

나쁜 의사: 까불어도 정도가 있지. 뭐? 허위 또는 기만 의료 행위?
괜찮은 의사: 전 의사로서 의무를 다했을 뿐입니다. 부적절한 의
료 행위를 적극적으로 제재해야 할 의무가….
나쁜 의사: 너는 히포크라테스 선서도 안 했냐? 동료를 형제처럼
여겨라, 몰라?

동료를 형제처럼? 난 소파에서 벌떡 일어났다. 하마터면 앞
으로 자빠질 뻔했다. '히포크라테스 선서'에 저런 내용이 있다
고? 스마트폰을 집어 들었다. 그런데, 글쎄… 진짜로 있었다.
"나는 동업자를 형제처럼 생각하겠노라."
나의 생애를 인류 봉사에 바치고, 양심과 위엄으로서 의술
을 베풀고, 인종·종교·국적을 초월해 환자에 대한 의무를
지키겠다는 다짐과 함께 그 구절이 분명히 있었다.
드라마 속 '나쁜 의사'는 참 암기력이 좋은 의사였다. 어떻
게 히포크라테스 선서의 한 구절을 그리도 잽싸게 꺼내 들어
동료의 비판을 반박하는 데 쓰는가. '동업자를 형제처럼 생각
하라'는 말은 좋은 뜻일 거다. 사람을 살리는 의술을 함께 펴
는 동지로서 서로를 돕자는 것일 터. 하지만 그 나쁜 의사는
'잘못한 것은 서로 덮어줘야 한다'는 의미로 활용하고 있었다.
그러한 도덕률은 드라마 속에만 있는 게 아니다. 내부 고발

이나 비판이 나올 때마다 똑같은 레퍼토리가 반복된다.

"어떻게 동료의 등에 칼을 꽂아?" "동료를 짓밟고 일어서 겠다는 거잖아." "내가 널 얼마나 믿었는데 어떻게 이럴 수 가…."

한마디로, 동료 내지 동업자를 배신한 몹쓸 놈이라는 거다. 다 큰 남자들이 젖병 들고 옹알이하듯 "의리", "의리"를 외치 는 이유가 다 있었던 거다.

우릴 시험에 들게 하는 도덕률 중엔 이런 것도 있다. '교만 하지 말라.' 어렵게 용기를 내서 무슨 문제를 지적하고 나설 때 꼭 나오는 소리가 '교만하다'는 지적이다.

"지가 얼마나 잘났다고 그런 소릴 하는 거야?" "당신이 뭔 데 여기가 어디라고 건방지게 나서는 거요?"

이런 얘기가 나오면 움찔하기 마련이다. 왜? "언제 어디서 나 겸손해라", "절대 교만해선 안 된다"는 말을 어릴 적부터 귀에 못이 박이게 듣고 자랐으니까. 다수 의견이란 것이 대 개 윗분들 뜻이기 때문일까. 어느 조직에서나 다수 의견에 맞 서 소수 의견을 밝힐 때면 "교만하다"거나 "건방지다"는 말을 듣는다. 눈치도 없이 소수 의견을 고집하다간 "사회성이 많이 떨어진다"는 진단을 받기도 한다.

그렇게 '눈치가 없는' 사람은 조직의 집단지성이 기억하고 있다가 반드시 응징한다. 괜히 말을 꺼냈다 바뀌는 건 없고, 자신만 괴로워질 뿐이다. 그러니 다들 자기 의견을 밝히길 꺼 린다. 조용히 침묵하며 '소신을 지키고' 있다가 타이밍이 오기만 기다린다. 하염없이 타이밍을 노리다 시간이 가고, 날이 새고, 퇴직할 날이 온다.

또 하나, 빼놓을 수 없는 게 있다. '남자는 여자와 다르다.' 이게 무슨 도덕률이냐고? 분명한 도덕률이다. 신약성서에는 다음과 같은 에피소드가 있다.

서기관과 바리새인들이 간음 중에 잡힌 여성을 끌고 와 예수 앞에 세운다. 율법에 따라 이 여자를 돌로 쳐야 하지 않겠냐고 묻는다. 함정이다. 예수가 "돌로 치라"고 하면 자신들과 같은 입장에 서게 되고, "돌로 치지 말라"고 하면 율법을 어기는 게 된다. 예수는 말한다.

"너희 중에 죄 없는 자가 먼저 돌로 치라."

역시 예수다. 인간의 내면을 돌아보게 하는, 좋은 말씀이다. 다만, 그때 예수가 서기관과 바리새인들을 향해 이 물음부터 던졌다면 어땠을까.

"저 여인과 간음한 남자는 지금 어디 있느냐?"

형법의 낙태죄 처벌 조항도 2019년 4월 헌법재판소에서 '헌법에 맞지 않는다'는 결정이 나오기까지 다르지 않았다. 남성의 책임을 은폐한 채 여성의 책임만 물었다. 태아의 생명이 그토록 소중하다면서, 그 생명을 가장 가깝게 느끼고 있을 여성을 국가 형벌권으로 을러댔다.

"태아의 생명을 빼앗은 여자는 돌로 치라."

간음한 커플 중 여성만 예수 앞에 끌고 와 "돌로 칠까" 묻던 바리새인들과 무엇이 다른가. 그러면서도 그 소중한 생명이 태어나면 사회가 생명을 어떻게 보듬고 안전하게 키울지에 관해선 한마디도 하지 않았다. 그건 모성(母性)이 알아서할 일이지, 우리가 알 바 아니라고 했다. 전혀 도덕적이지 않은 도덕률이 버젓이 존재해온 것이다.

그리하여, 나는 이런 결론에 다다른다. 세상을 지배하는 도덕률의 밑바닥엔 남성성이 도사리고 있다. 지구가 태양 주위를 공전하듯 남성을 가운데 놓고 공전해온 세상에서 남성 중심 힘의 논리가 도덕으로 굳어진 것이다. 이건 내 주장이 아니다. 20세기 초 영국에서 여성 참정권 운동을 주도했던 에멀린 팽크허스트(Emmeline Pankhurst)의 주장이다.

"남자들은 도덕률을 만들고 여자들에게 그걸 받아들이라고 요구한다."

남자들의 도덕률은 힘 있는 자가 세상을 지배한다고 말한다. 세상을 지배하는 자들은 동료를 사랑해야 하고, 지배하는 자는 지배받는 자를 통치해야 하며, 지배받는 자는 지배하는 자를 우러러야 한다고 한다. 한국은 남자들의 도덕률에 중독돼 있다. 어디서부터 어디까지 중독돼 있는지 모르는 건 중년 남성인 나 역시 마찬가지다. 속수무책이다.

남성들이 먼저 도덕률의 해체에 나서길 바라지만 그럴 가능성은 크지 않다. 기득권자 스스로 기득권을 없앤 혁명은 인류 역사에 단 한 번도 없었다. 철옹성 같은 남성 중심의 논리는 새로운 힘에 의해 혁파되는 수밖에 없다.

일본 영화 〈무사 노보우〉는 변화의 단초를 보여준다. 영화는 1500년대 후반 일본 통일을 눈앞에 둔 도요토미 히데요시 시대를 배경으로 하고 있다. 도요토미는 부하 이시다 미츠나리에게 2만 명의 군대로 오시성(忍城)을 공격하라고 명한다. 성을 지키는 군사는 500명뿐이다. 설상가상으로 성대(城代·성주 대리)를 맡게 된 나리타 나가치카는 '사나이답지도' 않고 칠칠맞아 보여서 '멍청이'란 뜻의 노보우로 불린다.

나가치카는 전쟁을 나간 성주의 지시대로 성문을 열어 항복하려 한다. 그런데 이시다가 보낸 사자(使者)가 나가치카와 가신들 앞에서 기고만장하게 윽박지른다. "어서 항복해라. 이 성의 공주도 바쳐라." 조용히 듣고만 있던 나가치카가 드디어 "지금 결정했다"고 말한다.

"싸우겠소."

나가치카의 말에 깜짝 놀란 가신들은 그를 뒷방으로 데려가 "미쳤느냐"고 말린다. 나가치카는 말한다.

"싫어졌어. 저런 놈한테 항복하는 거. 2만의 군사로 위협은 있는 대로 다 해놓고…. 힘 좀 있는 놈이 힘없는 놈을 짓밟고, 재주 있는 놈이 재주 없는 놈을 쥐고 흔들고, 이게 사람 사는 세상이라고? 그렇다면 난 싫어. 정말 싫다고. 그게 세상의 법칙이라고 말한다면 나는 용서할 수가 없다고."

영화의 하이라이트는 이후의 전투 장면도, 희비극을 넘나드는 나가치카의 활약도 아니다. 바로 여기다. 패배할 것이, 몰살당할 것이 분명한데도 넌더리가 난다는 듯 "싫어졌다"고 말하는 나가치카의 표정이다.

184

살던 대로 살기 싫어지는 순간은 누구에게나 온다. 처음엔 좀 더 민감한 사람들부터 기존의 방식을 거역하기 시작한다. 하지만 많은 사람들이 어제와 같이 살기 싫어지면 그때부터는 도저히 걷잡을 수 없게 된다. 세상이 뒤집힌다.

1900년대 초 여성들의 정치적 권리를 쟁취하기 위해 나섰던 서프러제트(Suffragette·여성 참정권론자)들도 그러했다. 그들은 거리에서 돌을 던져 쇼윈도를 박살내고, 우체통 속에 폭발물을 넣고, 경마장 말 앞에 뛰어들었다. 감옥에서 단식 투쟁을 벌이다 코 속으로 음식물이 강제 투입되기도 했다.

그 이유는 무엇일까. 싫어진 것이다. 중노동을 하면서도 여성이란 이유로 훨씬 적은 돈을 받고, 남자들에게 일상적으로 성희롱과 추행을 당하고, "여성은 침착하지 못해서 정치적 판단이 어렵다"는 말이 공공연하게 오가는 현실이. 그렇게 부조리한 현실이 싫어지면 방법은 하나밖에 없다. 바위에 깨지는 달걀이 되더라도 부딪히는 수밖에 없다.

서프러제트들이 과격한 투쟁 방식을 택한 것은 그들이 과격해서가 아니다. 평화적 방법이 통하지 않아서다. 팽크허스트는 "내가 돌을 사용하려는 것은 감정적인 이유 때문이 아니다. 돌멩이야말로 가장 쉽고 직접적으로 이해시킬 수 있는 방법이기 때문이다"라고 말한다. "그래야 남자들이 알아듣기 때문이다." 결국 영국은 1928년 여성에게 남성과 동등한 투표권(21세 이상)을 인정한다.

2018년 한국에선 미투 운동이 전개됐다. 검찰에서, 정치권에서, 문화계에서, 대학가에서, 체육계에서 사회적 영향력을 가진 자들에 대한 고발이 줄을 이었다. "당한 여자가 잘못이지." "남자 신세 망치려고?" 여성들은 반인권적인 논리에 반기를 들었다. 스스로의 이름과 얼굴을 공개하고 대중 앞에 섰다. 남자들의 도덕률은 흔들리기 시작했다.

힘의 논리가 지배하는 세상을 향해 "이젠 싫어졌다"고 말하는 이들은 계속해서 나타날 것이다. 지금과 다른 세상을 여는 키워드는 이대론 살기 싫다고 외치는 '용기', 그리고 그 용기에 어깨를 내주는 '연대'다. 남자들의 도덕률은 남자를 위해서도 폐기되어야 한다. 언제까지 이 무거운 지구를 자기들 거라고 들고 서 있을 것인가.

남자들의 도덕률도 도덕률 아니냐고? 도덕률은 그래도 존중해야 하는 것 아니냐고? 그렇게 묻는 남자들에게 꼭 이 얘기를 해주고 싶다.

2007년 11월이었다. 이탈리아 시칠리아의 마피아 두목이 경찰에 체포됐다. 압수된 그의 가죽 가방에서 특별한 문서 하나가 나왔다. "동료의 아내를 넘보지 말라", "술집이나 클럽에 가지 말라", "아내가 임신 중이라도 조직의 부름에 언제든 응하라", "약속을 절대 어기지 말라", "다른 사람의 돈을 횡령하지 말라"…. 마피아의 십계명이었다.

범죄조직에도 도덕률은 있다. 깡패들도 '차카게 살자'고 팔뚝에 새긴다. 시민들을 잔인하게 고문했던 독재정권도 '국민윤리'를 가르쳤다. 공식적인 도덕률 뒤엔 말하여지지 않은 도덕률이 숨겨져 있다. 번지르르한 도덕률 뒤에서 총탄과 주먹으로 자신들의 말을 따르라고 강요한다. 영화 〈대부〉에 나오는 '거부할 수 없는 제안'이 도덕률을 완성한다.

그럴듯한 도덕률이 몇 개 있다고 해서 당신들의 도덕률을 강요할 수는 없다. 그런 시대는 이미 시효를 다했다. 당신들의 도덕률이 그렇게 좋다면 당신들끼리 그렇게 사시던가, 마음대로 하시라. 그것까지 말릴 생각은 없다.

좋은 사람이 되는 과정에 직업도 있는 것이다

우리는 민족중흥의 역사적 사명을 띠고 이 땅에 태어나…
지 않았다. 우린 훨씬 중요한 일을 위해 태어났다. 우린 좋은
사람이 되기 위해 태어났다. 물론 '좋은 사람'이 민족을 중흥
시킬 수 있을지 모르나 꼭 그런다는 보장은 없다. 아, '좋은'처
럼 구체적이지 못한 수식어를 쓰는 것을 자제해야 하는 게 맞
다. 그래도 나는 '좋은'이 갖고 있는 '좋은' 의미를 버릴 수가
없다.

"여러분. 세상엔 나쁜 사람보다 좋은 사람이 더 많습니다."

고등학교 졸업식 날이었다. 졸업식장인 강당에서 교실에 돌
아와 담임선생님이 하신 마지막 말씀이었다. 그 말씀 뒤에 무
슨 이야기가 이어졌는지, 왜 그런 말을 꺼냈는지 생각나지 않

는다. '좋은 사람이 더 많다'는 말만 선명하게 기억에 남아 있다. 정말일까, 하는 의구심이 들었기 때문일까.

선생님의 말씀이 틀리지 않았다는 생각이 든다. 30년 넘게 사회생활을 하면서 좋은 사람을 많이 만났다. '오늘의 운세'에 등장하곤 하는 '귀인(貴人)', 귀한 분들이었다. 그들이 없었다면 지금의 나는 존재할 수 없었을 것이다.

나 역시 좋은 사람이 되고 싶었다. 하지만 때로 '좋지 않은 사람'이 되어야 했다. 내가 좋은 사람이 아닐지도 모른다는 생각이 든 건 입사 2년 차 때였다.

그 무렵, 지금은 사라진 '경찰 야근'이란 게 있었다. 늦은 저녁 회사를 출발해 서울을 동쪽과 서쪽으로 나눠 한 바퀴 도는 것이었다. 동쪽은 동대문경찰서와 인근 병원을 거쳐 강남경찰서로 가는 경로였다.

그러던 어느 날 야근 길에 파출소에 들렀다가 전언통신문●을 봤다. 'ㅇㅇ대학교에서 추락해 사망. 취업 관련 비관 추정.' 경찰서에 전화를 걸어 취재한 뒤 기사를 썼다. 제목은 '취업 실패 비관'으로 잡혔다. 다음 날이었다. 가족들로부터 항의를 받았다. "우리 아이는 취업 문제를 비관한 적이 없다."

'취업 비관'을 입증할 증거는 어디에도 없었다. 전언통신문과 그것을 토대로 들은 경찰 설명이 전부였다. 불안이 엄습했다. 사람이 왜 죽는지 다른 사람이 알 수 있을까. 죽음의 이유

● 경찰서와 파출소 등 공공기관에서 업무에 관한 정보를 서로 주고받기 위해 작성하는 통신문을 말한다.

를 딱지붙이는 것 자체가 있을 수 없는 일 아닐까.

기사 쓰는 일이 무서워졌고, 나 자신에 회의감이 밀려왔다. 사표를 내야겠다는 생각이 들었다. 선배와 동료들은 "뭐 그런 일로 그러느냐"고 말렸다. 하루가 지나고, 이틀이 지나고, 술 마시고, 일하고, 또 다른 사건이 터지면서 차츰 그 일을 잊어 갔다.

나도 모르게 이른바 '기자 정신'이란 걸 앞세우게 된 걸까. 기사를 쓰다 보면 그 정도 일은 생길 수 있다. 하나하나 따지다 보면 일을 할 수가 없다. 눈을 질끈 감고 지나가야 할 때도 있는 거다. 그렇게 스스로를 타이르며 '기자'가 돼갔다. 그때 나는 내가 해야 할 일만 보일 뿐, 사람은 보이지 않게 된 걸까.

케빈 카터(Kevin Carter)라는 사진작가가 있었다. 그는 굶주림에 죽어가는 아프리카 소녀와 그 옆에서 소녀가 죽기를 기다리는 독수리의 모습을 촬영했다. 기아 문제의 심각성을 알린 카터의 사진은 퓰리처상을 받았다. 촬영 후 카터는 독수리를 멀리 쫓았지만 그는 거센 비판에 직면해야 했다. "왜 그 아이를 곧바로 구하지 않았느냐." "사진을 찍는 게 아이보다 중요했느냐." 그는 괴로워하다 극단적인 선택을 했다.

취재 현장에서도 비슷한 장면을 목격하곤 한다. 2014년 4월 19일. 세월호 참사 사흘 뒤였다. 나는 고속버스로 여섯 시간을 달려 진도 터미널에 도착했다. 처음 들른 곳은 실종자 가족들이 있던 진도체육관이었다.

기자들을 대하는 가족들의 분위기가 심상치 않았다. 가족들이 기자들을 향해 고함을 치는가 하면 기자 수첩을 빼앗아 바닥에 던지는 일도 있었다. '전원 구조'라는 오보로 시작해 현장 상황과 다른 정부 발표만 앵무새처럼 중계한 탓이 컸다. 그것만이 아니었다.

당시 실종자 부모들은 팽목항 부두에 모여 있었다. 임시 상황실 앞은 구조 상황 발표가 있을 때마다 북새통을 이뤘다. 그날 밤이었다. 부두 앞에서 눈물 흘리고 있는 한 젊은 여성에게 누군가 카메라를 들이댔다. 여성이 분노하며 일어섰다. "야! 이 ×××야."

기자들은 아이 잃은 가족의 심정을 고려하지 않은 채 이름과 사연을 물었다. 이거다 싶은 장면이 나오면 카메라를 들었다. 실종자 가족은 취재 대상이었을 뿐이었다. 타사보다 먼저 속보를 내보내겠다고 경쟁하는 틈바구니에서 인간의 공감이 설 자리는 없었다.

판사, 검사, 경찰도 사람을 사건으로 보곤 한다. 한 달에 몇 건 처리했는지, 미제 사건이 몇 건 줄었는지가 중요하다. 나의 '사건 처리'가 사건 파일 속에 있는 삶들에 어떤 영향을 미칠지에 대해선 관심을 기울이지 않는다. 사건 수가 많은 탓도 있지만 그 본질은 인간에 대한 감수성이 마모돼 있다는 거다.

인술을 편다는 의사는 어떨까. 내가 아는 어떤 분이 수년 전 종합병원에서 암 진단을 받았다. 의사는 무뚝뚝한 얼굴로 암 발병 사실을 알려주면서 커피를 홀짝거렸다고 한다.

"자녀분이 몇 살이죠?" "지금 수험생인데요." "수능 볼 때까지 사실 수 있을 거 같긴 한데…."

무슨 보험설계사가 계약 내용을 설명하듯이 죽음을 설명했다고 한다. 우린 그 이유를 이렇게 추측해볼 수 있다. 그 의사에게는 암이란 게, 죽음이란 게 너무 흔한 일일 것이다. 그래서 그렇게 태연할 수 있을 것이다. 그러나 그 말을 듣는 환자에겐 자신의 모든 것이 송두리째 무너지는 순간이다.

아무리 직업인으로서 뛰어난 기량을 가졌더라도 사람의 기본이 돼 있지 않다면 더 큰 해악을 남긴다. 좋은 머리를 사악하게 쓰는 것만큼 무서운 일이 있을까. 한 변호사는 이렇게 말한다.

"머리 좋고 사악하면 어떤 결과를 낳는지 판사, 검사들 보면 알 수 있어. 그 좋은 머리로 억울함을 풀어주는 게 아니라, 유죄 추정의 구멍들을 메워서 기소하고, 유죄 판결 하는 걸 보라고. 그 죗값은 어떻게 치르려는 건지…."

직업은 사무실을 넘어 일상에까지 영향을 미친다. 나는 기자가 되고 얼마 후부터 친구들과 얘기를 나누면서 머릿속으론 기사거리가 되는지 따지곤 했다.

"아, 그거 얘기되네."

모임에서 무슨 말이 나와도 '얘기'가 안 되면 심드렁해졌다. 기자는 잘 듣는 게 중요한 직업인데, 기자 생활을 할수록 리스닝(Listening·청취) 실력이 나빠졌다. 판사와 검사도 직업병이 있다. 검사는 가정에서 자녀를 취조하고, 판사는 집안일을 재판하듯 처리한다. 좋은 직업인이 되려면 좋은 사람 되기를 유보해야 하는 걸까.

영화 〈로마〉의 주인공 클레오는 중산층 가정에서 가사도우미로 일하는 인디오다. 클레오는 주인 가족의 일상을 바지런하게 뒷받침한다. 인디오 청년과 사랑에 빠지지만 클레오가 임신하자 남자 친구는 종적을 감춘다. "네가 임신한 게 나와 무슨 상관이냐고?" 가까스로 만난 남자 친구에게서 매몰찬 대답만 듣는다. 클레오는 시위 학생들이 테러당하는 현장에서 양수가 터지고 아기를 사산한다.

집으로 돌아온 클레오의 마음은 빈 들판처럼 텅 비어 있다. 주인 가족과 함께 바닷가로 떠난 날, 해변에 엄청난 파도가 밀려오고, 아이들이 보이지 않는다. 클레오는 아이들의 이름을 부르며 파도 속으로 뛰어든다. 클레오가 아이를 구하기 위해 파도에 맞서 힘겹게 전진할 때 감동이 밀려온다.

보라. 사람이 사람을 살리기 위해 전진하고 있다. 인류가 나아가고 있다. 아무도 그 발걸음을 멈추지 못한다.

영화 〈두 교황〉에서도 사람을 느낄 수 있다. 교황직을 중도 사임한 베네딕토 16세와 그 뒤를 이은 프란치스코. 보수와 개혁을 상징하는 두 교황은 클레오와 정확히 반대편에 서 있다. 가톨릭 교황은 인간이 가질 수 있는 가장 큰 영예다.

그러나 그들도 죄를 짓고, 그 죄에 괴로워한다. 프란치스코는 자신이 이끄는 예수회를 지키기 위해 군사정권에 협조한다. 그 결과 신부 두 명이 군부에 끌려가 혹독하게 고문당한다. "주님은 잊을 수 있지만 저는 잊지 못합니다."

베네딕토 16세도 프란치스코 앞에서 고해성사를 한다. 그는 자신이 아동을 추행한 사제를 방치했다고 고백한다. 역설적으로 두 교황은 잘못을 범하지 않음이 아니라 잘못을 있는 그대로 고백함으로써 '교황다움'을 드러낸다.

허름한 옷을 입은 클레오도, 사제 옷을 입은 두 교황도 그 안에 있는 것은 사람이다. 두 교황이 클레오보다 낫고 클레오가 두 교황보다 못한 게 아니다. 그들 모두 신(神) 앞에서, 인간 앞에서 같은 사람이다. 좋은 사람이 되기 위해 애쓰는 사람이다. 이것은 무슨 시적인 은유 따위가 아니다. 0.01퍼센트의 비유도 없는 사실이다.

후배 기자에게서 들은 얘기다. 국내 대회는 물론 국제 대회에서 계속 1위를 달렸던 한 태권도 선수가 올림픽에서 금메달을 놓쳤다. 후배 기자는 그에게 심경을 물었다.

"이번에 한번 졌다고 실망하지는 않습니다. 괜찮은 사람이 되는 과정에 태권도도 있는 거니까요."

후배는 그 말을 듣고 많은 생각이 들었다고 한다.

"그 친구 말처럼 괜찮은 사람이 되는 과정에 기자도 있는 것 아닐까요? 그런데 나는 삶까지도 기자스럽게 살고 있는 거 아닌가, 하는 부끄러운 마음이…."

직업이 전부는 아니다. 좋은 사람이 되는 과정에 직업도 있는 것이다. 직업은 좋은 사람이 되어가는 방편일 뿐이다. 삶을 직업에 맞추는 게 아니라 직업을 삶에 맞춰야 한다. 미국 역사학자인 티머시 스나이더 예일대 교수는《폭정: 20세기의 스무

가지 교훈》에서 직업윤리의 중요성을 강조한다.

재판 없는 처형은 없다는 규범을 법률가들이 따랐다면, 동의 없는 수술은 없다는 규정을 의사들이 받아들였다면, 노예 노동 금지를 기업가들이 지지했다면, 살인과 관련된 서류 작업의 처리를 관료들이 거부했다면, 나치 정권은 지금 우리가 알고 있는 잔혹 행위를 실행에 옮기기가 훨씬 더 어려웠을 것이다.•

스나이더는 '단지 명령을 따랐을 뿐이라는 말 따위는 하지 말아야 한다'고 지적한다. 좋은 사람은 결코 '명령에 따랐을 뿐'이라고 말할 수 없을 것이다. 인간으로서의 양심이 직업윤리의 심장이다.

• 티머시 스나이더 지음, 조행복 옮김, 《폭정: 20세기의 스무 가지 교훈》, 열린책들, 2017, 52쪽.

하찮아지느니 불편해지려고 한다

"좋은 기사를 쓰는 것도 중요한데요. 제 생각엔 나쁜 기사 쓰지 않는 게 더 중요한 거 같습니다."

《두 얼굴의 법원》을 쓰고 두 달 정도 지났을까. 조국 사태가 한창이던 2019년 가을이었다. 세명대 저널리즘대학원 초청으로 공개 대담을 했다. 그때, 나는 몇 해 전 사회부장 발령을 받고 마음먹었던 걸 떠올리며 말했다. "좋은 기사는 후배들이 쓸 테고, 나쁜 기사가 나가지 않도록 하는 게 부장으로서 나의 임무가 아닐까…."

나쁜 기사를 어떻게 모두 걸러낼 수 있겠는가. 좋은 기사라고 쓴 것이 나쁜 기사가 될 수도 있으니…. 그래도 나쁜 줄 알면서 기사를 내보내진 않겠다, 다짐했다. 특히 다른 일간지에 실린 기사를 무턱대고 받아서 쓰진 않으려고 했다. 이를테면 세월호 유족을 힐난하거나 어느 한쪽 편만 드는 기사 같은 것들이었다.

플로어에 있는 청중과 질의응답이 이어졌다. 한 참석자가 손을 들었다. 자신을 "기자 지망생"이라고 밝힌 그는 심상치 않은 표정으로 물었다.

"제가 언론사에 입사했는데, 부장이 나쁜 기사를 쓰라고 하면 어떻게 해야 할까요?"

나는 즉답을 하지 못했다. 옆에서 사회를 보던 제정임 교수가 말했다.

"실력을 쌓아서 일을 정말 잘한다는 평가를 받도록 하세요. 좋은 기사 많이 쓰고요. 그러면 나쁜 기사를 쓰라는 지시를 따르지 않았다고 해서 불이익을 받는 일은 없을 거예요."

요즘은 환상을 품고 직장에 들어가지 않는다. 기자가 되든, 회사원이 되든 그 직종의 장점과 단점, 기쁨과 슬픔, 아픔까지 사전에 치밀하게 파악한다. 자신의 적성이 그 직업에 맞는지, 직장은 다닐 만한 곳인지, 앞으로 전망은 어떤지…. '나쁜 일'을 하게 될지 모른다고 고민하는 게 비단 기자 지망생뿐일까.

한국의 조직들은 야누스의 얼굴을 하고 있다. 언론사는 국민의 알 권리와 공정 보도를 위해 존재한다. 하지만 생존하기 위해 기업 광고나 협찬과 관련된 기사를 쓸 때가 있다. 사주의 생각이나 특정 정파의 입장을 반영하기도 한다.

기업에서도 '나쁜 일'을 해야 할 때가 있다. 횡령이나 뇌물,

불공정거래 같은 일들이다. 상부의 지시에 따라 움직인 죄밖에 없지만 그런 억울함이 법정에서 면죄부가 돼주지 않는다. 지시에 따르느냐, 회사를 나가느냐. 두 개의 선택지밖에 없을 때 어떻게 할 것인가.

재판을 하는 법원도 마찬가지다. 헌법에는 "법관은 헌법과 법률에 의하여 그 양심에 따라 독립하여 심판한다"고 돼 있다. 현실은 달랐다. 양승태 대법원장 시절 법원행정처 판사들은 재판 관련 시나리오를 짜거나 재판부에 전달할 검토 문건을 작성했다. 한 판사는 헌법재판소장 비판 기사를 대필하라는 지시를 거부했다가 질책받았다. 당시 법원행정처 간부는 큰 소리로 말했다. "일단 써오세요!"

내 생각과 현실이 다르다고 해서 누구나 직장을 그만둘 수 있는 건 아니다. 일종의 절충 내지 타협을 하면서 살아가는 경우가 훨씬 많다. 이상과 현실 사이에는 늘 거리가 있기 마련이다. 그렇다고 현실을 받아들이다 보면 한이 없다. 이것만큼은 절대 포기할 수 없다, 이것까지 내주게 되면 이 직업을 해야 할 이유가 없다는 최후의 마지노선(線)이 필요하다. 그렇다면, 그 마지노선은 어떻게 지킬 수 있을까.

드라마 〈동백꽃 필 무렵〉은 미혼모인 동백(공효진)이 옹산이란 지역 공동체에서 어떻게 살아가고 사랑을 이루는지 이야기한다. 특히 한 장면이 인상에 남는다. 아이 아버지인 프로야구 선수 종렬(김지석)이 동백에게 찾아와 "세상에 알려지면 아이에게 '혼외자' 딱지가 붙는다"며 미국에 가라고 말한다. 동백의 내레이션이 흐른다.

"나는 남이 불편할까 봐 나를 낮췄고 붙어보기도 전에 도망치는 게 편했다. 근데 이제 그냥 하찮아지느니 불편한 사람이 돼보기로 했다."

동백은 종렬에게 답한다.

"도망치는 사람한테 비상구는 없어. 나 다신 도망 안 가. 그러니까 니들 다 진짜 까불지 마라."

집으로 돌아오는 길, 동백은 취객이 무서워서 지나가지 못했던 굴다리를 홀로 걷는다. 고주망태가 된 취객이 술주정을 하자 '아직은 싸울 때도 존댓말이 나오지만 그래도 붙어는 본다'며 떨리는 목소리를 낸다.

"아저씨. 정신을 챙기고 사셔야 합니다! 제가 만만해요? 예? 사람을 봐가면서 까부셔야 하는 게 좋겠어요."

어디를 가나 '까불이'들은 있다. 그 까불이들과 공존해야 하는 세상에서 남이 불편할까 봐 나를 낮추는 것도, 붙어보기 전에 도망치는 것도 정답이 아니다. "니들 다 까불지 마라" 하고 외치고, "사람 봐가면서 까부시라"고 말해야 한다. 비록 목소리는 바르르 떨리고, 다리는 후들거리더라도.

이러한 동백의 각성은 그냥 나온 게 아니다. 그에겐 자신만의 원칙이 있었다. 술집을 운영하면서 "저는 술만 팔아요. 이 안에서 살 수 있는 건 딱 술, 술뿐이에요"라고 말한다. 또 "노 머니에 노 서비스가 아니라, 노 매너에 노 서비스"라고 강조한다. 동백은 "앞으로 제 인생 모토"라며 하나 더 붙인다. "반말 하면 나도 반말."

공개 대담이 있던 날, 나는 제정임 교수의 말이 끝난 뒤 몇 마디를 했다. 그날 내가 무슨 말을 했는지 정확히 기억이 나지 않는다. 〈동백꽃 필 무렵〉을 가지고 횡설수설했던 것 같다. 그때 내 마음을 문장으로 만든다면 아마 이런 이야기가 될 것이다.

"여러분이 나아갈 사회는 완벽하지 않습니다. 때로는 '나쁜 일'이 주어질 수도 있습니다. 하지만 저는 여러분이 스스로를 하찮게 여겨서 그런 일을 하지 않았으면 좋겠습니다. 여러분은 그런 일을 할 사람이 아니니까요. 차라리 불편한 사람이 되십시오. 불편한 사람이 된다는 건 다시 말해서 자신만의 원칙을 가지고 산다는 뜻입니다. 원칙이 없으면 여러분에게 지시를 내리는 사람도 편하게 느끼겠지요. 원칙을 지키다 보면 여러분 생활이 불편해질 수 있습니다. 그렇다고 회사에서 해고되진 않을 겁니다. 우리 사회가 그 정도는 아닐 거라고 저는 믿습니다. 오히려 빛나는 경력이 될 수도 있습니다. 불편해지겠다는 각오만 있다면 여러분이 그 어려움들을 돌파해내리라 믿습니다."

한 달 후 한 독서 클럽에서 저자 초청을 받았다. 저녁 8시쯤 모여 밤 11시 정도까지 책 한 권을 주제로 대화하는 모임이었다. 책은 '왼손으로 거들 뿐'이고, 서로의 삶과 생각을 나누는 게 중심이었다. 한 젊은 회사원이 "직장에 다니면서 어떻게 하면 나쁜 일을 안 할 수 있느냐"고 물었다. 공개 대담에서 만났던 기자 지망생이 떠올랐다. 비슷한 고민을 하는 이들이 적지 않은 것일까. 한 참석자가 조언했다.

"본인의 캐릭터를 '할 말은 하는 사람'으로 잡으면 돼요. 일단 캐릭터를 그렇게 잡으면 누구든 쉽게 어떻게 못 해요. 아, 물론 사장 되고, 부사장 되기는 어렵겠죠. 그래도 어느 정도까지는 올라갈 수 있어요. 그렇게 생각하면 겁날 게 없어요."

그는 대기업 부장으로 있다고 했다. 어느 곳에나 현자(賢者)는 있다. 어쩌면 그런 사람들이 있기에 이 사회가 그 많은 모순 속에서도 여기까지 올 수 있었을 것이다.

중요한 것은 분명한 자기 기준이다. 자기 기준이 있는 사람은 어디를 가든 쉽게 무너지지 않는다. 아무리 힘 있는 사람이 뭐라고 압박해도, 내 자신의 욕망이 뭐라고 유혹해도, 때로는 흔들리면서도, 가야 할 길을 간다. 중간에 경로를 이탈하더라도 내비게이션이 다시 경로를 재설정하듯이, 자기 기준만 잃지 않으면 끝내 목적지에 도착한다.

자기 기준은 어떻게 세울 수 있을까. 내가 지켜야 할 삶의 원칙들을 하나씩 만들어나가는 것이다. 그 원칙이란 것이 반드시 거창할 필요는 없다. 동백의 원칙인 '술만 판다', '노 매너에 노 서비스', '반말 하면 나도 반말'처럼 단순하고 명료하면 된다. 단순하고 명료해야 하는 이유는 그렇지 않으면 급할 때 건너뛰기 때문이다. 기자들이 지켜야 할 원칙들도 알고 보면 단순한 것들이다. 《저널리즘의 기본 원칙》*은 말한다.

① 저널리즘의 첫 번째 의무는 진실에 대한 것이다.
② 저널리즘이 가장 충성을 바쳐야 할 대상은 시민들이다.
③ 저널리즘의 본질은 사실 확인의 규율이다.
④ 기자들은 그들이 취재하는 대상으로부터 반드시 독립을 유지해야 한다.

《저널리즘의 기본 원칙》은 묻는다. "당신의 기자들은 어떤 종교를 믿는가? 비즈니스를 이해하는 기자인가? 아니면 저널리즘을 이해하는 비즈니스맨인가?" 결국은 무엇에 충성하느냐의 문제라는 것이다. 기준을 갖고 사느냐, 아니냐는 가면 갈수록 큰 차이를 낸다.

자기 기준을 생각하며 사는 사람은 그 기준을 지키기 위해 노력한다. 간혹 예기치 않은 상황으로 일순 기준이 무너진다 해도 괴로워하며 다시 그 기준을 일으켜 세운다. 자기 기준이 없는 사람은 늘 정리되지 않은 삶을 살 수밖에 없다. 무슨 일이 일어나면 그 상황에 맞춰 우왕좌왕할 수밖에 없다. 자기가 한 행동에 기준을 맞춰갈 수밖에 없다.

자기 기준을 갖고 산다는 게 쉽겠냐고? 물론 쉽지도 않지만 그렇게 어렵지도 않다. 어려운 일일수록 가벼운 마음으로 하

• 빌 코바치·톰 로젠스틸 지음, 이재경 옮김, 《저널리즘의 기본 원칙》, 한국언론진흥재단, 2014.

는 게 중요하다. 진지하게 고민하되 일단 결정하고 나면, 내가 잘못한 게 없다고 판단되면 뒷일 걱정하지 말고 '정말 가볍게' 갈 길을 가는 거다. 동백이 엄마(이정은)는 말한다. "쫄지 마라. 쫄지 마. 쫄니까 만만하지." 쫄니까 만만하고 쫄니까 하찮아지는 거다.

배신해도 괜찮아

일종의 '플래시 몹'이라고 할까. '가투'라는 용어가 있었다. '가두투쟁'의 줄임말. 모월(某月) 모일(某日) 모처(某處)에서 모이기로 정해두고, 그 시각 그 장소에 모여 '독재 타도' 유인물을 뿌리며 시위를 벌였다. 그러다 경찰력이 투입되면 흩어지곤 했다.

대학생 때였다. 어느 가을날 서클 동기·선배들과 가투에 나갔다 경찰에 잡혔다. 30여 년이 지난 지금도 나는 티셔츠 탓으로 돌리고 있다. 빨간색 티셔츠. 누구보다 경찰 눈에 더 잘 띄었을 터. 그날의 동지들은 운동신경에 혐의를 뒀지만 나는 그게 아니라고 '주장'하고 싶다.

경찰 버스에 실려 서울 남부경찰서로 이송됐다. 나처럼 현행범으로 체포된 이가 70, 80명쯤이었다. 남부경찰서에 몇 시간 있다가 관악경찰서로 이송됐다. "앉아! 일어서! 머리 박아!" 얼차려를 받다가 정보과 형사들에게 불려가 두들겨 맞았다. 식사는 푸석한 보리밥에 단무지가 전부였다. 그 길고 긴 2박 3일의 특별 교육을 '무사히' 수료한 뒤 훈방 조치됐다.

경찰서를 나오는데 출입구 한쪽 구석에 어머니가 서 있었다. "괜찮니?" 어머니 눈에 맺힌 눈물을 보자 괜히 퉁명스러워졌다.

"집에 계시지… 여길 왜 나오셨어요?"

그때였다. 정장 차림의 중년 남성이 다가왔다. 경찰 연락을 받고 나온 대학 학생처 담당자였다.

"학생, 어머님 걱정하시는데 공부를 하라고. 법대생이면 고시 공부를 해서…."

나는 고개를 숙이고 아무 말도 하지 않았다. 그의 얼굴을 보기 싫었다.

그때였다. 사람이 맹목적인 폭력의 대상이 될 수 있음을 처음 경험한 것은. 경험의 핵심은 직접성이다. 다른 이가 폭행당하는 상황을 간접 경험하는 것과 자신이 직접 당하는 것은 완전히 다른 차원이다.

얼굴과 가슴에 주먹, 구둣발이 와 닿는 순간 깨닫는다. 살과 뼈로 이뤄진 이 몸은 얼마나 무력한가. 나라는 존재는 아무것도 아니지 않은가. 그저 몸뚱어리일 뿐 아닌가. 얼마나 보잘것없는가.

폭력의 위력은 단지 통증에 그치지 않는다. 스스로의 인격에 모멸감을 갖게 한다. 자신이 언제든 무너질 수 있는 취약한 존재이고, 언제라도 무릎 꿇을 수 있는 인간이라는 자각은 자존감을 무너뜨린다. 폭력은 아무 수식어도 필요 없다. 그 자체로 절대적이다.

1980년 5월 광주를 그린 영화 〈택시운전사〉를 보다가 흡하고 숨을 들이마셨다. 택시운전사 김만섭(송강호)이 사복 경찰에게 두들겨 맞는 신이었다. 독일 기자 피터(토마스 크레취만)를 태우고 광주에 간 만섭은 군과 경찰의 무자비한 시위 진압 현장을 목격한다. 그 자신도 피터와 함께 쫓기다 후미진 골목에서 사복 경찰(최귀화)에게 곤봉과 발길질에 무차별 폭행을 당한다.

피터와 함께 가까스로 골목에서 빠져나온 만섭은 자기 자신을 되새김질한다. 나는 저들처럼 싸울 용기가 없구나. 내가 있을 곳은 여기가 아니구나. 가자, 서울로. 어린 딸이 기다리는 서울로 가자. 다음 날 새벽 만섭은 피터를 남겨둔 채 택시를 몰고 광주를 벗어난다. 소시민의 삶으로 돌아가기 위해서다. 하지만 〈제3한강교〉를 부르며 서울로 향하던 그는 울먹이다 유턴을 한다. 그리고 딸에게 전화를 건다.

"아빠가… 손님을 두고 왔어."

만섭이 광주에 두고 온 것은 독일 기자 피터만이 아니었다. 훨씬 더 중요한 사람을 광주에 두고 왔다. 그 사람은 만섭 자신이다. 만약 만섭이 그대로 서울로 갔다면 '80년 광주'는 죽을 때까지 죄책감으로 남았을 것이다. 80년 광주를 떠올릴 때마다 죽고 싶었을 것이다.

주목해야 하는 것은 광주로 돌아온 뒤 만섭이 보이는 변화다. 그는 예전의 만섭이 아니다. 대학생 재식(류준열)의 시신 앞에서 망연자실한 피터를 흔들어 깨운다.

"왜 이러고 있어. 당신이 찍어줘. 뉴스가 나가야 세상 사람들에게 알리지."

만섭의 코페르니쿠스적 전환은 직업의식이나 사람으로서의 도리만으론 해석되지 않는다. 고통스러운 배신과 유턴의 경험은 여태껏 살아온 '삶의 경계'를 허무는 과정이다. 뜻밖에도 무너진 경계 밖에 새로운 경계가 생긴다. 불의에 항거하는 '시민 김만섭'의 경계다. '광주 → 순천 → 광주'의 여정은 무의미한 것이 아니었다. 새로운 내면이 생기고, 과거와 다른 자아가 탄생하는 진통의 시간이다.

그러므로, 배신했다고 모든 게 끝나는 건 아니다. 때로는 배신이 우리를 성장하게 한다. 우리 모두는 부모를 배신하며 성장한다. 예수의 제자 베드로도 배신을 통해 성자가 되었다. 그는 닭이 울기 전 예수를 세 번 부인했고, 그런 자신을 인식했고, 문밖으로 나가서 슬피 울었다(〈마태복음〉 26장 75절). 그가 예수의 뒤를 따라 십자가에 거꾸로 매달려 순교할 수 있었던 것도 처절한 배신과 자각의 과정을 거쳤기 때문이다.

사람은 쉽게 변하지 않는다. 사람이 변하는 건 큰 병을 앓았거나 내면이 부서지는 좌절을 경험했을 때다. 자기 자신에게 걸려 넘어졌을 때 자신이 누구인지, 지금까지 어떻게 살아왔는지, 앞으로 어떻게 살아갈지 생각하게 된다. 그동안은 마주하지 못했던 본질적인 질문 앞에 서게 된다.

전제가 있다. 너무 늦기 전에, 모든 것이 끝나기 전에 스스로의 비루함을 깨닫고, 유턴을 해야겠다고 용기 내는 것이다. 그러할 때 부끄러움은 힘이 된다. 온전히 부끄러움의 힘으로 내가 달아났던 그곳으로 돌아올 수 있다. 다시 돌아온 나는 이전의 내가 아니다.

비록 베드로는 아니지만 나 역시 살면서 여러 번 믿음에 등을 돌렸다. 배신한 뒤 문밖에 나가 여러 번 슬피 울었다. 그 과정을 거치며 깨달은 것은 나 자신이 아주 약한 사람이란 사실이다. 누가 칼을 들이댄 것도 아니었고, 힘으로 제압한 것도 아니었다. 눈에 보이는 폭력이 아닌, 보이지 않는 회유와 압박에 힘없이 무너지곤 했다.

'왕년에 배신 좀 해본 사람'으로서 이야기한다면 너무 쉽게 물러서지는 말아야 한다는 것이다. 될 수 있는 한, 버티고 버티다 어쩔 수 없을 때 한 발 물러서는 것이다. 가만히 있었는데 제풀에 뒷걸음질 치기 시작하면 어디에서 멈춰야 할지 알수 없게 된다. 내가 다시 배신하지 않으리라고 자신할 수 없다. 다만, 똑같은 곳에서 똑같은 포즈로 넘어지지 않길, 배신한 후라도 더 나은 사람이 되려는 노력만큼은 포기하지 말길 바란다.

〈택시운전사〉에서 홀연히 빛나는 인물이 있다. 광주의 택시운전사 황태술(유해진)이다. 태술은 영화에서 두드러지는 인물이 아니다. 이국땅의 진실을 알리려고 위험을 무릅쓰는 독일 기자도 아니고, 진압군에 맞서다 숨지는 대학생도 아니다. 내가 그를 주목한 건 만섭이 새벽녘 몰래 나와 광주를 빠져나가는 장면에서였다.

태술은 어두컴컴한 골목길을 나서는 만섭의 택시를 막아선다. 만섭이 가지 못하게 막으려는 것일까.

"공수 놈들이 서울 택시는 다 잡아들인다 안 하요? 길도 모르는 양반이 어딜 가면 간다고 말이라도 해야지."

그는 계엄군 포위망을 뚫고 나갈 수 있도록 전남 번호판을 건네고, 길을 알려준다. "딸내미가 그냥 아빠를 목 빠지게 기다리겠네, 언능 가쇼, 응?" 만섭이 "정말 미안합니다"라고 고개를 숙이자 태술이 답한다.

"아이, 형씨가 뭐시가 미안혀라? 나쁜 놈들은 저기 따로 있구만!"

만섭이 광주로 돌아올 수 있었던 것은 태술이 '언능 가라'고 배웅했기 때문이다. 태술이 "왜 우릴 배신하느냐"고 붙잡으려 했거나 "이 나쁜 배신자야, 갈 테면 가라"고 침을 뱉었다 생각해보자. 만섭은 자신의 배신을 돌이킬 엄두를 내지 못했을 것이다. 아니, 비난에 대한 반발로 죄책감을 지우려 했을 것이다.

사실 태술의 반응은 일반적이지 않다. 대개의 사람들은 자신이 남의 믿음을 저버린 건 생각하지 않는다. 남에게 배신당한 것만 생각한다. 자신의 배신에는 한없이 관대하다. "어쩔 수 없는 일이었다." "다른 방법이 없었다." 아예 기억 속에 배신의 땟자국조차 남기지 않을 때가 많다. 반면 다른 이의 배신으로 상처를 받으면 죽일 듯이 화를 낸다. "그놈을 또 만나면 내가 사람이 아니다." "두 번 다시는 당하지 않겠다."

때로는 복수한다는 생각으로 일을 키운다. 작은 배신감을 견디지 못해 더 크게 배신하기도 하고, 자신 역시 배신을 하는 이유로 삼기도 한다. 배신이 배신을 낳는다. 이러한 악순환의 고리를 끊을 수 있는 길은 태술의 말 속에 있다.

"뭐시가 미안혀라? 나쁜 놈들은 저기 따로 있구만!"

이 한마디에서 무엇이 느껴지는가. 사태를 보는 분명한 관점이 느껴지지 않는가. 우리가 분노해야 할 대상은 같은 편이 아니다. 진짜 나쁜 놈들은 따로 있다. 우리의 적(敵)은 비인간적인 폭력을 휘두르는 자다. 적은 우리가 우리 편이었던 사람과 싸우기를 원한다. 같은 편끼리 치고 박고 싸우는 걸 보면서 마음 편히 즐기고 싶은 거다. 그들이 어떻게든 배신자를 만들어내려는 이유다.

태술은 배신의 힘을 신봉하는 자들의 믿음을 배신했다. 나는 소망한다. 나도 언젠가 멋지게 배신당하고 멋지게 보내주는 사람이 되기를. 방황을 끝내고 돌아온 이들에게 "많이 힘들었지?" 하고 어깨를 두드려줄 수 있는 사람이 되기를.

현실주의의 세 가지 원칙

세상은 말한다. 열정 없이 이룰 수 있는 건 없다고. 로마도 로마인들의 열정이 없었다면 세워질 수 없었다고. 열정이 최고의 덕목이라고. 그렇다면 열정이 있으면 되는 걸까. 결론부터 말하면 '아니요'다. 이제부터 그 이유를 설명해보려고 한다.

신문 기자가 되고 어색하게 다가온 것 중 하나가 '프로'란 호칭이었다. "권 프로. 권 프로는 지금 상황을 어떻게 봐요?" 정치인이나 검사들과 식사 자리가 있을 때 그들은 나를 '권 프로'라고 불렀다. 다른 이들이 오가는 식당에서 '권 기자'라고 부르기가 신경 쓰였던 것일까. 자기들끼리 있을 때도 서로 '프로'라고 불렀던 것일까.

프로는 프로페셔널의 줄임말이다. 몸값을 받고 전문적으로 어떤 일을 하는 사람을 가리킨다. 어떤 상황에서 어떤 일을 맡겨도 철저하게 해낸다는 뜻이 담겨 있다. 조금 다른 뜻으로 쓰일 때도 있다. 때 묻지 않은 '아마추어'가 아닌 만큼 원칙쯤은 살짝 무시할 줄 알아야 한다는 의미다.

어떤 뜻에서든 처음 기자가 되고는 '프로'와 거리가 멀었다. 처음으로 '큰 기사'를 쓴 것은 신문사에 들어온 지 9개월쯤 지났을 때였다. 사건기자들이 맡은 라인(지역) 조정이 있었다. 영등포 라인 2진을 하다가 마포 라인을 맡게 됐다. 마포를 담당하던 선배가 "인수인계할 게 있다"고 했다.

"한 학생이 같은 과 교수를 따라 해외로 단체여행을 갔다가 교통사고로 숨졌어. 그런데 그 학생 시신이 공항으로 들어오니까 어머니가 '애 때문에 얼마를 줬는데 애를 죽였느냐'고 통곡했다는 소문이 있어. 사실 확인만 되면 대학 입시 부정, 정말 기사가 되는데⋯."

2, 3주가 지났을까. 삐삐가 울렸다. 사회부장 전화번호였다.

"권석천 씨. 문화부에서 '확실하다'는 얘기를 들었대. 학교 쪽으로 확인을 해봐."

해당 교수는 휴직원을 내고 학교에 나오지 않고 있었다. 같은 과 교수들을 찾아다녔다. "할 말이 없습니다. 들어오지 말아요." 교수 연구실에 발도 들여놓지 못한 채 퇴짜를 맞았다. 그러다 대학 본부의 한 보직 교수를 만났다. "일부 학과의 문제를 학교 전체 문제로 봐서는 안 됩니다." 사실상의 시인이었다.

기사를 쓴 다음 날 아침, 기자실에 나가자 타사 기자들이 겁을 줬다.

"그 학생 엄마가 전혀 사실이 아니라고 소송을 하겠대."

"석천 씨. 기사를 조심해서 써야지. 그렇게 막 쓰면 되겠어?"

보직 교수가 사실대로 말해줄까. 대학에서 공식 부인을 하면 어쩌지…. 가슴이 납덩이처럼 무거웠다. 마포의 이 대학, 저 대학을 다녔다. 오후 늦게 회사에 들어가서야 검찰이 입시부정 수사에 착수했다는 소식을 들었다. 얼마 후 같은 과 교수 세 명과 학생 어머니가 구속됐다.

만일 검찰이 수사에 착수하지 않았다면 어떻게 됐을까. 대형 오보를 한 게 됐을 것이다. 특종과 오보는 그야말로 종이 한 장 차이였다. 돌이켜보면 나는 정말 운이 좋았다. 하지만 운이 좋았다고, 안도의 숨을 내쉬는 게 프로다운 모습이었을까? 프로는 운에 모든 걸 걸지 않는다. 더 확실하게 취재했어야 했다. 그래서 검찰 수사에 기대지 않고도 그들을 꼼짝 못하게 했어야 했다.

기자들 사이에 내려오는 노하우 중에 '70퍼센트 룰(rule)'이라는 게 있다. 의혹을 제기하는 기사는 취재한 것의 70퍼센트만 쓰라는 것이다. 나머지 30퍼센트는 만일의 상황에 대비해가지고 있어야 한다. 그래야 항의가 들어오거나 법적 문제가생겼을 때 제대로 대응할 수 있다. 취재한 내용을 100퍼센트 기사화하는 것은 위험하다. 120퍼센트, 130퍼센트로 부풀려 쓰는 건? 섶을 지고 불 속에 뛰어드는 격이다.

〈포드 V 페라리〉는 진짜 프로란 무엇인지를 이야기하는 영화다. 1960년대 매출 부진에 빠진 미국 자동차 기업 포드가 활로를 모색하기 위해 이탈리아 스포츠카 브랜드인 페라리에 인수·합병을 제안한다. 페라리가 제안을 거절하고 회장인 헨리 포드 2세에게 인간적인 모욕까지 주자 포드는 "페라리를 밟아버릴" 레이스 카를 만들기로 한다.

출전 경험도 없는 포드가 어떻게 세계 최고의 레이싱 대회 '르망 24시'에서 여섯 번 연속 우승한 페라리를 꺾을 수 있을까. 그 임무는 르망 24시 우승자 출신인 자동차 디자이너 캐롤 셸비(맷 데이먼)에게 맡겨진다. 캐롤은 켄 마일스(크리스찬 베일)를 레이서로 영입한다. 두 사람의 진짜 적(敵)은 페라리가 아니다. 자신들을 부속품 정도로 여기며 자꾸 간섭하려 드는 포드 경영진이다. 포드의 관료주의를 넘어서지 못하면 르망 24시를 향한 도전도 물거품이 되고 만다.

영화는 시종 캐롤과 켄의 열정을 강조하는 듯하다. 그런 지향점을 보여주는 대사들이 이어진다. 대표적인 게 캐롤의 내레이션이다.

"7000RPM으로 달리면 어딘가에 그런 지점이 있어. 모든 게 희미해지는 지점. 그 순간 질문 하나를 던지지. 세상에서 가장 중요한 질문. 넌 누구인가?"

'7000RPM'은 자동차 계기판에 빨간색으로 표시된 금단의 영역이다. 적당한 결심으론 절대 다다를 수 없다. "누군가는 그 일을 하지 않으면 미치는 사람이 있다"는 캐롤의 말처럼 미쳐야 가능한 영역이다. 그렇다면 열정을 가지고 미친 듯 파고들면 모든 게 가능할까.

맞지만 아니다. 열정이 있어야 하지만 그전에 필요한 것이 있다. 현실주의다. 현실이 없다면 열정도 없다. 현실을 제대로 알아야 목표를 이룰 수 있다. 현실은 목표로 건너갈 수 있는 외나무다리다.

레이서 켄의 목표는 '퍼펙트 랩(완벽한 레이스)'이다. "저기 퍼펙드 랩이 있어. 실수도 없고 모든 기어 변속과 코너 공략이 완벽한 랩. 대부분은 존재도 모르지만 분명히 존재해." 그 '퍼펙트 랩'은 각오로만 이루어지지 않는다. 레이싱을 '잘해야' 한다.

운전이든, 요리든, 글쓰기든, 무엇이든, 그 일이 미치도록 좋고 재미있는 건 다른 사람이 칭찬해줘서가 아니다. 돈을 많이 받아서도 아니다. 잘하기 때문이다. 일을 잘하지 못하면 재미도, 열정도 느낄 수 없다. 인간은 자신이 옳다고 믿는 일보다 잘할 수 있는 일을 더 하고 싶어 한다.

어떻게 하면 일을 잘할 수 있을까. 답은 단순하다. 그 일에 대해 누구보다 잘 알고 있어야 한다. 켄은 말한다. "(차가) 어디까지 버틸 수 있는지 알려면 차의 한계를 알고 있어야만 해." 이 말은 켄과 어울리지 않는다. 그는 외곬수인 데다 고집불통이다. 자신에게 진정하라는 캐롤에게 화를 내면서 스패너를 던져야 직성이 풀린다. 사람들 앞에서는 물불 가리지 않는 그가 왜 차(車) 앞에만 서면 차분하고 엄밀해질까.

차의 물성(物性·물질이 가지고 있는 성질) 앞에 겸손하지 않으면 결코 이길 수 없기 때문이다. 켄은 브레이크가 얼마나 중요한지 안다. A급 레이서마저 1등 트로피를 거머쥐려고 무리하게 가속기를 밟다가 브레이크 파열로 레이스를 망친다. 때로는 생명까지 위협받는다.

가속기를 어디까지 밟아도 되는가. 브레이크는 어떤 상태인가. 차체가 바람의 저항을 얼마나 견딜 수 있는가. 코스의 어느 지점에서 가속기를 밟아야 하는가. 차의 성능과 그 한계를 알아야 끝까지 밀어붙일 수 있다.

어떻게 하면 일을 잘할 수 있을까. 어느 분야의 전문가가 되려면 1만 시간의 훈련이 필요하다고 한다.* 꼭 1만 시간이어야 하는지는 모르겠으나, 그 일에 자신을 남김없이 밀어 넣는 순간들은 반드시 필요하다. 더럽고 힘들어도 버티고 버텨라. 고통스럽게 연마하고 또 연마하라.

'그 일을 누구보다 잘 알고 잘하는 사람이 돼라.' 이것이 프로가 되기 위한 제1 원칙이다.

두 번째 원칙은 나 자신에 대해 잘 알아야 한다는 것이다. '너는 누구인가?'가 '세상에서 가장 중요한 질문'이다. 일은 그 누구도 아닌 내가 하는 것이다. 내가 어떤 사람인지 알지

• 말콤 글래드웰 지음, 노정태 옮김,《아웃라이어》, 김영사, 2009.

못한다면 어떤 일도 잘할 수 없다.

"성격이 좀 내성적인데… 저도 기자가 될 수 있을까요?"

언론인 지망생 중엔 자신의 성격을 두고 고민하는 이들이 적지 않다. 나는 "스스로가 '사람 몇, 자료 몇'인지를 보라"고 답하곤 한다. 이를테면, 나는 내가 '사람 5, 자료 5' 정도라고 생각한다. 뭔가 자료를 갖고 취재하는 걸 좋아하고, 잘한다. 내가 정치부나 검찰을 취재할 때 힘들었던 건 '사람 10, 자료 0'인 취재였기 때문이었다.

모든 기자가 '사람 9'나 '사람 10'이어야 하는 건 아니다. 자신을 잘 들여다보고 맞는 분야를 선택해 취재하고 기사를 쓰면 된다. 그 분야에 잘 맞는 사람만 가야 하는 것도 아니다. '사람 3, 자료 7'인 기자가 '사람 10'을 요구하는 정치 영역에서 자신만의 분야를 개척할 수 있다. 치밀한 자료(데이터) 분석으로 자기 이름을 알리면 취재원들이 알아서 찾아올 것이다.

자기를 안다는 건 또한 스스로를 객관화할 수 있다는 뜻이다. 자기 자신, 나아가 자신이 속한 집단까지 객관화해서 볼 수 있어야 진짜 전문가다. 다시 기자를 예로 들어보자. 어떤 분야를 잘 알고, 그 분야 사람들과 친하다고 해서 전문 기자가 되는 건 아니다. 그 분야를 잘 알면서도 비판의식을 잃지 않아야 전문 기자가 될 수 있다. 착각하지 마라. 잘 아는 것과 유착하는 것은 다르다. 전문가는 몰입하되 매몰되지 않는다.

세 번째, 함께 일하는 방법을 알아야 한다. 영화에서 포드 경영진은 레이서를 켄 대신 다른 사람으로 바꾸라고 방해 공작을 벌인다. 캐롤은 회장을 만나 "유능한 리더 한 명만 있으면 되는데 사공이 너무 많다"고 설득한다. '유능한 리더 한 명'이란 말에 회장은 캐롤에게 전권을 준다. "앞으로 내게 직접 보고하시오."

현실은 순정만화가 아니다. 문학평론가 신형철이 말하듯 "타인은 단순하게 나쁜 사람이고 나는 복잡하게 좋은 사람인 것이 아니라, 우리 모두가 대체로 복잡하게 나쁜 사람"*이다. 우린 하얀 도화지 위에서 일하는 게 아니다. '복잡하게 나쁜 사람'인 내가 '복잡하게 나쁜 사람'들과 어울려 일하는 것이다.

세상이 그러니 어쩔 수 없지 않느냐고, 대충 타협하자는 얘기가 아니다. 기회주의자들이 돌아설 때 혁명이 성공하는 것처럼 보다 많은 이들이 원칙 편에 설 때 원칙이 승리한다. 원칙이 승리하는 데 필수적인 요건은 사람들과 어떻게 일해나갈지에 관한 전략과 전술이다. 성패는 '저스티스 리그'가 얼마나 제대로 일하는가에 달렸다.

그 점에서 서로 마음을 터놓을 수 있는 파트너가 반드시 있어야 한다. 혼자서는 끝까지 갈 수 없다. "내가 알아서 할게. 날 믿어, 켄." 캐롤과 켄, 두 명의 프로가 꿈을 이룰 수 있었던 것은 서로를 믿었기 때문이다. 그 믿음으로 역경을 극복해나갈 수 있었다.

마지막으로 강조하고 싶은 게 있다. "괴물과 싸우다 보니

• 신형철 지음,《정확한 사랑의 실험》, 마음산책, 2014.

괴물이 됐다"고들 한다. 지겨운 변명이다. 괴물과 싸우다가 괴물이 된 게 아니라 원래부터 괴물이었던 거다. 그냥 괴물이 괴물과 싸운 거다. 현실에서 이기기 위해 원칙을 포기하는 순간 모든 걸 잃는다. 캐롤은 처음 르망 24시 도전 제의를 받고 "우승하려면 무엇이 필요하냐?"는 물음에 이렇게 답한다.

"운전대 뒤에 있는 순수한 레이서가 필요합니다."

어떤 상황에서도 타협할 수 없는 것이 있다. 켄은 순수했기에 레이싱에 자신의 모든 것을 걸 수 있었다. 스스로의 원칙에 따라 차의 성능과 자신의 기량을 만끽할 때 등수마저도 넘어설 수 있다. 누가 진정한 승자인지 진짜 선수들은 안다. 모든 혁명가는 원칙의 방패와 현실의 칼로 무장한 철학자다.

싸가지 좀 없으면 안 되냐고, 싸가지 있게 말하는

신문, 잡지, 책에 쓴다고 다 같은 글이 아니다. 분량부터가 다르다. 신문 기자로 살아온 나는 배트를 짧게 잡고 치는 데 능하다. 아니, 익숙하다. 길게 쓰라고 하면 어깨에 힘이 들어 간다. 신문 글은 길어야 2000자 안쪽인데 잡지가 요구하는 분 량은 대개 4000자 이상이다. 글의 호흡을 두 배는 길게 해야 한다. 그 때문인가? 잡지사에서 원고 청탁 메일을 받으면 순 간적으로 숨을 멈추곤 한다.

글의 유통기간도 다르다. 신문은 한나절을 견디면 되지만 잡지는 짧으면 한 달, 길면 두세 달을 견뎌야 한다. 책은 2~3 년은 버텨줘야 하지 않을까. 하나 더 어려운 점은 글의 타이 밍이다. 신문은 바로바로 쓰면 되지만 잡지나 책은 서점에 나올 즈음엔 상황이 바뀌어 있을 때가 많다. 이를테면 어떤 장기 미제 살인 사건을 다루고 싶은데 글이 나왔을 땐 이미 범인이 잡혀서 아무런 감흥이 없을 수도 있다.

여기서 마중물로 삼으려는 건 2019년 손혜원 전(前) 의원의 부동산 투기 의혹이다. 하고 싶은 이야기는 손 전 의원이 전남 목포에 부동산 투기를 했느냐, 하지 않았느냐가 아니다. 한 국회의원의 투기 논란을 놓고 한국 사회가 왜 그토록 시끄러워야 했느냐다.

투기 논란 속에 도드라진 것은 투기 의혹에 부정적인 입장을 나타낸 이들의 자세였다. "사실 내가 손혜원을 좋아하는 건 아니지만…." "그를 지지하진 않지만…." 많은 이가 손혜원과 거리를 두고 싶지만 그래도 이건 아니라는 식으로 주장을 폈다.

무슨 뜻이냐고? 의혹의 실체 못지않게 손혜원의 캐릭터가 주된 팩터(factor)였다는 얘기다. 논란이 뜨거웠던 이유도 그가 평소 순순한 캐릭터가 아니라는 데 있지 않을까. "물의를 빚어 죄송합니다." "오해의 소지가 있었네요." 그가 카메라 앞에서 고개를 숙였다면 논란도 수그러들지 않았을까.

나는 손 전 의원의 태도가 보도의 볼륨을 몇 배는 키웠을 것이라고 생각한다. 그러한 태도에 대한 한국 사회의 태도가 옳은지 물음을 던져보려고 한다. 보다 정확하게 말하면 '싸가지' 혹은 한국적인 예의 바름에 관한 이야기다.

작가 유시민은 국회의원 시절 "저토록 옳은 말을 저토록 싸가지 없게 말하는 것도 재주"라는 말을 들었다. '듣기 싫은 소리를, 기분 나쁘지 않게' 해야 성공하는 사회에서 '옳은 이야기를, 싸가지 없게' 하는 것은 이문이 남지 않는 일이다. 문재인 대통령도 2012년 대선에서 패한 뒤 "우리가 이른바 '싸가지 없는 진보'를 자초한 것이 아닌지 겸허한 반성이 필요하다"고 했다.

어쩌면 한국의 진보는 싸가지를 염두에 두고 살아야 할 운명인가. 서울에서 성장하고 경북 지역에서 대학 교수를 하는 지인에게서 이런 말을 들은 적이 있다.

"영남 좌파들의 특징이 있어요. 다들 그렇게 생활을 바르게, 잘할 수가 없어요. 주변에서 항상 양반 소리를 듣죠. 무슨 얘기냐고요? 그러니까 이런 식이에요. '저 친구는 생각이 이상하기는 한데 사람은 참 진국이야. 생각만 괜찮으면 나무랄 데가 없는데….' 이런 말을 듣고 있고, 또 들으려고 해요."

그는 "진보가 살아남기 위한 안간힘 아니겠느냐"고 해석했다. 생각이 이상한데 사람까지 이상하게 보이면 그 사회에서 살아남을 수 없다는 얘기다. 그 때문인지 개인적인 흠이 가는 일은 절대로 하지 않으려 하고, 명예에 작은 상처라도 입으면 결코 참지 못한다.

어디 영남 좌파뿐이랴. 한국의 진보는 대개 착하고 점잖게 행동하려 애쓴다. 별똥별이 하늘을 긋듯 예외적 인물이 한 번씩 출현하는 것 말고는.

자, 잠깐 멈춰 서서 생각해보자. 진보라 가치는 무엇인가.

지금까지와는 다르게 살고 싶다는 거고, 다양한 삶의 모습들을 받아들이자는 거 아닌가. 그렇다면 그런 생각이 삶과 행동으로 나타나기 마련 아닌가. 생각은 진보인데 삶과 행동은 남들과 같다면 뭔가 이상한 거 아닌가.

한국의 진보는 대부분 정장 차림이고, 이성애자이고, 윗분들 말씀을 고분고분 따르고, 큰 소리로 싸우려 들지 않는다. 너무도 열심히 기성 시스템에 자신을 맞추려고 하고, 그 시스템 안에서 생각으로만 다양성을 추구하려고 한다. 혹시 욕먹을까 봐 어떤 정해진 규범이나 행동 반경에서 벗어나지 않으려고 한다. 한마디로 유교 문화의 안전한 모기장 안에 얌전히 들 있다.

비단 진보의 문제만이 아니다. 누군가 불편한 발언을 하려고 하면 발언의 내용보다 발언자의 말투와 자세를 문제 삼는다. 윗분 하시는 말씀에 대꾸하거나 물음표를 달면 바로 '싸가지 없는 놈'이란 낙인이 찍힌다.

"당신, 왜 그렇게 예의가 없어?"

"저 사람 말하는 거 보니까 영 아닌데요?"

나는 그런 모습들에서 프티부르주아의 허위의식을 본다. 자신과 조금만 다르면 기겁을 하는 건 그렇게 길들었기 때문이다. 후배들에게도 자신들이 배운 예의범절과 교양을 그대로 이식하려 든다.

"선배들 보면 깍듯하게 허리 숙이고, 조직엔 몸과 마음을 바쳐서 충성해야 당신 앞날이 펴는 거라고."

1979년 보안사에서 군 복무를 했던 대학 선배에게서 이런 얘기를 들은 적이 있다.

"복도를 뛰어 내려가다가 사령관, 그러니까 전두환과 마주 쳤거든. 그 무섭다는 사령관과 정면으로 마주치다니… 엄청나게 당황했지. 그런데 전두환이 씩 하고 웃음을 짓더라고. 옆으로 비켜서더니 먼저 내려가라고 손짓을 하더라니까. 부하들에게 인자하고… 인간성은 좋은 거 같았어."

전두환의 인간성이 좋다고 해서 그가 1980년 광주에서 벌인 일이 용서될 순 없다. 오히려 그의 친화력이 신군부를 만들고, 5.18을 만들고, 시민들을 피 흘리게 한 것 아닐까. "역시 전두환은 진짜 남자야. 남자!" 기자 선배들이 말하는 걸 난 이해할 수 없었다.

겉으로 보여지는 인간성을 중시하는 면면한 흐름은 한국 사회의 모세혈관을 내선 순환하고 있다. 어떤 조직, 어떤 사회든 누군가 개혁의 깃발을 들고 나서면 깃발 든 자의 사람 됨됨이에 대한 공격이 시작된다. 메신저를 쳐서 메시지를 무너뜨리는 방식이다.

"그 사람 말은 무슨 얘긴지 잘 모르겠고, 인간성이 안 좋아. 외곬수고… 항상 혼자서 밥 먹는다며?"

"이혼했다는 말이 있던데… 사생활이 복잡하다는 소문, 들으셨어요?"

'그 사람'은 조금씩 고립된다. 쉬운 말로 '왕따'가 된다. 그를 향해 사람들은 눈살을 찌푸리고, 혀를 차고, 고개를 젓는다. 차가운 시선과 뒷담화가 한 사람을 구석 끝까지 몰아붙이면 내면이 바스러지기 시작한다.

'모래야 나는 얼마큼 적으냐.* 유리야 쿠크다스야 내 멘탈은 얼마큼 약하냐. 정말 얼마큼 약하냐…'

단 몇 달만 '당신 좀 이상해'란 포스트잇이 붙은 사회적 압력밥솥에 들어갔다 나오면 당신은 진짜로 이상해진다.

이렇게 평균화된 인성이 평가 기준이 되는 사회에서 소수자들이 설 곳은 없다. 기득권을 가진 자들은 낮은 목소리로 속삭여도 다들 귀신같이 알아듣는다. 보통 사람들은 목소리 볼륨을 키우지 않으면 누구도 귀 기울이지 않는다. 없는 자가 큰 소리로 말하면 싸가지 없다는 소리를 듣는다.

더구나 우리에겐 '막말'이란 잘 드는 칼이 있지 않은가. 사전을 찾아보면 '되는 대로 함부로 하거나 속되게 말함'이란 뜻이다. 아무리 표현의 자유가 있다고 해도 할 말과 하지 않을 말은 가려서 해야 한다. 틀린 지적이 아니다. 다만 상황과 맥락을 따지지 않은 채 불문곡직 '막말'이란 딱지를 붙이면 아무 말도 못 하게 된다. 아무리 존댓말을 쓰더라도 말의 내용이 막말인 때가 있듯 아무리 속되게 말하더라도 말의 내용이 귀중한 때가 있다.

생존권이 짓밟히고 인격이 무시되는 노동현장에서도, 말도 안 되는 정치적 짓거리 앞에서도 '막말하지 말라'는 것, 그

• 김수영, 〈어느 날 고궁을 나오면서〉 중에서.

것은 정신적인 폭력 아닐까. '어느 상황에도 막말하지 말라'는 것, 그게 바로 막말 아닐까. 우린 개성도, 야성도 거세된 시대를 살고 있다. 아이들이 입에 욕을 달고 사는 건 그렇게라도 자유를 느끼고 싶어서인지 모른다.

그래서인가. 어딜 둘러봐도 '이상한 사람'은 정말 보이지 않는다. 정치인들은 무슨 일이라도 생기면 "다 제 부덕함과 불찰"이라며 머리를 조아리기 바쁘다. 미안하지 않으면서 미안한 척한다. 보는 이들도 '속으론 미안해하지 않는다'는 걸 알면서 그냥 넘어간다. 법조인과 언론인들 역시 품격과 균형 감각을 말하지만 한 꺼풀만 벗기면 욕망과 위선의 전선줄들이 뒤엉켜 있다.

난 가끔 상상해본다. 국회 인사청문회에서 장관 후보자가 질책과 추궁을 받다가 서류를 책상 한쪽에 밀어놓고 자리에서 일어서는 모습을.

"아, 국민 여러분께 죄송합니다! 여기까지 하겠습니다. 말씀 들어보니 저 같은 사람은 안 되겠네요. 장관 하지 않고, 우리 사회를 위해 봉사할 길을 찾아보겠습니다. 감사합니다."

그러고는 고개 숙여 인사한 뒤 후보자 명패를 들고 뚜벅뚜벅 청문회장 밖으로 걸어 나간다. "뭐야? 저 사람!" 여야 의원들이 망연자실 바라보는 가운데 방송사 기자는 당황한 듯 말을 더듬거린다.

"바, 방금, 후, 후보자가 떠났습니다. 처, 청문회장을 이탈했습니다. 초, 초유의 일인데요. 어떻게 이런 일이…"

뭐, 그런 사람도 있어야 하지 않을까. 다들 설사인지, 변비인지 모를 표정으로 청문회장에 앉아 있는 걸 보면 측은하고 민망하기에 하는 소리다. 하긴 자기관리 못 하고 정신없이 달려온 인생, 누구에게 책임을 묻겠냐마는.

그렇다면 작가는 어떤가? 조금은 이상해도 괜찮을 거 같은 작가들마저 너무 정상적이어서 실망일 때가 있다. 반듯한 용모에 단정한 머리를 하고, 말쑥하게 차려입고, 원고 마감 잘 맞추고, 살면서 신호 위반이나 무단 횡단 같은 건 한 번도 안 해봤을 것 같은 작가들이 많다.

일본 작가 마루야마 겐지처럼 오직 글만 쓰기 위해 산속으로 들어가 "부모를 버려야 어른이다", "국가는 골 빈 국민을 좋아한다"●고 서슴없이 말하는 작가는 없다. 무라카미 류처럼 "인생, 낭비하는 거 빼면 뭐 있냐"며 요리와 관능의 이야기●●를 마음껏 늘어놓는 작가도 없다. 있거나 있었는데, 내 눈엔 안 보이는 걸까.

한국에선 어떤 직업이든 싸가지를 기본 사양으로 장착해야 하는가. 그래도 문학 하고 예술 하는 분들은 호기도 부려보고 기행(奇行)도 하셔야 되는 거 아닌가. 그래야 나 같은 사람들도 대리만족이라도 해볼 거 아닌가. 뻐끔거리는 입술로 숨 쉬는 시능을 하면서.

● 미루야마 겐지 지음, 김난주 옮김, 《인생 따위 엿이나 먹어라》, 바다출판사, 2013.
●● 무라카미 류 지음, 양억관 옮김, 《달콤한 악마가 내 안으로 들어왔다》, 작가정신, 2018.

왜 우리에게만 그런 걸 요구하느냐고? 문학 하고 예술 하는 사람들도 사회를 이루고 살고 있다고? 그렇게 말하는 당신은 왜 그렇게 살고 있느냐고?

갑자기 자괴감이 든다. 싸가지 좀 없으면 안 되냐는 이야기를, 이렇게 싸가지 있게 하려고 애쓰고 있는 나는 대관절 뭐란 말인가. 이러려고 이 글을 썼단 말인가. 내 자신에게 실망스럽다. 싸가지 없게 말하고, 거침없이 행동할 그날은 올까. 과연 그런 날은 올까.

작은 진실들이 깜빡거리는 캄캄한 밤에

"아, 권 기자. 당신을 꼭 만나고 싶다는 사람이 있는데….”

수년 전 일이다. 전화번호로만 남아 있던 고등학교 선배가
전화를 걸어왔다. 선배는 다짜고짜 누구 좀 만나달라고 했다.
누구냐고 묻자 그는 이렇게 답했다.

"사실은, 최근에 언론 보도에 나온 공무원이야. 자기 얘기만
들어주면 된대. 만나기만 해줘.”

굳이 만날 필요가 있을까. 약속된 날, 약속된 장소에 내키지
않는 발걸음으로 나갔다. 비슷한 또래인 그는 세상 물을 덜 먹
은 사람처럼 보였다. 전형적인 모범생 타입이라고 할까. 그는
봉투를 앞으로 내밀었다.

"바쁘신데 죄송합니다. 다름이 아니고… 이 편지 좀 읽어주

십시오."

그는 "아버지가 쓴 편지"라고 했다.

"너무 억울하다고, 언론사를 돌아다녀보겠다고 하셔서요. 제가 아는 사람 있으니 전달하겠다고 했습니다. 그렇다고 거짓말을 할 순 없고 해서 이렇게…."

정갈한 필체였다. 편지에선 아들이 절대 그런 일을 할 리 없다고 철석같이 믿고 있는 아버지의 마음이 느껴졌다. 착잡해진 마음에 그에게 바보 같은 질문을 했다.

"정말 그런 적이 없습니까?"

그의 설명은 이랬다. '승진을 앞둔 상황에서 매일 밤늦게까지 일했다. 그날도 밤을 새우다시피 일하고 잠시 집에 가서 눈을 붙인 뒤 출근했다. 전철에서 선 채로 꾸벅꾸벅 조는데 앞에서 있던 여성이 불쾌한 표정으로 뒤돌아봤다.'

"그때서야 제 몸이 닿았다는 걸 알았죠. '죄송하다'고 하는 순간 옆에 있던 남녀가 저와 그 여성분께 함께 내리자고 해서…."

남녀는 지하철 수사대였다. 경찰 조사에서 그는 "몸이 닿은 건 사실이지만 추행할 의도는 없었다"고 주장했다고 한다. 사실이든, 아니든 내심(內心·속마음)은 밖으로 꺼내 보여줄 수가 없다. 그는 피해 여성과 합의를 해서 성추행 혐의를 지우려고 했지만 사건이 기사화됐다. 그는 사표를 냈다.

"운(運)이 계속해서 안 좋은 쪽으로만 갔습니다. 그런 식으로 운이 좋은 쪽으로만 갔다면 로또 당첨도 됐을 거 같아요.

업보(業報)란 생각이 듭니다. 그동안 공직에 있으면서 사람들 얘기에 귀 기울인 적이 몇 번이나 있었나…."

그는 아무런 부탁도, 요구도 하지 않았다. 정말로 아버지 편지만 보여주고 자리에서 일어섰다. 그와 헤어진 뒤 회사로 돌아오며 마음이 쓰였다. 함께 일했던 직장 동료들의 평가도 나쁘지 않았다.

"정말 성실한 친구였대요. 기사가 나온 금요일에 바로 사표를 냈는데, 그 주 일요일 밤까지 출근해서 자기가 해야 할 일 다 마치고, 선후배, 동료들에게 죄송하다는 퇴직 이메일을 보내고 떠났답니다."

그 사건을 취재했던 후배 기자에게 그의 일을 물었다.

"아, 그 사람이요? 사건 당시 지하철이 만원이었다는 점이 있긴 한데…. 어차피 경찰 자기들이 잘했다는 무용담이니까 전부 다 믿을 순 없지만, 그냥 우연히 적발한 게 아니래요. 승강장에 서 있다가 피해 여성이 다른 쪽으로 옮겨가니까 여성을 뒤따라가서 같은 객차에 탔다고…."

그의 내심은 과연 무엇이었을까. 우연히 같은 객차에 오르게 된 것일까. 아니면, 여성을 뒤따라간 것일까. 그 자신도 스스로에게 속고 있는 건 아닐까. 그때 그 일은 사건이 아니라 사고였다고. 100퍼센트 정확한 사실은 내가 그날 그 사건의 진실을 알지 못한다는 것이다.

이런 일도 있었다. 법조인 A는 법조계에서 존경받는 인물이다. 그런데 판사 시절 그와 같은 재판부에 있던 후배 법조인 B

를 만났다. B에게 그 재판부에서 재판했던 ○○○ 사건에 관해 물었다. 당시 사회의 이목이 집중됐던 사건이었다. 그는 그 부분은 A에게 물어보라고 했다. "제 말은 중요하지 않으니, 그분이 말하는 대로 정리해주세요."

얼마 후 B를 포함한 몇몇 법조인과 저녁을 먹었다. 2차 자리에서 문제의 사건을 놓고 B와 동석자 사이에 언쟁이 붙었다. 술에 취한 B가 버럭 화를 냈다.

"그 양반이 '이 사건은 내게 좀 곤란한 점이 있는데 그냥 넘어가주면 안 되겠냐'고 했어. 내가 안 되겠다고 했더니 '나와 개인적인 인연을 끊을 생각이냐'고 하더군. 내가 눈을 똑바로 보고 말했지. '지금, 그 인연 끊겠습니다.'"

B의 취중 발언을 A에게 그대로 확인할 순 없었다. "○○○ 사건 재판하실 때 B와 의견 충돌이 있었느냐"고 물었다. A는 그런 일이 전혀 없었다고 했다. A는 기억을 못 하는 걸까. 기억 못 하는 척하는 걸까. 아니면, B가 잘못 기억하고 있는 것일까.

기자 생활은 이런 기시감들의 연속이다. 한쪽은 당시 상황은 물론이고 워딩까지 정확히 기억해내는 반면 다른 쪽은 "전혀 기억이 나지 않는다"고 말한다. 진짜 기억이 나지 않는 표정일 때가 많다. 전혀 상반된 기억을 말하는 경우도 있다. 한쪽에서 어떤 일이 있었다고 하는데 다른 쪽에선 완전히 다른 일이 있었다고 뒤집는 식이다.

대충 상황을 얼기설기 끼워 맞춰보려고 하지만, 끼워넣기 힘든 퍼즐조각들이 계속해서 나타난다. 어떤 두 사람이 서로 상반된 주장을 하는 상황에서 다행히 그 장면을 지켜본 목격자들이 있다. 그런데 목격자 C는 한쪽 얘기가 맞다고 하고, 목격자 D는 다른 쪽 얘기가 맞다고 한다.

이럴 때 손쉬운 선택은 어느 한쪽을 택하는 것이다. 대개는 악해 보이는 쪽보다 착해 보이는 쪽에, 개인의 주장보다 조직의 공식 입장 쪽에 무게를 싣게 된다. 주변 인물들의 평가에도 좌우된다. "아, 그 사람이요? 일하는 것도 그렇고, 성격도 좀….." 신용등급이 급락한다. "그 사람 말이라면 두말할 필요가 없죠." 신용등급이 급상승한다.

억울해지기 싫으면 방법은 하나다. 평상시에 용모를 단정히 하고, 평판 관리를 잘 해야 한다. 문제는 착해 보이는 사람이 거짓을 말할 수 있고, 악해 보이는 사람이 진실을 말할 수 있다는 데 있다. 그렇게 밖으로 보이는 인상과 안에 있는 속마음이 다를 때 우린 어떻게 해야 하는가.

진실과 거짓을 가릴 수 있는 방법이 아예 없는 건 아니다. 그것은 물증이다. 예를 들면 통화 녹음이나 카카오톡, 문자메시지 같은 것이다. 어떤 사람이 관련 대화를 한 사실이 없다고 했는데, 전화 통화나 카카오톡, 문자로 주고받은 메시지가 있다면 그의 주장을 강하게 의심할 수 있다.

그러나 물증의 함정이란 것도 있다. 물증이 모든 것을 말해주지 않는다. 요즘 방송 기자들이 하는 일 중 가장 중요한 게 CCTV나 블랙박스 영상을 확보하는 것이다. 사건 현장의

CCTV 영상을 확보하면 그걸로 게임 끝이다. 시청자들은 영상에 분노하고, 눈물짓고, 공감한다. 그런데 방송심의 전문가인 한 대학 교수는 이렇게 말했다.

"한 방송사가 폭행 현장을 담은 CCTV 영상을 보도했어요. 술 마시고 폭행했다고, '음주 폭행' 뭐 이런 제목으로 보도한 거죠. 나중에 술 얘기는 사실이 아니란 게 밝혀졌어요. 하지만 시청자들이야 영상까지 있으니 그대로 믿을 수밖에 없죠. 같은 영상이라도 어떤 내러티브를 붙이느냐에 따라 완전히 다른 상황이 될 수 있는 겁니다."

얼마나 위험한 일인가. 카톡과 문자도 자신의 주장과 알리바이를 뒷받침하기 위해 조작할 수 있다. 눈으로 보이는 상황 자체를 의도적으로 만들어낼 수도 있다. 물증이 오히려 진실을 비틀게 되는 것이다.

그래서일까. 확률로 진실 여부를 판별해보려는 시도까지 나타난다. 2019년 5월 서울중앙지방법원의 한 법정에 계량경제학자가 등장했다. 쌍둥이 딸을 위해 시험지와 답안을 유출한 혐의로 기소된 숙명여고 교무부장 사건이었다.

"정정된 문제 여섯 개 중 다섯 개에서 정정되기 전 정답을 택할 확률은 10만 번에 4.3번입니다."

그는 또 '916개의 영어 문장 중 두 사람이 선택한 두 개의 문장이 모두 시험에 나올 확률'은 0.00024퍼센트라고 했다. 법정에서 그 장면을 지켜본 나는 왠지 이상했다. 했으면 한 것이고, 안 했으면 안 한 것 아닐까. 했다, 안 했다를 확률로 따지는 게 옳을까.

얼마 후 만난 변호사 친구의 얘기는 달랐다. 그는 기억마저
도 확률일 뿐이라고 했다.

"아침에 비타민 C를 먹었는지, 안 먹었는지 기억이 나? 기
억이 안 나는 게 당연한 거야. 그럴 때 확률이 필요한 거지.
아, 내가 그때 양치질하고, 또 뭐를 했던 거 같은데 그렇다면
비타민 C를 먹었을 거야, 이렇게 판단하는 수밖에 없다고."

그는 법정에서 법률가들이 다투는 팩트라는 것도 실은 확
률일 뿐이라고 했다. '그가 이렇게 행동했다면 그다음엔 그렇
게 행동했을 것이다.' '아니다. 그가 이런 행동을 한 후 그런
행동을 했다고 어떻게 단정할 수 있는가.' 결정적인 스모킹건
이 없는 상황이라면 기억을 놓고 벌어지는 투쟁은 더욱 치열
해질 수밖에 없다.

판사들도 자신들이 판결문에 적은 것이 팩트인 양 말하지
만 속으론 불안해한다. 내가 판단한 게 틀리면 어떻게 하지?
거짓말 경연장이 되기 일쑤인 법정에서 판사들은 매일 외로
운 시험대에 오른다. 김영란 전 대법관은 판사 시절, 답답한
마음에 원고와 피고에게 말했다고 한다.

"무엇이 진실인지는 두 분이 가장 잘 알 거 아닙니까? 두 분
이 가려주세요."

당사자들은 "그래도 판사님께서 진실을 가려달라"고 했다
는, 허무한 결말이다. 어디 법정뿐이랴. 뜨겁던 연애가 식은
후 한쪽은 아련한 추억으로, 상대방은 지우고 싶은 불쾌함으

로 기억한다. 인간은 대체 얼마나 정확한가. 사람들 사이의 진실을 정확하게 안다는 건 불가능하다는 것, 그게 진실이다.

하지만 반대편에는 또 하나의 진실이 있다. 인간은 진실 없이는 살아갈 수 없다. 하루하루 땅을 딛고 살아가듯 진실의 기반 없이 인간은 삶을 펼칠 수 없는 동물이다. 매번 아래로 굴러떨어지는 거대한 바위를 밀어 올리는 시시포스처럼 인간은 자신의 진실을 끝없이 밀어 올리려 한다.

그러므로, 진실을 향해 가는 과정에서 중요한 것은 누가 낫고, 누가 낫지 않고를 따지지 않는 일이다. "넌 진실을 말할 자격이 없어." 이런 말이 나오는 순간 진실은 폭력이 된다. "우리가 말하는 진실은 틀릴 수 없어." 이렇게 믿는 순간 진실은 도그마가 된다. 십계명에 열한 번째 계명을 붙인다면 이것이다. "너 자신의 진실을 사랑하지 말라."

악착같이 무언가를 쓰고 또 쓰는 건 그래서다. 고소장을 쓰고, 공소장을 쓰고, 판결문을 쓰고, 항소이유서를 쓰고, 기사를 쓰고, 보고서를 쓰고, 논문을 쓰고, 회고록을 쓰고, 소설을 쓰고, 시를 쓴다. 인간의 어찌할 수 없는 한계들 속에서 주장으로, 반박으로, 재반박으로 공통의 진실을 찾아가는 과정 자체가 진실인 것이다. 우리가 계속해서 무언가를 쓰고 있는 그 순간, 무엇이 진실인지 고민하는 그 순간, 반딧불이처럼 작은 진실들이 깜빡거리며 캄캄한 밤을 밝히고 있는 것이다.

4부

각자도생이라는
거짓말을 넘어서

'개인 사업자'는 멋지지만 무시무시한 단어다.
'싫은 소리 듣지 않고 내가 할 일만 하면 된다'는 기쁨은 잠시뿐이다.
개인이 하는 사업이니, 일어나는 모든 일은 사업자 본인의 책임이다.
시간은 그야말로 돈이요, 목숨이다.

우릴 소름끼치게 하는 것들

이런 얘기, 이상하게 들릴지 모릅니다. 제가 아는 어떤 친구는 가족들에게 특별한 능력이 있다고 합니다. 귀신을 볼 수 있다고 하는데요. "할머니는 귀신 형상을 또렷하게 보셨는데… 저는 어렴풋하게 보여요."

당신은 고개를 갸웃거릴 테지만, 평소 그 친구의 언행을 볼 때 거짓말한다고 생각하지 않습니다. 그의 귀신 보는 능력은 일하는 데도 도움이 된다고 합니다. 거래처 사람에게 이렇게 말한다고 하는데요. "상무님 뒤에 뭐가 있는데요." "부장님, 거무스름한 그림자가…." 대개 관심을 보이며 말문을 트게 된다는 겁니다. 그 친구에게 "내게도 뭐가 보이냐"고 물은 적이 있습니다. 그가 주저하는 얼굴이어서 "괜찮으니 얘기해보라"

고 재촉했습니다.

"예. 좀… 보입니다."

덜컥 겁이 났지만 웃어넘겼습니다. 귀신 같은 게 있겠어? 하지만 그의 말이 사실이라면 내 뒤에 대체 누가 있는 걸까. 그래도 무섭거나 하진 않았습니다. 어쩔 수 없는 일 아닌가. 설령 어떤 존재가 등 뒤에 붙어 있다 해도 내가 느끼지 못하고, 생활에 영향을 주지 않는다면야 뭐…. 스스로에게 말했습니다. 너는 약한 감기에 걸린 것이다. 귀신은 사람을 놀라게할 뿐 죽이지 못한다.

정말 오랜만에 공포를 느낀 것은 〈유전〉이란 영화에섭니다. 숨 막히는 전개 속에서 등장인물들이 달리 선택할 수 있는 건 없더군요. 이제 그만 포기해라, 이제 그만 받아들여라, 외치게 됩니다. 악마가 승리하는 순간 우리가 얻게 되는 감정은 안도감입니다. 공포감이나 낭패감이 아니고.

나이를 먹어서일까요. 소설이든, 영화든 기억에서 줄거리는 흐려지고 장면만 남습니다. 영화는 뜻밖의 사고와 함께 진전됩니다. 고등학생 오빠가 초등학생 여동생을 데리고 파티에 갑니다. 오빠가 한눈을 파는 사이 동생이 땅콩 든 케이크를 먹고 목이 심하게 붓는 알레르기 발작을 일으키지요. 오빠는 급히 동생을 차에 태우고 도로를 달립니다.

뒷좌석에 누워 몸을 뒤틀던 동생이 갑자기 창문을 열고 창밖으로 머리를 내미는데요. 순간 도로 위 사슴 사체를 피해 차가 급커브를 틉니다. "쿵." 동생 머리가 전봇대와 충돌합니다.

브레이크를 밟은 오빠는 핸들에 고개를 숙입니다. 동생의 죽음을 직감하면서도 뒤를 돌아보지 못합니다. "괜찮아. 괜찮아." 그대로 귀가한 그는 이불을 뒤집어쓰고 뜬눈으로 밤을 새웁니다. 다음 날 아침 앞마당에선 엄마의 비명이 높게 울려 퍼집니다.

이후 사건과 장면들이 이어지지만 이 공포를 압도하지는 못합니다. 적어도 저에게는. 진정 무서운 건 악마가 아닙니다. 자신의 잘못으로 가족이나 친구가 죽거나 다치는 거지요. 소설 《올리브 키터리지》에도 사냥하다 실수로 절친한 친구를 죽이거나 기르던 고양이를 차로 치는 장면이 나옵니다. 이런 상황이 떼 지어 달려드는 좀비들보다 끔찍한 거 아닐까요.

공포는 멀리 있지 않습니다. 당신 가까이에 있습니다. 강력 사건이나 대형 참사만이 아닙니다. 당신이 남몰래 저지른 죄에 대해 누군가 '나는 지난 여름 네가 한 일을 알고 있다'는 협박 메일을 보내옵니다. '해고' 통보를 받거나 '시한부' 판정을 받습니다. 예상하지 못했던 상황과 맞닥뜨렸을 때, 단단해 보였던 우리의 삶은 허물어집니다. 아주 쉽게, 단숨에.

당신과 내가 살고 있는 자본주의 사회 자체가 공포 위에 서 있습니다. 주식시장에서도 패닉 없이는 수익률이 보장되지 않습니다. 비관과 낙관이 밀물처럼 밀려왔다 썰물처럼 빠져나가야 수익이 불어나지요. 이 불안한 시스템에서 나 자신과 가족의 안전을 담보해주는 건 오직 돈입니다. 재산을 날리게 될 것이란 공포, 나만 돈을 벌지 못할 것이란 공포가 죽을 때까지 우릴 따라다닙니다.

　보십시오. 아파트 값이 몇 억씩 오르면 집 없는 사람들의 마음은 지옥이 됩니다. 밤새도록 인터넷을 헤매다 휑한 눈으로 출근합니다. 비상구는 없습니다. 남들처럼 대출받아 사지 않은 스스로를 문초하는 일뿐입니다. 어떤 이들이 부자가 될수록 어떤 사람들 가슴속은 시퍼렇게 피멍이 듭니다.

　"연예인 ○○○씨 아시죠? 건물 사서 1층에 스타벅스 입점시킨 뒤 30억 더 받고 팔았어요. 1990년대는 편의점, 2000년대는 커피전문점, 지금은 맛집입니다. 손님들이 가게 앞에 줄서기 시작하면 건물 값 두세 배는 금방이죠. 홍대, 연남동, 상수동. 다 저희들 작품입니다. 여러분, 언제까지 손가락만 빨고 있을 겁니까?"

　소위 '부동산 세미나'에 다녀온 한 지인은 "바보처럼 살았다고 혼나다 왔다"고 혀를 차더군요. '단돈 1000만 원'만 내면 매물 정보를 제공해준다고 합니다. 건물 매입하면 별도 수수료를 받고 커피전문점, 유명 맛집 입점까지 주선해준다는군요. 일곱 글자가 머리를 스칩니다. 젠, 트, 리, 피, 케, 이, 션. 가진 자들의 머니게임이 없는 자들을 삶의 가장자리로 밀어내고 있습니다.

　어느 날 건물주가 바뀌고, 임대료가 뛰고, 임대차보호법에서 정한 계약갱신 기간이 만료되고, 가게에서 나가야 합니다. 길거리에 나앉아야 하는 족발집 사장은 망치를 들고, 살인 미수범이 됩니다. 건물주도 그러했겠지만 족발집 사장 역시 죽느냐, 사느냐의 공포에 질려 있었습니다. 이런 상황이 진짜 사람을 미치게 하고, 소름 끼치게 하는 것 아닐까요.

영화에서는 죽는 게, 현실에서는 사는 게 공포입니다. 영화와 현실 중 어느 쪽 공포가 더 클까요? 답은 '현실'입니다. 영화관은 화살표를 따라 나오면 되지만 현실은 빠져나갈 출구가 없습니다. 영화는 눈을 감으면 되지만 현실은 눈을 감아도 달라지지 않습니다. 매일 아침 눈을 뜨면 다시 똑같은 공포와 대면해야 합니다.

언젠가 김밥천국에 갔다가 옆자리 대화를 들은 적이 있습니다. 옆자리 젊은이들은 아르바이트를 하며 수시로 감당해야 하는 갑의 횡포에 분노하고 있었습니다. 그러다 한 친구가 긴 한숨을 내뱉더군요. "이놈의 세상 망해버렸으면…." 가증스러움에 저주가 터져 나오는, 그런 자리가 그날, 그 젊은이들만은 아니겠지요.

우릴 소름 끼치게 하는 것이 어디 이뿐이겠습니까. 박근혜 정부 당시 법원행정처 판사들이 시민의 자유와 재산이 걸린 재판을 놓고 정치권력과 거래를 시도하려 했음을 보여주는 문건이 발견됐습니다. "VIP 의전용일 뿐이다." 그들은 문건들이 실행되지 않았고, 실행할 생각도 없었다고 말합니다. 달라지는 건 없습니다. 생각하지 않은 것을 쓰거나 말할 수는 없는 법입니다. 재판을 거래하지 않았다 해도 거래할 수 있다는 마음은 있었던 겁니다.

오랜 시간 법원을 취재해온 저로서는 판사들의 두 얼굴에 가슴이 서늘해집니다. 판사들은 "김 부장님", "이 판사님" 서로를 존대하며 진지한 얼굴로 법 논리와 법 감정을 이야기하곤 했습니다. 판결에 비판 여론이 일 때마다 법관의 양심과 독립을 거론했고, 여론으로부터의 자유를 주장했지요. 그렇다면 그동안 고민하는 척, 합리적인 척, 균형감각 있는 척, 교양 있는 척해온 걸까요.

헌법이 판사 신분을 보장해준 이유가 뭔가요. 알바생이 사장님에게, 회사원이 회장님에게, 사병이 장군님에게 복종할 수밖에 없을 때 너희 판사들이라도 독립해서 다른 이들의 권리를 지켜주라는 거 아닌가요. 그런 판사들이 '혹시 오판을 한 것 아닌가' 하는 두려움에 이불을 뒤집어쓰고 "괜찮아"를 되뇌며 밤을 지새운 적 있을까요. 피고인석을 차마 바라보지 못하고 고개를 떨궈본 적 있을까요. 아무런 공감도 느껴지지 않는 법정에 운명을 맡겨야 했던 당사자들은 얼마나 소름 끼치고 떨렸을까요.

한국에는 자신이 의식하든 못 하든, 유능한 공포 기획자들이 많습니다. 공부 잘하고, 좋은 대학 나오고, 번듯하게 차려입은 그들이 저마다의 자리에서 공포를 생산하고 유통하며 우릴 지옥으로 이끌고 있습니다. 더 섬찟한 것은 그들에게 악의가 없다는 사실입니다. 악의도 없이, 그래서 망설임도 없이 근면 성실하게 성공의 사다리를 기어오를 뿐입니다.

저를 포함한 기자들도 공포 산업의 공범입니다. 수많은 '충격 고로케'를 만들면서, 정작 무서워해야 할 것은 알려주지 않으면서, 아니 못하면서 가짜 공포의 비상벨만 눌러왔습니다. 그릇된 시그널을 보냄으로써 기득권을 더 공고하게, 가난한 자를 더 비참하게 했습니다. 기득권이 던져주는 서 푼짜리 향응에 키득대면서.

공포가 횡행하는 사회에서 공포 영화의 역할은 분명합니다. 현실을 안전한 것인 양 오판하게 하는 거지요. 우리는 조금도 안전하지 않습니다. 현실의 공포 밑바닥에는 부의 양극화, 권력관계, 집단이익, 수익률 공식 같은 것들이 똬리를 틀고 있습니다. 흉측하다고 외면해서는 안 됩니다. 진짜 공포가 무엇인지, 누가 어떤 공포를 만들어내고 있는지 공포의 기획을 따져보고, 그 기획을 분쇄하려면 무엇을 할지 생각해봐야 합니다.

'아Q정전'의 작가 루쉰의 물음을 떠올려봅니다. 사람들이 무쇠로 된 방에 갇혀 있습니다. 그들 모두 깊은 잠에 빠져 있고, 오래지 않아 질식해 죽는데요. 몇 사람 깨워서 달라질 것이 없다고 해도 있는 힘껏 소리를 질러야 할까요, 말아야 할까요.

우리가 살고 있는 '지금 이곳'을 의심해보게 하는 것, 낯선 눈으로 되돌아보게 하는 것이 문학이 지닌 힘이라고 믿습니다. 이 글을 읽는 작가, 작가 지망생, 그리고 한국 문학을 아끼고 사랑하는 이들께 부탁드립니다. 때로는 우릴 슬프게 하는 것들에서 눈을 돌려 우릴 소름 끼치게 하는 것들을 바라보기를. 곤히 잠든 이들을 흔들어 깨우는 작품을 쓰고 읽어주기를. 그리하여, 강철로 된 방의 공포를 이겨낼 수 있는 작은 희망의 느낌들을 떠올려주기를.

왜냐고요? 그 번거롭고 힘든 일을 왜 해야 하느냐고요? 동정에서든, 부끄러움에서든, 미안함에서든, 여간해선 인간의 고통에 익숙해질 수 없는 게, 쿨해질 수 없는 게 문학이니까요. 유황불 떨어지는 소돔과 고모라를 뒤돌아보다 스스로 소금기둥이 되는 게 살아 있는 마음을 가진 자의 숙명이니까요.

스스로 착취하라 말하는 시대에 산다는 것

"우린 사람으로 보이지 않나 봐요."

2016년 8월의 어느 일요일 나는 김포공항 청사 1층에 서 있었다. 에어컨 바람에 땀을 식히며 주변을 두리번거리고 있는데, 한 50대 여성이 다가왔다. 노조 티셔츠를 입은 그는 나를 청소용역 대기실로 안내했다. 청소용역 대기실은 청사 밖 여객터미널 리모델링 공사장에 있었다. 그는 공사장 가림막 중간쯤에 있는 철문을 손가락으로 가리켰다.

"지난겨울에 저 철문을 용접해서 저쪽으로 돌아서 가야 해요. 의원님들 태운 승용차가 공항 귀빈실로 갈 때 이쪽을 지나가는데, 우리가 청소 카트를 밀고 다녀서 방해가 된다고 했대요. 갑자기 용접을 해버려서 집에도 못 가고…."

그날 김포공항에 간 것은 인터넷에서 본 사진 한 장 때문이었다. 중년 여성들이 나란히 앉아 삭발을 하고 있는 사진이었다. 사진 설명은 말하고 있었다. "김포공항 청소용역 노동자들이 노동조건 개선을 요구하며…."

청소용역 대기실에서 만난 여성 노동자들은 그 넓은 청사 한 층을 두 사람이 맡아 청소하느라 온몸이 쑤시고 아프다고 했다. "아무렇게나 주무르고 만지며" 성추행을 당해도 항의 한번을 못 했다고 했다. 김포공항 청소 노동의 세계를 지배한 모럴은 인격모독이었고, 그 핵심은 스스로를 끊임없이 비하하게 만드는 것이었다.

'일하는 시간에 개인 전화를 받았으니까, 떨어진 휴지를 줍지 않았으니까, 나이 든 여성이니까, 이 모든 게 너희들 잘못이니까, 그러니까 각자 응분의 대가를 받는 것뿐이다.'

그 무더웠던 날의 김포공항을 떠올린 것은 켄 로치 감독의 〈미안해요, 리키〉를 보면서였다. 〈미안해요, 리키〉에서도 존엄하게 살아야 할 사람들이 존엄하지 못한 삶을 살아가는 모습이 펼쳐진다. 주인공 리키(크리스 히친)는 금융위기로 직장을 잃은 뒤 여러 일을 하다 택배 기사를 하게 된다. 택배회사 관리자는 리키에게 택배 일을 '개인 사업자'라고 설명한다.

"모든 것은 당신이 결정합니다. 우리가 당신을 '고용'하는 것이 아니라 당신이 우리에게 '합류'하는 거예요. 함께하겠습니까?"

'개인 사업자'는 멋지지만 무시무시한 단어다. '싫은 소리 듣지 않고 내가 할 일만 하면 된다'는 기쁨은 잠시뿐이다. 개인이 하는 사업이니, 일어나는 모든 일은 사업자 본인의 책임이다. 시간은 그야말로 돈이요, 목숨이다.

쉴 새 없이 삑삑거리는 단말기 소리에 화장실도 가지 못한 채 하루 14시간씩, 주 6일을 정신없이 뛰어야 한다. 집은 지쳐서 곯아떨어지는 숙소일 뿐이다. 아내, 아들딸과 통화할 겨를도 없다. 휴대전화에 음성녹음을 남기는 게 대화의 전부다.

피치 못할 사정으로 택배 트럭을 몰지 못하게 되면 벌금과 함께 대체 기사를 구해야 한다. 배송 중인 물건을 도난당하면 물건 값을 내야 한다. 아들이 말썽을 부려 경찰서에 잡혀가도, 강도들에게 맞아 얼굴이 무너지고 팔이 부러져도 규칙은 달라지지 않는다. 리키와 그의 아내가 주고받는 말이 서글프다.

"사는 게 이렇게 힘들 줄 몰랐어."

"도저히 빠져나올 수 없는 늪에 빠진 거 같아."

마르크스의 〈공산당 선언〉은 다시 쓰여야 한다. "하나의 유령이 전 세계를 배회하고 있다. '긱 이코노미'●라는 유령이."

'긱 이코노미'가 무서운 건 스스로를 착취하게 만들기 때문이다. 나를 고용한 사용자도 나고, 내가 고용한 근로자도 나다. '디지털 기기나 스마트폰 앱을 이용해 자신이 원하는 시간

● 비정규 프리랜서 근로가 확산되는 현상을 일컫는다. '긱(gig)'은 1920년대 미국 재즈 클럽에서 연주자를 즉흥적으로 섭외해 만든 공연팀을 가리키던 말로 임시적인 일이란 의미로 쓰이고 있다.

에 원하는 만큼 일하고, 프로젝트(건)별로 수수료를 받는다.'
자유롭게 일하는 것 같지만 전혀 자유롭지 않다. 사실상 강제
적으로 이뤄지는 저임금 중노동일 따름이다.

허울뿐인 비정규직 프리랜서 노동자들. 그들은 한번 신으면
죽을 때까지 춤춰야 하는 '빨간 구두' 신세다. 구두를 벗으려
고 해도 벗겨지지 않는다. 손가락은 남이 아니라 자기 자신을
향해야 한다. 사회 탓도, 제도 탓도 하지 마라. 각자의 책임이
니 스스로를 원망하라.

택배 기사들의 문제 아니냐고? 우리가 걱정할 문제가 아니
라고? 긱 이코노미의 쓰나미는 당신이 서 있는 발밑까지 넘
실거리고 있다. 아직은 택배와 차량 공유업체 운전, 음식 배달
등이 중심이지만 긱 워커(gig worker) 시장은 지구상의 모든
도시, 모든 가정으로 빠르게 확산되고 있다.

이러다 모든 인류의 묘비명이 같아지는 건 아닐까. '프리랜
서로 태어나 프리랜서로 죽다.' 2010년 긱 이코노미의 시대를
예고한 책이 나왔다. 철학자 한병철의 《피로사회》는 긍정성
과잉의 성과 사회가 자기 착취를 낳는다고 지적한다. "자기
착취는 자유롭다는 느낌을 동반하기 때문에 타자의 착취보다
더 효율적이다." 자기 착취는 철학적 사유의 울타리를 넘어
사회적 현실로 우리 앞에 당도해 있다.

이 변화를 뒷받침하는 이론이 신자유주의다. "사회? 그런
것은 존재하지 않는다. 개인으로서 남자와 여자가 있고, 가족
이 있을 뿐이다."• 신자유주의를 신봉했던 마거릿 대처 전 영

국 총리의 선언에서 알 수 있듯 신자유주의는 국가나 정부의 개입을 반대한다. 개개인이 알아서 판단해야 하고, 그 판단의 결과에 대한 책임도 개개인이 져야 한다.

새로운 시대의 새로운 강령은 더 단호하다. 각자도생(各自圖生). '각자가 제 살길을 도모하지 않으면 살아남을 수 없다.' 각자도생의 논리는 이미 우리들의 의식 속에 깊숙이 침투해 있다.

부모들은 말한다. "남들이 잘 때 공부해야 이긴다. 악착같이 싸워서 무조건 이겨라. 그래야 중산층에서 굴러떨어지지 않는다. 중산층 아래는 지옥이다. 명심해라. 누구도 믿지 말아라. 널 구해줄 사람은 너 한 사람밖에 없다."

사장님, 회장님들은 말한다. "생존 경쟁의 시장에서 널 살아남게 하는 건 오직 실력뿐이다. 뭐 하나라도 비교 우위에 있는 사람만 위로 올라갈 수 있다. 그렇지 않은 사람은 계속해서 도태될 것이다. 그러니, 눈에 보이는 성과로 우릴 설득하라."

그 결과 개인적 자아는 과잉 발달하지만 사회적 자아는 증발된다. 타인을 자신의 엄폐물로 여기고, 피해자를 패배자라 비웃고, 이기심의 바이러스를 퍼뜨리고, 어떠한 일이 있어도 나와 내 가족만은 살아남아야 한다고 믿는 자들로 넘쳐난다. 이런 세상에선 누구도 안전하지 않다. 초등학교에 입학한 때부터 퇴직자가 될 때까지 자기 안의 것을 파먹다 생을 마친다.

• 1987년 9월 잡지 〈우먼즈 오운(Woman's Own)〉 인터뷰에서.

나무에 달라붙어 죽어라 울어대다 빈껍데기만 남고 마는 매미들처럼.

각자도생의 이념은 개인주의라는 숙주에서 자라난다. 개인의 자유를 존중한다는 의미에서 개인주의는 틀린 것이 아니다. 하지만 사회와의 균형을 잃으면 모든 책임을 개인화하는 신자유주의, 보수의 이데올로기로 악용된다. BBC·HBO 합작 드라마 〈이어즈&이어즈〉에서 포퓰리즘으로 세상을 휘젓고 다니는 극우 정치인을 두고 동생이 "의원도 아닌데 정당을 만들 수 있느냐"고 묻는다. 형이 답한다.

"우리도 만들 수 있는데 귀찮아서 안 만드는 거지. 우린 불평만 하잖아. 저 사람은 노력이라도 하는데."

〈이어즈&이어즈〉의 가족들은 저마다의 자리에서 살아남기 위해 애쓴다. 형은 은행이 도산하며 전 재산을 날린 뒤 온갖 알바를 전전하며 살아간다. 남동생은 난민인 연인이 추방당하자 그를 돌아오게 하려고 자신의 모든 것을 건다. 학교 급식 조리사를 하던 여동생은 해고 후 푸드 트럭을 운영하지만 그마저도 영업 면허가 취소된다. 그렇게 노력하고, 좌절하고, 불평하면서도 사회를 바꾸려는 노력은 하지 않은 채 끝없이 떠밀려간다.

각자도생은 거짓말이다. 각자도생해도 살길은 보이지 않는다. 아무리 자기 자신을 갈아 넣어서 살길을 도모하려고 해도 도모가 되지 않는다. 길을 한번 잘못 들어서면 죽는 순간까지 그 길을 벗어날 수 없다. 영화에서 리키는 강도들에게 폭행당해 퉁퉁 부은 눈으로 일터로 향한다. 차 앞을 막아서는 가족까지 뿌리치고 트럭의 운전대를 부여잡는 그의 모습에서 우리의 미래가 보인다.

켄 로치의 또 다른 영화 〈나, 다니엘 블레이크〉에서 칠순의 다니엘 블레이크(데이브 존스)는 인간에 대한 배려라곤 눈곱만큼도 없이 기계처럼 돌아가는 의료보험 체계 앞에서 좌절하며 무너져간다.

"나는 개가 아니라 사람입니다. 그렇기에 내 권리를 요구합니다. …나는 의뢰인도 고객도 사용자도 아닙니다. 나는 게으름뱅이도, 사기꾼도, 거지도, 도둑도, 보험 번호 숫자도, 화면 속의 점도 아닙니다. 내 이름은 다니엘 블레이크입니다."

리키를, 다니엘 블레이크를 지쳐가게 한 것은 사람을 끝없이 뺑뺑이 돌리는 시스템이다. 두 영화는 절박하게 묻는다. 존엄사(尊嚴死), 존엄하게 죽을 권리는 이야기하면서 존엄생(尊嚴生), 존엄하게 살 권리는 왜 이야기하지 않느냐고.

"나는 사람입니다. 존엄하게 살 권리가 있습니다. 내 이름은 ○○○입니다."

다니엘 블레이크처럼 분연히 일어서서 자신의 이름을 외치는 것. '너 자신을 착취하라'고 요구하는 시대에 함께 연대해 맞서는 것. 그것이 우리가 해야 할 정치요, 민주주의다.

가위와 풀로 오려 붙인 '요제프 K'

　누군가 요제프 K를 중상 모략한 것이 틀림없다. 그가 무슨 특별한 나쁜 짓을 하지도 않은 것 같은데 어느 날 아침 느닷없이 휴대전화를 압수수색당했기 때문이다.*

　그들이 블로그 아이디가 '요제프'인 K의 방에 들이닥친 것은 아침 8시경이었다. 두 사람은 노크를 한 뒤 K가 문을 열자 몸으로 밀고 들어왔다. 한 명은 호리호리하면서도 건장한 체격이었고, 다른 한 명은 통통한 체형이었다. 그들은 다짜고짜 침대로 달려가 베개 옆에 있던 휴대전화를 집어 들었다.

---

* 프란츠 카프카의 소설 《소송》의 첫 두 줄. 다만 소설 문장의 '…체포되었기 때문이다'를 '…휴대전화를 압수수색당했기 때문이다'로 바꾸었다. (프란츠 카프카 지음, 권혁준 옮김, 《소송》, 문학동네, 2010).

"됐어. 됐다고! 모든 게 끝났어!"

K는 무엇이 됐다는 것인지, 무엇이 끝났다는 것인지 도통 이해할 수 없었다. K가 어처구니없다는 듯 목소리를 높였다.

"다, 당신들은 대체 누구요? 당신들이 뭐기에 남의 방에 들어와서 이 소란을 피우는 거요?"

두 사람은 능글맞게 히죽거리고만 있었다. K는 침대에 걸터 앉아 바지에 두 다리를 집어넣으며 말했다.

"가만히 있지 않겠소. 당장 경찰에 신고해서…."

두 사람은 서로 얼굴을 본 뒤 동시에 키득거리며 손사래를 쳤다. 그들은 쌍둥이처럼 비슷한 얼굴에 비슷한 표정을 짓고, 비슷하게 말하는 것이었다.

"소용없어요. 신고하지 마시오."

"이거 보시오. 여기 법원 영장이 있소."

두 사람은 K에게 서류 한 장을 들이밀었다. '압수수색검증 영장.' 제목부터 눈에 띄었다. 그 아래에 영장 번호와 죄명이 기재돼 있었다.

영장 번 호	2020-××××	죄 명	살인	
피의자	성 명	요제프 K	직업	회사원
	주민등록번호	87×××× - ○○○○○○○		
	주 거	서울		

살인이란 죄명에 K는 흠칫 놀랐다.

"아니, 내가 살인을 했다고?"

"그렇소. 그게 당신 혐의요."

살인이라고? K는 자신이 그런 누명을 썼다는 사실 자체가 믿어지지 않았다. 그는 친구들이 꾸민 일종의 몰래 카메라가 아닐까 짐작했다. 요즘 유튜브를 보면 조회 수를 위해 별 이상한 장난을 치는 자들이 많지 않은가. 하지만 그러기엔 그들이 진지해 보이지 않았다. 진짜 장난이라면 진지하게 보이려 할 텐데….

K는 자신이 의심받을 행동을 했는지 기억을 더듬어보았다. 그래, 어제 일부터 떠올려보자. 어제 뭐 했더라….

잘 기억나지 않았다. K는 덜컥 겁이 났다. 이럴 때가 아니라는 생각이 들었다. 일단 혐의부터 부인해야 하는 거 아닌가. 내 표정 하나, 행동 하나가 정황 증거가 될 수 있는데….

"아니, 여, 여보쇼. 도, 도대체 내가 어떻게… 무슨 사, 살인을 했다고 이러는 거요?"

K는 말을 더듬거리는 자신이 한심했다. 한심한 마음이 들수록 말을 더 더듬거렸다.

"내가 누, 누구를 어, 어떻게 죽였다고…."

K의 느낌일까. 두 사람은 비웃고 있는 것 같았다. 그중 한 사람이 대답했다.

"생각을 좀 해보고 말을 하는 게 어떻겠소? 지금 하는 얘기가 당신 자신에게 불리하게 작용할 수 있소. 뒷장에 있는 범죄 사실을 읽어보시오."

○○○가 죽었다고? 어떻게 그런 일이? 지난주 토요일 밤
9시 50분? 이틀 전 아닌가. 그날 K가 ○○○를 찾아간 것은
사실이었다. 그날 그녀는 K에게 카톡 메시지를 보내왔다.

'요제프. 잠깐 볼 수 있어?'

그래서 그녀 집에 갔다. 금세 마음이 변한 걸까. 얼마 되
지 않았는데 그녀는 그만 좀 나가줬으면, 하는 기색을 보였
다. 40~50분 정도 이야기를 하다가 나온 게 전부였다. 그런
데 K가 그녀를 죽였다고? 그녀를 죽이지도 않았고, 죽여야 할
이유도 없었다. 반년쯤 연인으로 지낸 그녀가 어느 날 갑자기
K를 멀리한다는 느낌에 화가 치밀곤 했다. 그렇다고 그게 그
녀를 죽일 이유는 되지 못한다.

이상한 건 그들이 K를 체포하지 않았다는 사실이었다. 대신
휴대전화에 대한 디지털 포렌식 결과가 나오면 바로 부르겠
다고 했다. K가 대답했다. "언제라도 부르면 가겠소." 그때부
터였다. 기억과의 싸움이 시작된 것은. 하지만 느닷없이 휴대
전화를 빼앗기고 나자 작은 팩트 하나 확인할 길이 없었다.

그날 오후에 내가 뭘 했더라. 친구 놈을 만난 게 그날인가,
아니면 그 전날인가. K는 어제 아침 자신이 뭘 했는지도 잘 기

억나지 않았다. '내 휴대전화를 가져간 그자들은 나에 관한 모든 팩트를 알고 있는 것 아닌가. 하루하루의 일정부터 주고받은 메시지, 통화 내역까지.' K는 자신이 덫에 걸렸다는 불안감을 떨칠 수 없었다.

"내일 나와주시겠습니까?"

출석 통보가 온 것은 3주 뒤였다. 바로 다음 날 나오라는 얘기에 거부감이 일었지만 그냥 나가기로 했다. '내가 저지르지도 않은 일 때문에 고통의 시간을 연장할 필요는 없지 않은가.'

조사 장소는 7층에 있었다. K가 조사실에 들어서자 책상에 앉아 있던 사람이 자기 앞에 앉으라고 했다. 책상 바깥쪽이라 다리를 펴고 앉을 수 없었다. 불편한 자세가 마음을 위축시켰다. 조사자는 노트북을 두드리며 예정된 질문을 시작했다. 책상 위엔 출력해놓은 서류 더미가 쌓여 있었다.

"어디 봅시다."

조사자는 서류를 착착 넘겼다. 서류철 사이사이에 무수한 포스트잇이 붙어 있었다. 그는 CT나 MRI 결과를 놓고 말하듯이 한 대목을 손가락으로 짚었다.

"여기 보시오. 사건 발생 다섯 시간 전인 당일 오후 4시 44분에 Q씨에게 보낸 텔레그램 메시지인데… 이걸 어떻게 설명하겠소?"

'더는 참을 수 없어. 어떻게든….'

어렴풋한 기억이 안개처럼 밀려왔다.

"아, 그건 그 바로 전에 직장 동료와 좀 짜증 나는 일이 있어서 Q에게 하소연한 것뿐이오. Q와 전화를 하다가 텔레그램 보낸 것인데, 그에게 물어보면 될 거 아니오? 이번 사건과는 전혀 관련이 없는….."

조사자는 K의 말허리를 잘랐다.

"그럼, 이건 뭐요?"

그는 다음 포스트잇이 붙은 페이지를 펼쳤다. K는 조사자가 가리키는 부분을 들여다봤다.

'중독', '음독', '수사'….

"이게 뭐요?"

K의 반문에 조사자가 답했다.

"당신이 포털에서 검색한 단어들이오. 이 검색을 했던 게 사건 이틀 전인데… 왜 이런 것들을 검색했던 거요?"

K는 미간을 좁히며 기억을 짜내는 표정을 지었다.

"아, 그건 아마… 내 기억이 맞다면 며칠 전 페이스북에서 본 미국 뉴스가 떠올라서 호기심으로 한번 찾아본 것이오. 다른 의도는 없었소."

K는 자신이 코너로 몰리고 있다는 생각에 초조해졌다. 조사자는 입가에 그려진 자신감을 지우려 하지 않았다.

"참 공교로운 일이오. 굳이 검색 기록을 삭제했다는 것도 그렇고…. 검색을 한 다음 ◇◇시장으로 가지 않았소? 당신은 그날 오후에 ◇◇시장 부근 전철역에서 내린 것으로 나타나 있소. 그곳에서 독극물을 산 것 아니오?"

대체 어디까지 들여다본 거지? 조사자는 K가 언제, 어디에서, 어떻게 움직였는지까지 동선 조사를 마친 것 같았다. 시장에 간 사실은 어차피 CCTV 분석으로 확인될 것이다.

"그 시장에 간 건 맞지만 독극물을 산 적은 없소. 자꾸 이런 식으로 압박한다면 나도 가만히 있지 않겠소."

"내가 무슨 압박을 했다고 이러시오? 그냥 있었던 일만 말해주면 되는 것 아니오. 그리고, 이건 다음 날, 그러니까 사건 발생 전날 당신이 카카오톡 본인 계정에 적어놓은 것이오. 이것도 몇 시간 뒤 삭제됐지만…."

본인 계정에 남은 메시지는 이런 워딩이었다.

'이제 얼마 남지 않았다. 드디어 터널 끝이 보인다. 자유만큼 가슴을 두근거리게 하는 단어가 있을까.'

조사자는 이번엔 K의 대답을 기다리지 않았다.

"자유. 이것이 당신의 범행 동기잖소. ○○○이 당신에게 헤어지지 말자고 매달리니까 살해한 것 아니오?"

"그 반대요. 그녀가 자꾸 날 피하고 있는 상황이었소."

이렇게 카카오톡과 텔레그램, 메모 내용을 맥락에서 떼어낸 다음, 시나리오에 갖다 붙여서 살인범으로 몰아가면 꼼짝없이 몰릴지도 모른다. '가위와 풀로 만든 역사.' K는 언젠가 책에서 읽은 글귀가 생각났다.

'아, 내 삶도 얼마든지 가위와 풀로 오려 붙일 수 있겠구나.'

K는 조사의 흐름을 끊어놓을 필요성을 느꼈다.

"아, 정말 말도 안 되는 얘기요. 잠깐 쉬었다가 하면 안 되겠소?"

조사자는 예상하고 있었다는 듯 빙긋이 웃으며 말했다.

"아직 한 시간도 안 지났는데…. 할 수 없지. 그럼 30분만 쉬었다 합시다."

조사자는 조사실 밖으로 나갔다. K 혼자 우두커니 앉아 생각했다.

이 함정에서 빠져나가려면 어떻게 해야 할까. 지금이라도 변호사를 구해볼까. 아프다고 하고 일단 여기에서 나갈까. 조사를 다음에 계속하자고 하면 그가 받아줄까.

일종의 '선점 효과'라고 할까. 조사자가 그럴듯하게 스토리텔링을 해버리면 그 틀에 묶여 옴짝달싹 못 하게 된다. 어떤 말이 일단 뇌리에 새겨지면 그렇게 들리고 그렇게 보이듯이. 기울어진 운동장에서 살아남으려면 이대로 계속 가선 안 된다. K는 마음을 굳혔다. 잠시 후 조사자가 들어왔다.

"어디까지 했더라? 다시 시작하겠소."

K는 입을 열지 않았다. 조사자가 다시 말했다.

"뭐요? 묵비권을 행사하기로 한 거요?"

이번에도 K는 입을 열지 않았다. 그는 입에 거미줄을 친 것처럼 아무 말도 하지 않았다. 한 번쯤은 자신의 권리를 지킬 줄 아는 피고인을 만나봐야 한다.• 오늘 이 조사실에서 나갈 때까지는 무조건 닥치고 침묵을 고수할 것이다.

• 《소송》, 156쪽.

K의 마음속에선 또 다른 번민이 소용돌이치고 있었다. 말할까. 말하지 말까. 그가 사건 이틀 전 시장에 갔던 건 다른 이유 때문이었다. K는 그날 오전 생소한 전화번호를 보면서 휴대전화 키패드의 숫자를 누르고 있었다.

"△△ 사이트 보고 전화 드렸는데…지금 가면 구할 수 있습니까?"

"그럼요. 오후 5시 15분에 ◇◇시장 입구에서 전화를 주세요."

시장 입구에 남자 한 명이 대문자로 'DMC'가 새겨진 하늘색 후드 티를 입고 서 있었다. K는 그에게 돈을 주고 물건을 받아왔다. 대마초였다. 유럽 여행에서 맛보았던 대마초를 잊을 수가 없었다.

'저지르고 말았다', '중독', '자유' 같은 키워드도 모두 대마초를 가리키고 있는데, 조사자는 엉뚱한 쪽으로 끼워 맞추고 있다. 대마초를 피운 것뿐이라고, 그냥 그것뿐이라고, 얘기해 버리는 게 낫지 않을까. 괜히 살인범 되지 말고. 함께 대마초를 피운 Q는 어떻게 하지? 그것보다 내가 사실대로 말하면 조사자가 믿어줄까.

그렇게 딜레마 앞에서 머뭇거리고 있을 때였다. 조사자가 입을 열었다.

"말하지 않겠다고? 좋소. 그럼, 이건 뭐요?"

조사자는 K 쪽으로 노트북을 돌려 화면을 보여주었다. K가 호텔방에서 ○○○와 함께 찍었던 사진들이었다. ○○○가 환하게 웃고 있었다.

"이거 갖고 피해자를 협박한 거 아니오? 더 이상 귀찮게 하지 말라고."

문제의 그날, K가 ○○○에게 최후통첩을 한 건 사실이었다. 나와 진짜 헤어지겠다면 이걸 뿌려버리겠다고. 그제야 K는 깨달았다. 아직 내 앞에 제시되지 않은 증거들이 차고 넘친다는 것을. 대체 어떤 것들이 날 기다리고 있을까. 완벽하지 못한 인간이 스스로 창조한 완벽한 데이터들에 묶여 있었다. 몸부림을 칠수록 조여오는 올가미였다.

동선을 조사할 때 보이는 것들

2023년 2월 13일 오후 7시 15분. 격리된 방에 마스크를 착용한 P와 S가 책상을 사이에 두고 앉아 있다. 40대 후반으로 보이는 P의 얼굴엔 피곤함과 초조함이 괴어 있다. 30대 중반쯤 됐을까. S는 노트북을 두드리고 있다. P가 당혹스러운 표정으로 묻는다.

"아, 그럼… 모든 걸 다 이야기해야 합니까?"

"예. 그러셔야 합니다."

"어디서부터 말씀드려야죠?"

"우선은 귀국하셨을 때부터 말씀해주시죠."

"네. 그러니까 제가 공항에 도착한 게… 출입국 기록 확인해보면 아시겠지만 저녁때였습니다. 정확한 시간은….."

"그건 저희가 확인해보겠습니다."

"공항에 도착해서 공항에 있는 식당에서 밥을 먹었던 것 같습니다. 비행기에서 곯아떨어져서 끼니를 걸렀거든요. 우리 기사가 대기하고 있어서 바로 차 타고 집에 갔고… 그날 밤 자고, 다음 날 친구 놈 만났습니다."

"잠깐만요. 귀국하신 날, 공항에 도착해서 귀가하셨다고 했는데 그날 밤은 집 밖에 나가시지 않았습니까? 다른 데 가신 곳은 없습니까?"

"예. 없습니다. 좀 피곤해서….'

P는 잠시 뜸을 들였다. 왜 이렇게 꼬치꼬치 묻는 거지? 부아가 났지만 참기로 했다. 어쨌든 당국에 협조하는 게 중요한 때 아닌가. 대충 얘기했다가 혹시 나중에 무슨 일이 생기면 책임질 수도 없는 노릇이고…. P는 말을 이어갔다.

"친구 놈 만난 게 점심때였는데 광화문 부근 식당에 갔습니다. 식당 이름이… 음. 잠깐만요. 기억이 좀….'

"혹시 신용카드 쓰셨나요? (P가 고개를 끄덕이자) 카드사에 확인해보면 식당 이름이 나올 겁니다. 친구 분 성함이?"

"TTT라고 하는데요. (휴대전화를 두드리며) 전화번호가 공일공 ××××에 ××××입니다. 전화해보세요. 그 친구도 검사를 받아봐야 할 거 아닙니까. 직접 알려주기도 좀 미안하고….'

"예. 계속 말씀해주십시오."

"그 친구 만난 다음에 누굴 잠깐 봤는데….'

P는 민망한 표정을 지었다.

"이거 다 얘기해야 합니까?"

"예. 아무래도 말씀을 해주시는 게 좋습니다. 안 그러면 그분이 위험할 수도 있고요."

P는 계속 주저하는 듯했다. 그러다 입을 열었다.

"비밀 보장되는 거 맞죠?"

"그럼요. 100퍼센트 비밀이 보장됩니다."

"예. 그러면… 여사친이라고 하나요?"

"여사친이요?"

"예. 여자. 사람. 친구. 가끔 만나는 친굽니다."

"알겠습니다. 그분 연락처가?"

"제가 연락하겠습니다. 갑자기 놀랄지도…."

S가 고개를 끄덕였다.

"알겠습니다. 저희한테 전화를 달라고 말씀해주십시오. 그다음엔 어디를 가셨죠?"

"가긴 어딜 가겠습니까? 바로 집에 갔죠. 다음 날이 일요일이죠? 아내와 ○○ 교회에 갔다 왔습니다. 교회에서 누구랑 접촉했냐고요? 잠깐만…. 김 장로님하고 박 집사님 뵌 거 같고요. 다른 분들은 잘 기억이 안 나네요. 집사람한테 물어봐주시겠습니까?"

"예. 그날은 다른 약속 없으셨습니까?"

"그날 저녁 약속이 있었습니다. 오랜만에 지인들을 좀 봤는데요. (잠시 말을 끊었다가 고개를 들며) 솔직히 말해서 그, 뭐냐, 그, 김영란법 위반 소지가 있는데…."

266

"비밀은 철저히 보장됩니다. 오로지 역학 조사를 위해서만 사용합니다."

"아, 그렇다면… 이름은 LLL, JJJ라고 하고요. 저랑 친한 공직자들인데…. 그날 L 호텔에서 저녁 먹고, 2차를 강남 와인 바에서…."

"예. 알겠습니다. 그다음 날에는요?"

"점심에 T 호텔에서 AAA와 KKK를 만났고, 저녁엔 강남 W 한정식 집에서 BBB, MMM, UUU를…."

드디어 이름이 쏟아져 나오기 시작했다. S는 이름과 연락처를 받아 적으며 생각했다. 일단 연락부터 해봐야 한다. 그들은 또 어떤 사람들을 만났을까. 이러다 한국에서 힘 좀 쓴다는 사람들 다 튀어나오는 거 아닐까.

S는 P가 말한 인적 사항들을 프로그램에 입력했다. 클릭과 함께 확진 판정을 받은 이들과 아직 검사받지 않은 이들로 분류되기 시작했다. S는 고개를 끄덕였다. '그럼 그렇지. 이 사람이 그래서 감염이 됐군.' 그동안 MMM, 그러니까 45번 환자는 누구에게 감염됐는지 파악되지 않아 골머리를 앓아야 했다. 오늘 조사에서 P가 연결고리로 드러난 것이다.

MMM은 조사 과정에서 P와 동석했던 문제의 모임에 대해선 입을 열지 않았다. P와 부적절한 모임을 가졌다는 사실을 숨기고 싶었겠지. S는 45번 환자 비고란에 '재조사 대상'이라고 입력했다. 이럴 땐 힘이 빠지곤 한다. 왜 있는 대로 얘기해주지 않는 걸까.

S는 면담을 하면 할수록 혼란스러워졌다. 지금 수사를 하는 게 아니다. 신종 감염병 확산 경로를 조사하고 있는 거다. 동선 조사는 전적으로 치료와 예방 목적에 국한된다. 그러니, 알아낸 사실을 외부에 발설할 수 없다. 면담 결과를 다른 곳에 활용한다면 누가 말을 하겠는가.

사실 감염병에 걸렸다고 해서 모든 동선을 조사하는 게 옳은 일인지 S도 자신이 없었다. 대면 조사, 신용카드 조회, 휴대전화 위치 추적, CCTV 분석…. 개인이 언제, 어디에, 누구와 있었는지를 국가기관이 파악한다는 건 얼마나 위험한 일인가. 모든 자유는 사생활에서 나오는 것 아닌가. 동선은 사생활의 핵심이고. 동선 조사는 분명한 프라이버시 침해였다. 비상상황이란 이유로 인권에 대한 허들을 낮춘다면 허들은 계속해서 낮아질 수밖에 없다.

S는 확진자 동선을 조사할 때마다 살얼음 위를 걸어가듯 조마조마했다. 하지만 실망스러운 것은 어쩔 수가 없었다. 소위 '지도층'이란 사람들이 이렇게 살고 있었구나, 하는 낭패감이 앞을 가렸다. 하긴 '지도층'이란 단어 자체가 우스운 건 사실이다. 그래도 사회에서 책임있는 자리에 있는 이들인데….

모두가 그런 건 아니었다. 유달리 활동성이 크고 접촉량이 많은 이들이 있다. 이른바 '마당발'들이다. 그들은 한시도 가만히 있지 않았다. 쉬지 않고 분주하게 움직이고 사람들을 만나고 다닌다.

더 큰 문제는 그들이 서식하고 있는 사회적 환경이었다. 김영란법? 골프장 예약하고 식당 예약할 때 가명을 쓰면서 조심스러워진 게 좀 달라졌을 뿐이었다. 술값을 카드로 계산하는 대신 현금으로 지불하는 게 좀 달라졌을 뿐이었다. 누군가 물주가 되어 돈을 내는 건 달라지지 않았다. 왜 이리도 얽혀 있어야 하는가. 이방원의 〈하여가(何如歌)〉인가. 만수산 드렁칡이 얽혀진들….

그 무수한 자기계발서들은 적극적으로 도전해야 무엇이든 쟁취할 수 있다고, 잘나가는 사람들과 잘 어울려야 성공할 수 있다고, 아이들을 세뇌시키고 있다. 초등학교 때부터 활발한 아이는 장래가 촉망되고, 조용한 아이는 걱정의 대상이 된다. '나는 왜 내성적인가'를 고민하고 주눅 들어야 하는 세상이 올바른 걸까. S는 가끔 만나는 로스쿨 교수의 말이 떠올랐다.

"자소서 때문인지, 면접 때문인지… 요즘 학생들 보면 너무 말들을 잘해요. 여러 면에서 적극적이고…. 그런데 좀 더 들어가 보면 아무런 알맹이가 없거나, 때로는 거짓말을 하고 있는 거예요. 어떨 땐 사악하다는 생각까지 듭니다. 이걸 어떻게 바꿔야 하나, 무엇이 문제인가, 참 답답한 일이죠."

S는 더 이상 내면의 힘에 기대를 걸지 않는 세상이 무서워졌다. S가 P의 동선 조사를 마쳤을 때 시침은 밤 9시를 지나가고 있었다. 일단 내일 발표될 확진자 동선 작성을 완료했다.

● 서울 99번(70년생, 남성, ○○구)

△ 2월 3일(금) 19:30 인천공항 → 20:30 공항 식당 → 22:05 자택

△ 2월 4일(토) 자택 → 12:00 E 레스토랑 → 14:30 S 커피전문점 →
17:00 자택

△ 2월 5일(일) 자택 → 11:00 교회 → 12:30 자택 → 18:00 L 호텔
→ 20:50 K 와인바 → 23:10 자택

·················

'2023년 2월 13일. 21시 15분.' 작성 일시를 넣은 S는 보고서를 출력한 뒤 사인을 했다. 아, 오늘은 퇴근을 몇 시에 할 수 있을까. 기지개를 켜다가 어깻죽지에서 우두둑 소리가 났다. 아, 이러다 정말 오래 못 갈 거 같은데…. S는 피곤한 몸을 의자에서 일으켰다. 그는 탕비실 찬장에서 컵라면을 꺼내들고 정수기 앞으로 터벅터벅 걸어갔다.

그때였다. 책상 위에 있던 휴대전화 진동음이 울리기 시작했다. S는 컵라면을 내려놓고 휴대전화를 들었다. 모르는 번호였다.

"여보세요. 누구시죠?"

"아. 수고하십니다. 국회의원 ○○○라고 합니다. 다름 아니라 방금 전 조사받은 P씨가 나와 만났다고 얘기했다고 해서…."

S는 현기증이 일었다. P는 ○○○의 이름을 말한 적이 없었다. 그렇다면 P가 동선을 숨겼다는 것인데….

"죄송합니다만 조사 내용은 외부에 말씀드릴 수 없고요. 그런데 제 전화번호는 어떻게…."

잠시 침묵이 흐른 뒤 볼륨을 한껏 낮춘 음성이 흘러나왔다. 귀엣말을 하는 듯 잘 들리지 않았다.

"아, 뭐, 그게 중요한 건 아니고… 아무튼 나 정도 되는 이름이 나오면… 곤란해질 사람이 여럿 있을 거 아니요? 나 한 사람… 문제가 아니라 좀 시끄러워질 수가 있어서… 최대한 보안이 지켜지도록 협조를…."

이어졌다 끊어지는 목소리 뒤편에서 누군가의 다급한 목소리가 들려왔다. "왜? 안 되겠대? 그러게 내가 더 위에다 얘기해보자고 그랬잖아."•

• 이 글은 언론보도를 모티브로 조사과정을 상상해본 것으로 실제 상황과 관련이 없다.

국기에 대한 맹세가 싫은 이유

"신은 만고의 역적이옵니다."

영화 〈남한산성〉을 보면서 내내 불편했던 것은 왜일까. 400
년의 시차(時差) 때문일까. 조상들이 외적에게 침탈당한 뼈아
픈 역사 때문일까. 아니다. 그 이유는 어깨에 잔뜩 뽕을 넣은
대사와 과잉의 감정들에 있었다. 주인공들의 대화를 보자.

김상헌: 명길은 전하를 앞세우고 적의 아가리 속으로 들어가려는
자이옵니다.
최명길: 적의 아가리 속에도 분명 삶의 길은 있을 것이옵니다.
김상헌: 한 나라의 국왕이 어찌 만백성이 지켜보는 앞에서 치욕스
러운 삶을 구걸하려고 하시옵니까?

최명길: 오랑캐의 발밑을 기어서라도 죽음은 견딜 수 없고 치욕은 견딜 수 있는 것이옵니다.

이병헌(최명길)과 김윤석(김상헌)의 불꽃 튀는 연기 대결은 볼 만하다. 그런데 왠지 헛헛한 웃음이 나온다. 저렇게까지 싸워야 할 일인가 싶어서다.

영화는 최명길과 김상헌, 어느 한쪽에 가중치를 두지 않는다. 두 논리가 맞서는 딜레마 상황을 계속해서 끌고 간다. '임금이 목숨을 부지해야 사직이 보존된다.' '대의와 명분을 지켜야 사직이 보존된다.' 두 논리의 목적은 같다. 조선 왕조를 유지하는 것이다.

두 사람 다 악역이 아닌 건 그래서다. 김상헌과 앙앙불락하던 최명길은 인조에게 "궁으로 돌아가시더라도 상헌을 버리지 말라"고 말한다.

"그는 이 성안에 하나밖에 없는 충신이옵니다."

인조가 최명길에게 답한다.

"경(卿)도 나의 충신이오."

"신은 이제 만고의 역적이옵니다."

이 얼마나 정겨운 모습인가. 임금과 신하가 충신이오, 역적이오, 아옹다옹하는 모습이. 현실론은 위기를 모면하는 방편이다. 위기를 모면한 다음엔 대의와 명분이 필요하다. 그것 없이 종묘사직이 건재할 수 없다. 현실론과 원칙론은 나라의 두 날개다.

중요한 건 누구의 현실이고, 누구의 원칙이냐는 거다. 남한 산성 안에 사는 백성의 현실은 참혹하다. 궁중 내부의 말잔치는 먼 나라의 해외토픽인 양 멀고 멀어서 가슴에 와 닿지 않는다. 백성들은 굶주림과 추위, 관리들의 압제에 신음한다. 싸우다 죽고, 굶어 죽고, 얼어 죽고, 목이 베여 죽는다.

김상헌의 대의명분이란 것도 가소롭기 그지없다. 영화 초반 김상헌은 얼어붙은 강을 건너게 해준 노인에게 "왜 어가(御駕·임금의 수레)를 따라가지 않았느냐"고 묻는다.

"아무리 오랑캐라지만 늙고 힘없는 백성을 죽이기야 하겠습니까요. 청나라 군사들이 들어오면 길을 안내해주고 곡식이라도 얻어볼까 합니다."

'어제 어가를 건너게 해주고 좁쌀 한 줌 받지 못했다'는 게 노인의 국가관이다. 지금까지 이 나라가 내게 해준 게 무엇이냐는 물음이다. 김상헌은 노인을 칼로 베어 무엄한 발상을 잘라낸다. 김상헌과 노인의 에피소드는 영화적 장치이긴 하지만 조선 사대부의 한 단면을 보여준다.

"나는 살고자 한다."

시신들이 눕거나 엎드려 있다. 그들이 말이 없듯 살아남은 자들도 말이 없다. 이곳에서 삶과 죽음은 우연일 뿐이다. 동전을 던져서 앞쪽이 나오면 사는 것이고, 뒤쪽이 나오면 죽는다. 지옥이 있다면 이런 곳일까.

성 아래에서 나팔소리, 북소리가 들려온다. 알아들을 수 없는 이역의 언어들이 능선을 타고 올라온다. 포악하고 용맹하다는 오랑캐가 마음만 먹는다면 이 성벽은 단숨에 무너져 내릴 것이다. 얼마나 버틸 수 있을까. 우릴 구원해준다는 근왕병들은 오긴 오는 것일까.

죽음보다 더 견디기 힘든 것이 추위와 배고픔이다. 겨울 삭풍이 소매를 파고든다. 헝겊으로 싸맨 손과 발은 물집 투성이다. 처음엔 화끈거리고 쑤시더니 감각이 사라지는 듯하다가 다시 통증이 심해진다. 손가락, 발가락, 코…. 이러다 온몸의 살들이 바스러져 떨어져나가는 것 아닐까.

임금이 머물고 있다는 행궁(行宮)에선 불안한 한숨 소리만 들린다. 임금은 지금 무슨 생각을 하고 있는 걸까. 그의 눈에는 자신의 체통과 안위만 보이는가. 자신을 위해 피 흘리고 추위에 떠는 백성들은 보이지 않는가. 임금이 성에서 나와 이역의 황제에게 엎드린다면 모든 것이 해결되는 것 아닌가.

그 모든 걸 끝낸 것은 임금의 짧은 한마디다. "나는 살고자 한다." 임금이 "살고자" 마음을 먹으면서 상황은 종료된다. 임금은 송파벌에 나아가 단 위에 앉은 황제를 향해 세 번 절하고 아홉 번 이마를 바닥에 두드리는 삼배구고두례(三拜九叩頭禮)를 한다. 잊지 말아야 할 것은 "우리는 살고자 한다"가 아니란 사실이다. "나는 살고자 한다"다. '우리는'이 아니라 '나는'이다. 임금의 삶이 곧 나라의 삶이다.

이렇게 허무하게 결론 내려지기 전까지, 왕이 견뎌야 할 치욕이냐, 왕이 견딜 수 없는 치욕이냐, 논쟁하는 나라가 존재할 가치가 있을까. 그 따위 나라는 망해야 하지 않을까. 망해서 새로운 나라가 일어서는 게 맞지 않을까. 병자호란이 막을 내린 1637년 1월, 조선은 세계지도에서 사라졌어야 했다. 그 빈자리에 새로운 나라가 돋아나야 했다.

영토(땅), 국민(사람), 주권(정부). 국가의 3대 요소다. 이 중 가장 필수적인 것이 국민, 즉 사람이다. 사람이 없다면 영토도, 주권도 아무 소용이 없다. 국가는 국민을 위해 존재한다.

2014년 4월 16일 세월호가 침몰하던 그때, 국가는 세월호 주변을 맴돌고 있었다. '진실의 힘 세월호 기록팀'이 펴낸《세월호, 그날의 기록》을 보자. 책은 세월호 침몰 당시 구조할 시간이 충분했다고 지적한다.

"세월호가 좌현으로 약 30도 기울던 오전 8시 50분 선장 이준석이 퇴선 명령을 했다면 8시 55분쯤 476명 전원이 탈출할 수 있었다. 세월호 선원들이 해경 123정에 오르던 9시 45분 퇴선 명령이 내려졌더라도 거의 대부분을 살릴 수 있었다."(가천대 박형주 교수 보고서)

그날 오전 9시 20분 유조선 둘라에이스호에 이어 어업지도선과 어선들이 잇따라 사고 해역에 도착했다. 9시 40분 전남 707호, 9시 45분 드래곤에이스11호, 9시 50분 에이스호, 진도호…. 당시 해역 수온은 12.6도였다. 구명조끼를 입고 바다에 떠 있기만 해도 여섯 시간은 버틸 수 있었다.

그러나 세월호 선원들과 123정 해경들은 "퇴선하라"고 말하지 않았다. "선내에 대기하라"는 방송만 열두 차례 이어졌다. 어선들이 세월호 앞에서 구조의 손길을 뻗으려 대기하고 있었지만 정작 '국가'에 가로막힌 셈이었다.

무능은 무책임에서 시작된다. 무책임한 위정자가 무능함을 가리기 위해 쓰는 어법은 동서고금을 넘어 비슷하다. 〈남한산성〉에도 그러한 장면이 있다. 신하들이 "식량을 아껴서 먹이면 군사들이 한 달 정도 버틸 수 있다"며 어떻게 할지를 묻자 인조가 답한다.

"아껴서 오래 먹이되 너무 아끼지는 말라."

식량이 빨리 떨어져서도 안 되고, 그렇다고 군사들이 반발할 정도로 아껴서도 안 된다는 것. 결과에 책임을 지지 않겠다는 얘기다.

"필부의 절개를 지키려고 하셨다면…."

남한산성에서의 47일이 지난 후 수십만 명이 청나라로 끌려간다. 조선 조정이 무고한 백성들을 전리품으로 내어준 것이다. 피로인(被擄人)*들은 탈출을 시도하다 철퇴를 맞고 죽는다. 겨우 목숨을 부지한 이도 발뒤꿈치를 잘린다. 여성들은 능욕을 당하거나 저항하다 스스로 목숨을 끊는다.

그때 이미 조선이란 나라의 정체성은 거죽만 남은 채 무너져 내렸다. 1910년 일제에 강점되기까지 274년간 이러저러한 개혁 움직임이 있었지만 회칠한 무덤이었을 뿐이다. 청나라

• 청군에 붙잡힌 민간인.

군대가 물러난 뒤 인조가 우울해하자 최명길은 상소문을 올려 위로한다.

전하께서 융통성 없이 필부의 절개를 지키려고 하셨다면 종묘사직은 멸망하고 백성들은 다 죽었을 것입니다. 다행히 전하께서 묘당의 의견을 받아들이시고 백성들의 바람을 따라 종묘사직의 혈식(血食)을 연장하게 되고 생령이 어육이 되는 것을 면하게 되었습니다. 전하의 지극한 어짊과 큰 용맹이 아니었다면 이런 일을 했겠습니까.•

백성들은 다 죽었을 것이라고? 백성들의 바람이라고? 생령이 어육이 되는 것을 면했다고? '필부의 절개'를 지키지 않은 것이 조선 임금의 '노블레스 오블리주'인가.

1945년 해방이 된 후에도 왕조의 사관(史觀)을 가진 자들이 권력을 장악했다. 시민들에게 "서울을 지키라"고 하고 대통령은 부산으로 피난을 갔다. 총부리를 아군에게 돌려 18년간 정권을 잡은 이도 있었다. 그다음 군인 대통령들은 시민들의 핏자국 위에서 권력을 주고받았다. 그들이 '동해물과 백두산이 마르고 닳도록' 강요한 것은 애국이고, 충성이었다.

국기에 대한 맹세를 보라. 내가 1970년대 배웠던 맹세는 "나는 자랑스러운 태극기 앞에 조국과 민족의 무궁한 영광을

• 한명기 지음,《역사평설 병자호란 2》, 푸른역사, 2013, 269~270쪽.

위하여 몸과 마음을 바쳐 충성을 다할 것을 굳게 다짐합니다"
였다. 2007년 맹세가 바뀌었다. "나는 자랑스러운 태극기 앞
에 자유롭고 정의로운 대한민국의 무궁한 영광을 위하여 충
성을…."

'조국과 민족'을 '자유롭고 정의로운 대한민국'으로 고치고,
'몸과 마음을 바쳐'를 뺐다. 그래도 달라지는 건 없다.

당신은 국기에 대한 맹세가 가슴에서 우러나는가. 일제강점
기, 한국전쟁, 4.19, 유신, 5.18…. 얼마나 많은 이들의 피와 눈
물로 얼룩져 있는가. "나는 살고자 한다"는 왕조의 깃발과 얼
마나 다른가. 국민은 대체 언제까지 국가에 충성만 해야 하는
가. 국가는 왜 국민에게 충성하지 않는가.

관료와 정치인, 언론인들이 시민들의 목소리를 외면했던 이
유는 어떤 정부, 어떤 대통령이 좋아서가 아니었다. 자신들의
생각이 그러했기 때문이다. 자신들의 이익에 맞았기 때문이
다. 그들이 살아가는 방식이 바뀌지 않는 한 언제든 왕조의 망
령은 되살아난다. 고백하건대, 그 범주 안에 내 얼굴도 보인
다. 지금은 미담을 나눌 때가 아니다.

환멸이 가져오는 효과

소설이나 영화, 드라마를 보다가 물음표와 마주칠 때가 있
다. 이 주인공은 어디에서 생겨났을까? 작가는 이 캐릭터를
언제 어떤 상황에서 착안한 걸까?

궁금증이 생긴 건 소설 《참을 수 없는 존재의 가벼움》[•]에서
작가 밀란 쿤데라의 주장을 읽은 다음부터다. "작중 인물은
어머니 뱃속에서 탄생한 것이 아니라 몇몇 암시적인 문장이
나 어떤 키포인트가 되는 상황에서 탄생한다." 소설의 주인공
토마스는 "한 번은 없었던 것과 같다"는 글귀에서, 테레사는
꾸르륵거리는 배에서 태어났다고, 쿤데라는 말한다.

• 밀란 쿤데라 지음, 송동준 옮김, 《참을 수 없는 존재의 가벼움》, 민음사, 1989.

그렇다면 영화 〈내부자들〉의 신문사 논설주간 이강희(백윤식)는 어디에서 어떻게 태어났을까. 대통령 후보·재벌 회장과 함께 거대한 뒷거래의 판을 설계한 그는 "어차피 대중들은 개, 돼지"란 명대사로 알려져 있다. "말이 곧 권력이고 힘"임을 신봉하며, "볼 수 있다"를 "매우 보여진다"로 고치는 것을 중요한 일로 여긴다.

이강희는 현실 언론의 어떤 모습에서 가져온 것일까. 그가 지금 우리 눈앞에 있다면 어떻게 말하고 행동할까.

어느 봄날, 그는 아마 고층빌딩 창가에 서 있을 것이다. 팔짱을 끼고 빗방울이 떨어지기 시작한 도심 거리를 굽어볼 것이다. 입가에 보일 듯 말 듯 냉소를 머금은 채. 그가 그런 표정을 짓는 것은 광화문에 변란의 먹구름이 끼고 있기 때문이다. 이강희는 본능적으로 직감하고 있다. 자신이 펜을 휘두를 때라는 걸. 그는 이렇게 독백할 것이다.

지난해 말, 그리고 올해 들어 일어나는 사건들을 보라고. 곳곳에서 돌출하는 폭로, 정치인들의 도덕성을 둘러싼 논란, 정신없이 이어지는 고소·고발…. 권력관계가 팽팽할 때 생기는 현상이지. 이런 걸 우린 '대치정국'이라고 부르고….

그의 입가를 맴돌던 웃음이 피식, 소리로 새 나온다. 그의 이마와 아래턱에 주름살이 팬다.

이런 영화 대사가 있다지. "간통으로 콩밥 먹었으면 내 뱃속이 이미 콩밭이야."* 허허. 내 뱃속에서도 콩 굴러가는 소리가 들릴까. 그래. 내가 하면 로맨스이고, 남이 하면 불륜. '내로 남불'이란 말, 어떤 놈인지 정말 잘 만들었어. 그렇고 그런 놈 들이 누가 더 낫다고 할 수 있냐고.

이강희는 천천히 의자에 앉을 것이다. 몸을 기울여 책상 위에 놓인 만년필을 집어 들 것이다.

이제 그게 필요한 때가 됐어. 그게 뭐냐고? 환멸. 사전을 찾아볼까. '꿈이나 기대나 환상이 깨어짐. 또는 그때 느끼는 괴롭고도 속절없는 마음.' 바로 이거야. 모두가 똑같은 놈들이란 느낌만 불어넣으면 돼. 기대와 환상이 깨지고 대중이 환멸에 빠지면 게임은 끝나지. 다시 우리가 세상을 움직이는 조종석에 앉게 되는 거라고.

그는 생각에 잠겼다가 자리에서 일어선다. 마음이 잡히지 않는지 뒷짐을 지고 방안을 서성거린다.

환멸. 그게 말처럼 쉽겠냐고? 물론 쉽진 않지. 그래서 나 같은 전문가가 필요한 거야. 집요하게 반복해서 비슷한 점은 부각하고, 다른 점은 축소해야지. 그러면 지난 정권이나 이번 정권이나 다를 게 없다고 여기게 된다고. 1991년 봄을 생각해보라고. 대학생 강경대가 시위 도중 숨지고 대학가에 들불처럼 집회가 번졌지. 그래서 어떻게 됐지? 검찰에서 '유서 대필' 사건 터뜨리고, 국무총리가 대학에 가서 밀가루에 달걀 세례 받은 거로 순식간에 끝나버렸잖아. 그게 바로 환멸의 힘

• 영화 〈마약왕〉(2018).

이라고.

그는 다시 책상에 앉아 종이 위에 모종의 단어들을 휘갈긴다. 주살, 척살, 폐족, 멸족, 사화(士禍)….

환멸의 효과를 제대로 내려면 대중에게 생각할 여유를 줘선 안 돼. 과거와 지금이 어떤 게 같고, 어떤 게 다른지를 차분하게 비교할 시간을 갖게 해선 안 된다고. 격한 어휘들을 쏟아내면 대중은 착각에 빠지지. 정권이 바뀌면 칼바람이 일고, 반대파를 결딴내고…. 왕조 시대에 죽고 죽이는 것과 뭐가 다른가. 나는 남인인가, 북인인가, 노론인가, 소론인가. 이러다 나도 죽는 거 아닌가. 공포가 덮치면 사람의 뇌는 파충류가 돼버리니까.

이강희는 종이에 또박또박 쓴다. '언어는 사고를 규정한다.' 그는 다시 고개를 치켜든다.

사화는 조선 시대 사림이 참혹한 화를 입었던 거 아니냐고? 지금과는 다르지 않으냐고? 맞아. 지금은 조선 시대가 아니지. 중요한 건 그게 아니라고. 한국 사회엔 왕조 시대 사고에 익숙한 이들이 많아. TV를 켜보라고. 걸핏하면 칼로 베고 사약 먹이는 사극이 나오잖아. 나는 사람들이 세상을 조금 다른 눈으로 볼 수 있게 돕는 것뿐이라고. 정유사화(2017), 무술사화(2018), 기해사화(2019), 경자사화(2020)…. 한 해 한 해가 그 얼마나 스펙터클하고 스릴 넘치는가.

그는 두 눈을 감고 자신이 만든 명언을 음미한다. "대중은 개, 돼지다. 적당히 짖어대다가 알아서 조용해질 것이다."

팩트, 팩트, 팩트. 대중은 팩트가 중요하다고 생각하지. 중요한 건 팩트가 아니야. 프레임이지. 가짜 뉴스는 팩트체크로 가려낼 수 있지만, 프레임을 이용한 교묘한 장난은 가려내지 못하지. 프레임은 뇌 속에 스며들어 의식을 교란하고 혼란을 조장하거든. 프레임이 뭐냐고? 예를 들면 '진영 싸움'이란 게 프레임이지. 어떤 사건이든 진영 싸움 프레임 속에 욱여넣는 거야. 그러면 어떤 목소리도 가치를 잃게 되지. 모두가 믿을 수 없는 놈이 되는 거거든. 그렇게 환멸에 빠지면 나부터 살고 보는, 각자도생의 세상이 열리게 되고….

순간 스마트폰 진동음이 울린다. 미래자동차 오 회장이다.

"아, 회장님. 오랜만입니다. 거기요? 이따가 뵙겠습니다."

이강희는 스마트폰을 내려놓으며 헛기침을 한다.

으흠. 이런 여우 같은 곰을 봤나. 오 회장, 이 양반도 내가 필요한 때라는 걸 느낀 거지. 오늘은 무슨 말씀을 해드려야 하나. 네트워크를 복원하려면 시간 좀 걸리겠지만 어려운 일은 아니고…. 어차피 독고다이로 사는 인생, 뭐 있어? 잘 먹고 잘 놀다 가면 되는 거라고. 굳이 논리적으로 살려고 애쓰지 마. 인생 자체가 문법에 맞지 않아. 비문(非文)이야, 비문. 그 부조화와 오류가 바로 인생인 거라고.

이강희는 안경을 벗어 '허' 하고 입김을 쐬고 손수건으로 닦는다. 그는 자신의 예감을 떠올린다. 그의 예감은 틀린 적이 없다.

이제 검사들도 움직이기 시작할 거야. 다음 시즌을 준비해야 할 때잖아. 검사들 영화에도 나오지. "우리 제발 정의나 자존심 따위 버리자. 촌스럽게 왜 그러냐?"● 검찰도 살기 위해 그러는 거라고. 칼은 늘 다음 주인을 찾아다니니까. 칼은 안이 아니라 바깥을 향하니까. 더 기다리고 있을 이유가 있을까. 뭐가 튀어나올지 모르지만, 폭죽이 터지는 순간 한바탕 파티가 벌어질 거야.

이강희는 문득 K 검사의 얼굴을 떠올린다. 오 회장이 저녁 약속에 K 검사도 불렀는지 궁금해진다.

한국은 철저히 관계 중심 사회야. 해방 직후 법률가들이 좌파와 우파로 나뉘어 죽기 살기로 싸우면서도 같은 고향 출신들끼리는 구명을 해줬다지.●● 당신은 학연, 지연 다 없다고? 요즘은 '흡연(吸緣)'도 있으니 담배라도 배우시든가. 흡연(吸煙) 인구가 급감하면서 흡연마저도 소중한 인연이라잖아. 아재 개그냐고? 노(No)! 담배 피우는 사람들끼리 얼마나 연대감이 깊은지 몰라서 하시는 말씀.

이강희는 담배를 물고 라이터를 켠다. 얼굴이 문득 밝았다 어두워진다. 천장을 향해 연기를 뿜어낸다.

'재판 거래.' 그게 가장 웃기는 말이야. 판사 양반들이 뭘 그렇게 잘못했느냐고. 세상은 어차피 기브 앤 테이크로 굴러가는데…. 문제는 문건을 남긴 거지. 검사들이라면 그런 문건 같

● 영화 〈더 킹〉(2017).
●● 김두식 지음, 《법률가들》, 창비, 2018.

은 거 만들겠어? 장사 한두 번 해봤나? 사실 거래라면 검사들이 판사들보다 10배, 100배는 더 했지. 아무튼 판사들은 순진해서 안 돼.

그는 티슈 박스에서 휴지를 뽑아 가래침을 뱉는다. 뭐가 미심쩍은지 접은 휴지를 펴서 가래를 내려다본다. 자신이 만든 일생일대의 데칼코마니를 감상하듯이.

예수가 십자가에 매달린 것도 세상 돌아가는 법칙을 거부했기 때문이야. 그도 30대 초반이라 세상 물정을 몰랐던 거야. 그러니 성전에 들어가 소와 양과 비둘기 파는 사람들을 채찍으로 내쫓고, 돈 바꿔주는 사람들 상을 엎었지. 성전도 그런 거래 없이 유지될 수 없다는 걸 알지 못했던 거라고. 진짜 이 세계를 움직이는 건 나 같은 바리새인이야. 바리새인. 다른 말로는 왼손엔 율법을, 오른손엔 환멸을 들고 세상 질서를 잡아주는 내부자.

자신을 향한 혐오의 눈초리를 눈치챈 것일까. 이강희는 우리 쪽을 향해 몸을 돌리며 이야기한다.

재탕 삼탕 너무 우려먹는 거 아니냐고? 그만 멈추면 안 되냐고? 이거 왜 이래? 대한민국은 자유민주주의야. 내겐 내 음악을 틀 권리가 있다고. 내 음악이, 환멸의 음악이 다시 세상을 지배할 거야. 파란 잉크 한 방울 떨어지면 어항 전체가 파랗게 변하듯 세상을 보랏빛 환멸로 물들일 거라고.

그는 비 내리는 창밖을 보며 노래를 흥얼거리기 시작할 것이다. "봄비 속에 떠난 사람 봄비 맞으며 돌아왔네. 그때 그날은, 그때 그날은⋯."• 그는 오 회장에게서 선물받았던 명품 손목시계를 본다. 초침이 힘겹게 시간을 밀어내고 있다. 왜 이렇게 더디게 가는 것일까. 오늘 행사는 어떻게 진행될까. "오늘 이 시간 오늘 이 시간 너무나 아쉬워. 서로가 울면서 창밖을 보네. 헤에~"

• 이은하, 〈봄비〉 중에서.

모두가 행복한 '화양연화의 나라'를 만들겠습니다!

제22대 총선 공약 보도자료

친애하는 국민 여러분. 드디어 오늘 우리 화양연화당이 제 22대 총선 공약을 발표하게 되었습니다. 우리 당은 그동안 국민 한 사람 한 사람이 행복해야 나라가 행복하다는 일념으로 매진해왔습니다. 이제 여러분께서 그토록 기다려주신 생애주기별 맞춤형 공약을 통해 '모두가 행복한 나라', '화양연화의 나라'를 반드시 실현시키겠습니다. 20대는 20대에, 50대는 50대에, 70대는 70대에 행복해야 합니다. 그때그때 행복해야 인생이 행복하니까요. 행복은 성적 순(順)도, 나이 순도 아니니까요.

우리 당은 시민들을 애정하는 마음으로 5대 공약을 받들고 여러분께 나아가고자 합니다. 여러분의 소중한 표를 우리 당에 던져주신다면 전 국민의 삶이 화양연화를 꽃피울 수 있도록 최선을 다할 것임을 다짐합니다. 하늘은 스스로 돕는 자를 돕는다고 했습니다. 여러분께서 저희에게 던져주신 한 표 한 표가 바로 여러분 스스로를 도울 것입니다.

○ **공약 1. 고등학교 졸업 후 '1년간 월드 투어'를 지원하겠습니다.**

■ 현재는

고등학교를 졸업하면 무엇이 기다리나요. 대학 진학? 재수? 아르바이트? 앞으로 인생을 어떻게 살지, 어떤 일을 하며 살아갈지 고민해야 할, 중요한 시기에 학점을 따기 위해, 좋은 대학에 가기 위해, 생계를 잇기 위해 그 소중한 시간을 보낸다는 건 안타까운 일이 아닐 수 없습니다. 나아가, 일부 계층만 유학을 가거나 해외 교환학생을 다녀옴으로써 외국어 실력과 글로벌 시대 적응 능력에서 큰 격차를 보이는 게 사실입니다. 출발부터 누구는 50미터, 100미터 앞에, 누구는 50미터, 100미터 뒤에 선다는 것, 그렇게 스타트라인이 다르다는 것은 부정 경기 아닙니까? 명백한 반칙 아닙니까? 안 그렇습니까? 여러분!

■ 앞으론

고등학교 졸업장을 제출하면 곧바로 1년간 세계 여행을 떠날 수 있도록 모든 경비를 지원하겠습니다. 제공되는 것은 왕복항공 티켓과 최소한의 생활비입니다. 현지에서 마음껏 여행을 해도 되고, 현지 언어를 익혀도 되고, 일을 해도 됩니다. 꼭 해외로 나가지 않아도 됩니다. 산속에 들어가 '나는 자연인이다'를 해도 됩니다. 모든 것은 여러분의 자유입니다. 대사관과 영사관 등 현지 공관은 우리 청년들이 안전하게 현지 생활을 할 수 있도록 24시간 지원 센터를 운영할 것입니다.

1년간 해외에 살면서 견문을 넓히고 돌아온 젊은이들은 분명 한국 사회를 새롭게 변화시킬 것입니다. '우물 안 개구리'로 한국 안에 갇혀 있는 게 아니라 우물 밖 세계를 향해, 미래를 향해 열린 가슴을 갖게 될 것입니다. 짧지도, 길지도 않은 그 1년이 향후 30년, 40년을 밝혀주는 삶의 등불이 되어줄 것이라고 확신합니다. 젊은이들이 그냥 현지에 남겠다고 하면 어쩌느냐고요? 그러면 안 되나요? 그것도 국위 선양, 대한민국의 확장 아닐까요.

○ **공약 2. 헤어진 연인에게 영상물 삭제를 요구할 권리를 보장하겠습니다.**

■ 현재는

부부나 연인이 헤어질 때 휴대전화로 찍은 영상물이 문제가 되곤 합니다. 이별을 통보한 뒤 이성 친구의 협박을 받기도

하고, 영상물이 온라인에 유통되고 있을지 모른다는 불안감에 떨기도 합니다. 괴로워하다 극단적인 시도를 하는 경우도 있습니다. 그럼에도 '의사에 반하여 촬영됐다'는 사실이 입증되지 않는 한 과거 연인이었던 사람이 가지고 있는 촬영물을 없앨 수 있는 방법은 없습니다. 영상물에 대한 소유권이 촬영자에게 있기 때문입니다. 그게 소유권이냐고요? 예. 그렇습니다. 소유권.

■ 앞으론

촬영 당시 "찍지 말라"고 명시적으로 거부 의사를 밝히지 않았어도 사후적으로 없앨 수 있는 제동 장치가 필요합니다. 성적 수치심이 들 수 있는 촬영물은 상대방에게 삭제하도록 강제할 수 있는 권리를 법적으로 보장하겠습니다. 소유권은 헌법과 민법이 보장하고 있다고요? 그놈의 소유권은 남을 괴롭히거나 인격을 망가뜨릴 수 있는 권리가 아닙니다. 휴대전화처럼 소유권 역시 모두의 행복을 위해 '잠시 꺼두셔도' 됩니다.

법적 장치가 마련되면 헤어지면서 찜찜한 마음을 갖지 않아도 됩니다. "제발 내 영상물을 삭제해달라"고 무릎 꿇고 애원하지 않아도 됩니다. 이제는 서로 사랑했던 기억, 좋았던 기억만 남게 될 것입니다. 사랑은 사랑 그 자체여야 합니다. 내가 왜 그를 만났을까, 그때 왜 찍지 말라고 분명하게 말하지 못했을까, 후회하고 자책하게 하는 건 사랑이 아닙니다. 그것은 집착이요, 폭력입니다. 과거에 집착하는 이들에게 필요한 건 영상물이 아니라 심리 상담입니다.

○ 공약 3. '결혼 10년 계약' 제도를 도입하겠습니다.

■ 현재는

드라마 〈부부의 세계〉를 보셨나요? 한국의 결혼은 낭떠러지 위에 서 있습니다. 2019년 연간 혼인건수는 23만 9210건, 전년도보다 7.1퍼센트 줄어 역대 최저를 기록했습니다. 이혼율은 고공행진을 이어가고 있고요. 그 이유가 뭘까요? 다른 이유들도 있지만 결혼 제도가 경직돼 있기 때문입니다. "검은 머리가 파뿌리 되도록…", "죽음이 두 사람을 갈라놓기 전까지…". 구태의연한 주례사가 말해주듯 한번 결혼하면 평생 살아야 하는 것으로 이야기합니다. 하지만 실제론 서로 사랑으로 잘해주는 게 아니라 '어차피 내 건데…' 하는 마음으로 함부로 대하는 경우가 많습니다. 행복감은 작아지고, 사람에 대한 소유욕만 커지는 거지요.

■ 앞으론

혼인신고 후 만 10년이 지나는 날, 결혼 계약의 연장·변경 여부를 협의하도록 관련법을 정비하겠습니다. 판사들이 10년에 한 번씩 재임용 절차를 밟는 것처럼 10년에 한 번씩, 결혼 생활을 진지하게 재검토하는 기회를 갖는 겁니다. 재계약을 할지, 계약 내용을 어떻게 변경할지는 철저히 당사자들의 자유에 맡겨집니다. '검은머리 파뿌리'를 선택할 수도 있습니다. 계약 내용은 당사자들이 정하기 나름이니까요. 우리 당은 재계약 과정에서 자녀 양육이나 재산을 놓고 법률적 다툼이 생기지 않도록 최선의 방안을 마련하겠습니다.

결혼이 운명이 아니라 계약이란 사실이 분명해지면 배우자에게 더 긴장감을 갖고 결혼 생활을 하지 않을까요? 자유인이 자유인을 사랑하는 시대가 열리는 것이지요. 시댁이나 처가에서도 '내 며느리' '내 사위'란 생각으로 전근대적으로 대우하는 일도 사라질 거고요. 언제든 남이 될 수 있으니 '있을 때 잘해'를 실천해야겠죠? 지금도 이혼을 하면 자유로워진다고요? 그렇지 않습니다. 10년 계약제는 이혼과 비교할 수 없을 만큼 정신적·경제적 고통을 줄일 수 있습니다.

○ 공약 4. 50대도 군에 입대할 수 있도록 하겠습니다.

■ 현재는

군대 징집 연령이 28세로 제한돼 있습니다. 징집 연령 제한은 인공지능까지 도입되고 있는 4차 산업혁명 시대에 맞지 않습니다. 이제 중요한 것은 체력이 아닙니다. 건전한 판단 능력과 풍부한 경험입니다. 한창 창의력을 키워야 할 청년기에 입대하게 됨으로써 사고가 경직될 우려도 있습니다. '젊은이들이 국방을 지켜야 한다'는 인식 자체가 '젊을수록 건강하다'는 구시대적인 고정관념에서 나온 것입니다. 요즘 50대는 운동과 등산으로 여느 젊은이보다 건강한 분들이 많습니다. 그런 분들이 퇴직 후 집 주변을 배회하며 '삼식이' 소리를 듣는 것은 사회적 낭비 아닐까요?

■ 앞으론

50대도 의지만 있다면 신체·체력·심리 검사를 거쳐 군에 입대할 수 있도록 하겠습니다. 이들이 쌓아온 경력에 맞는 분야를 개발해 역량을 최대한 발휘할 수 있도록 하겠습니다. 아, 기혼인 경우는 어떻게 하느냐고요? '주말, 가족 앞으로', '부부 사랑 쿠폰' 등 다양한 제도를 도입해 행복한 가정 생활을 병행할 수 있게끔 하겠습니다. 숙소와 시설도 50대에 맞게 리모델링하겠습니다.

50대가 국방을 지키는 동안 젊은이들은 학문을 공부하고 기술을 익힐 수 있습니다. 국가에 대한 의무를 다하시는 윗세대들에 대한 청년들의 존경심은 커질 것입니다. 50대 취업난도 어느 정도 해결할 수 있을 것으로 기대합니다. 부부 간의 관계도 애틋해지지 않을까요? 중년 그룹의 입대로 군대 내부의 질서가 무너질 수 있다는 건 지나친 우려입니다. 지휘 체계가 민주적이고 효율적으로 작동한다면 새로운 군 문화를 정착시키는 계기가 될 수 있습니다. 50대는 코를 많이 골 텐데 내무반을 어떻게 할 거냐고요? 앗, 그건 좀 생각을….

○ **공약 5. 인간답고 존엄한 죽음, 안락사 논의를 시작하겠습니다.**

■ 현재는

삶의 문제만큼 중요한 죽음의 문제에 대해 사회적 논의가 이뤄지지 않고 있습니다. 연명 의료를 중단하는 존엄사가 허용됐지만, 보다 적극적으로 죽음을 받아들이는 안락사는 허용돼 있지 않습니다. 말기 암 등으로 견딜 수 없는 고통을 겪으면서도 어쩔 수 없이 삶을 연장해가는 것은 당사자에게도, 가족에게도 비인간적인 상황 아닐까요. 2020년 2월 포르투갈 의회가 삶이 얼마 남지 않은 말기 환자들이 안락사를 선택할 수 있도록 허용하는 법안을 통과시켰습니다. 안락사를 허용한 일곱 번째 나라가 된 겁니다. 우린 언제까지 때가 되기만을 기다리고 있어야 할까요?

■ 앞으론

① 말기 암 등으로 수명이 얼마 남지 않은 성인이 ② 정상적인 정신 상태에서 ③ 의사의 확인을 거쳐 ④ 자발적으로 희망할 경우 안락사를 허용하는 법안을 사회적 차원에서 마련해나가겠습니다. 당장 도입하겠다는 게 아니라 논의를 본격적으로 시작하겠다는 겁니다. 안락사 도입에 어떤 장치들이 필요한지에 관한 제안은 물론이고, 우려와 반대 의견도 귀담아듣겠습니다. 각계각층의 목소리가 어우러져야 하는 문제니까요.

논의를 시작하면 다양한 관점에서, 다양한 의견들이 나올 수 있다고 생각합니다. 지금처럼 '위험한 논의'라는 이유로 사회적 의제에서 계속 배제하는 것은 바람직하지 않습니다. 의료계와 학계, 그리고 종교계의 광범위한 참여를 고대합니다. 인간다운 죽음의 조건에 대해 이야기하면 인간다운 삶의 조건에 대해서도 이야기할 수 있습니다. 인간답게 살고, 인간답게 생을 마칠 수 있는 나라가 우리 당이 바라는 세상입니다.

우리 당은 비례정당인 중경삼림당과 공조해 공약을 반드시 실천할 것을 약속드립니다. 우리당 장만옥 대표가 강조해온 대로 우리 당은 절대 선을 넘지 않습니다. 우린 그들과 다르니까요. 영웅본색당, 첩혈쌍웅당과는 공약의 수준이 다릅니다. 이번 선거에서 전폭적인 지지를 부탁드립니다. 다시 한 번 말씀드리지만, 스스로 돕는 자가 하늘을 돕습니다. 말이 이상하다고요? 음… 아무튼 그렇습니다. 여러분. 감사드립니다!

2024. 3. 11.

화양연화당
정책위 의장 양조위

멀쩡한 사람 웃음거리 만들어서 되겠느냐고요?

오늘도 〈머레이 프랭클린 쇼〉를 찾아주신 여러분, 감사드립니다. 다들 기억하시겠지만, 지난번에 어떤 코미디언 동영상을 보여드렸죠? 많은 분들께서 댓글을 달아주셨는데요. 이상하다, 기괴하다, 미쳤다, 눈물 나게 웃기다….

오늘은 조금 색다른 게스트들을 모셨습니다. 누구냐고요? 영화를 보다 보면 저 사람이 왜 저 상황에 나올까, 생각할 때가 있습니다. 요샛말로 "형이 왜 거기에서 나와?" 하는… '미친 존재감'이라고 할까요?

어떤 캐릭터들은 영화의 내용을 풍성하게 하는 데 머물지 않습니다. 영화의 흐름을 뚫고 나오는 힘이 있죠. 그런 캐릭터를 눈여겨보면 어느 순간 깨달음이 옵니다. '아, 저런 의미가 있구나.' '아, 저렇게도 살 수 있구나.' 그 분들을 지금 이 자리에 초대했습니다! 한 분 한 분 모셔서 직접 이야기를 들어보도록 하겠습니다. 첫 번째 출연자는 우디 앨런이 감독한 〈매치 포인트〉의 배너 형사입니다. 자, 여러분, 박수 부탁드립니다.

안녕하세요. 저는 영국 런던 경찰청에 근무하는 형사입니다. 저도 제가 이 쇼에 나왔다는 게 믿기지 않습니다. 정, 정말 영광입니다. 잠깐만요. 여, 여보! 나 텔레비전 나왔어. 사랑해! 으흠, 그럼, 말씀드리겠습니다.

저는 어떤 살인 사건을 수사 중이었습니다. 용의자는 크리스. 젊고 잘생긴 크리스는 부유층 딸과 결혼해 성공의 계단을 올라가다 위기를 맞습니다. 내연관계이던 노라가 임신을 하게 되자 크리스에게 허울뿐인 결혼 생활을 정리하라고 요구한 거죠. 공교롭게도 그 직후에 살인 사건이 일어납니다. 노라, 그리고 노라와 같은 아파트에 사는 할머니가 엽총으로 살해된 겁니다.

제가 등장하는 건 그때부턴데요. 할머니 집은 누군가 침입한 듯 서랍들이 열려 있고, 옷가지가 널브러져 있고, 패물과 약병은 사라진 상탭니다. 강도가 할머니를 엽총으로 살해한 뒤 달아나다 엘리베이터에서 내린 노라를 죽인 걸까요? 동료들은 마약 중독자의 강도짓을 의심하지만 저는 크리스를 범인으로 지목합니다. 노라가 남긴 일기장에 크리스와의 불륜 얘기가 나왔거든요.

저는 동료에게 유레카를 외칩니다. "놈의 짓이 확실해. 우릴 헷갈리게 하려고 노파를 먼저 죽이고 강도로 위장한 거야. 그리고 복도에서 노라를 기다렸어. 강도가 우연히 죽인 것처럼 꾸민 거지." 심드렁하게 듣던 동료가 제게 "나쁜 소식이 있다"고 하더군요. "어제 총격전에서 살해된 마약 중독자 주머니에서 노파의 결혼 반지가 나왔어요." 저는 미련을 버리지 못하고 한마디를 더 던졌습니다.

"크리스가 반지를 버렸고 그 마약 중독자가 주웠다면?"

"배심원단이 좋아하겠네요."

끝까지 싸워볼 수도 있었습니다. 하지만 쉽지 않은 싸움이 됐을 겁니다. 증거물인 엽총을 찾기 위해선 재력가 집안을 상대로 압수수색 영장을 받아내야 하고요. 크리스가 치밀하게 짜놓은 알리바이들을 깨나가야 합니다. 그런 다음엔 배심원단을 설득해야 하는데… 솔직히 자신이 없었습니다.

반면에 마약 중독자가 노라와 할머니를 살해한 것으로 처리하면 사건은 깨끗하게 마무리됩니다. 범인이 죽었으니 더 이상 수사할 필요도 없고, 사건은 '공소권 없음'으로 끝나는 거죠. 어느 쪽이 깔끔할까요? 피해 볼 사람도 없고… 저는 항복을 선언했습니다. "내가 졌다."

그래요. 저는 '편한 진실'에서 멈춰 섰습니다. 한 발짝 더 나아가지 않았습니다. 저기 저분, 뭐라고요? 무책임하다고요? 오, 저한테 이러지 마세요. 저는 신(神)이 아니라 생활인이라고요. 어쩔 수 없는 일입니다. 우리 인간은 현실에서 '어렵지 않게 입증할 수 있는 선'에서 멈출 수밖에 없습니다. 그 선을 벗어나면 생활이 위협받게 되니까요.

영화는 '인생은 운(luck)에 좌우된다'는 메시지를 전하고 싶은 것 같습니다. 저는 이렇게 말하고 싶습니다. 운이 인생을 좌우할 수 있는 이유는 인간이 살아가는 현실엔 어쩔 수 없는 빈틈들이 존재하기 때문이다. 그 빈틈들이 운을 만들어낸다. 어떻게 생각하십니까? 여러분.

아, 좀 씁쓸하네요. 'That's life, 그게 인생이다'는 이럴 때 쓰는 말인 거 같습니다. (제작진에게 잠시 얼굴을 돌리며) 알았어. 두 번째 출연자 다음에 바로 그 친구를 내보내라고. (다시 TV 카메라를 향하며) 여러분, 두 번째 게스트를 만나보겠습니다. 아, 한국인이군요. 오스카 작품상을 받은 봉준호 감독 〈기생충〉의 근세입니다. 아시죠? 저택 지하에 살던 그 남자. 그의 얘길 들어볼까요?

아, 안녕하십니까. 좀 쑥스럽고… 떨리네요. 제… 제가 이렇게 많은 사람이 모인 자리… 자리는 정말 오랜만이라서요. 제가 살면서 사람들 앞에 나선 적이 있나 싶네요. 어릴 때부터 지금까지 죽 다 봐도….

라스트네임? 아, 성이 뭐냐고요? 하도 오래 내 이름을 얘기 안 했더니 생각이…. 얘, 얘기를 하다가 기억이 나면 말씀드릴

게요. 여러분이 궁금하신 건 그거 맞죠? 어떻게 그 오랜 시간을 지하에서 살 수 있었느냐는 거? 그, 그거 간단합니다.

그, 그냥 하루하루 사는 겁니다. 제가 말했잖아요. "난 그냥 여기가 편해. 아예 여기서 태어난 것 같기도 하고, 결혼식도 여기서 한 것 같고… 국민연금이야 뭐… 나는 해당 없고…. 그래서 말인데 나 여기 계속 좀 살게 해주쇼." 말 그대로 계속 그냥 살면 되는 겁니다. 그렇게 살다 보면 하루가 이틀이 되고, 이틀이 사흘이 되고… 4년은 정말 잠깐이라고요.

그렇게 사는 게 진짜 사는 거냐고요? 인간은 무슨 목표를 갖고 살아야 하는 겁니까? 꼭 무엇이 되기 위해, 남에게 뭘 해주기 위해, 사회를 위해 사는 건가요? 당신은 그렇게 살고 있습니까? 저택에 살든, 반지하에 살든, 지하에 살든 당신들이나 나나 사는 건 다 같은 거 아닙니까. 여러분들은 몰라요. 이 생활의 묘미를. 햇살 좋은 날, 잠깐 지하에서 나와서 와이프랑 둘이서 오붓하게 햇볕을 딱 쬐다 보면 정말….

저요? 저도 쓸모 있는 인간이 되려고 했어요. 사채 써서 카스텔라 가게 하다가 쫄딱 망하고, 빚쟁이들 피해서 방공호로 만든 지하실에 몰래 들어가 살기 전까지는요. 근데 사람이 살아가는데 무슨 쓸모가 있어야 하나요? 영화 〈마션〉에 나오는 덕트 테이프 좋잖아요. 테이프로 우주 기지도 고치고, 우주복 헬멧 깨진 데도 붙이고…. 쓸모로 따진다면야 그런 만능 테이프가 인간보다 낫죠. 그 테이프보다 못한 건 저, 근세뿐이라고요? 아, 쩝. 제 아내 문광이 얘기처럼 불우이웃끼리 이러면 안 되는 거 아닙니까?

전 그래도 배은망덕하진 않아요. 기택이 가족처럼 박 사장
님 가족을 이용해먹지는 않아요. 저는 항상 리, 리스펙! 리스
펙하잖아요. 절 멕여주시고, 재워주시는 우리 박 사장님을. 박
사장님께서 계단을 오르시는 한 걸음, 한 걸음, 발소리에 맞춰
계단 전등 스위치를 켜기도 하고… 제가 박 사장님이나 가족
분들께 피해를 준 게 하나라도 있습니까? 아, 사장님 아들 놀
라게 한 거요? 그건 제가 고의로 그런 게 아니잖아요. 고의도
아닌데….

왜 제 삶을 당신들이 규정하는 겁니까? 저는 제 삶을 사
는 거고, 제 삶을 리스펙합니다. 리스펙! 세상에 모스 부호를
타전하면서. 자, 해석해보세요. 제 삶의 의미를. '- · · -- ·
· ---- · · · · · · --- · · -- · · -- · · ·,'

근세. 무슨 뜻이죠? 혹시 욕 아닌가요? (제작진을 바라보며)
PD, 자막 지워! (다시 플로어를 보고 웃으며) 지금 출연하신 두
분은 조연이지만 자기 삶에선 결코 조연이 아니었습니다. 저
분들 메시지 하나로 영화 한 편도 만들 수 있겠다는 생각이
듭니다. 우리 인생에 조연이 어디 있나요? 다 주연이지.

자, 그럼, 여러분, 이제 여러분이 기다리시던 시간이 왔습니
다. 오늘의 깜짝 게스트를 소개하겠습니다. 지난번 보여드렸
던 영상 기억나시죠? 그 주인공이 지금 나옵니다. 그의 이름
은 '조커'.

잠깐 조커 군(君)의 영상에 관해 말씀 좀 드리고 싶습니다. 저보고 뭐라고 하신 댓글도 있어서요. 조커 영상 보고 제가 한 말은 이겁니다. "그때 어머니 말씀 듣지 그랬어." "그러게. 아무도 안 웃네. 친구." 뭐, 별 얘기도 아니었습니다. 저는.

그 영상을 내보낸 이유가 뭐냐고요? 콘셉트가 확실하잖아요. '재미없는 이야기를 하면서, 자기 혼자서 웃으며 눈물 흘리는 코미디언 지망생.' 웃기잖아요? 왠지 짠하기도 하고…. 페이소스라고 할까. 저도 웃었지만 여러분도 함께 웃고 즐기셨잖아요? 그렇잖아요. 여러분.

제가 그를 조롱했다고 하시면 그건 오해입니다. 저는 직업인일 뿐입니다. 제 직업은 여러분들께 '최대 다수의 최대 웃음'을 제공하는 거고요. 그래도 멀쩡한 사람을 웃음거리 만들어서야 되겠느냐고요? (어깨를 으쓱하며) 그 정도를 상처로 받아들인다면 그는 코미디언이 될 자질이 없는 겁니다. 그가 진짜 코미디언이 되고 싶다면 오히려 자신을 대중에게 알릴 기회로 삼아야죠. 오늘 부른 것도 그런 기회를 주는 거고요.

아, 물론 제가 뭐, 남들 위해서 희생하거나 봉사한다고 생각하지는 않습니다. 그 정도로 자기 주제도 모를 만큼 엉망은 아니에요, 제가. 예? 뭐라고요? 이기주의자라고요? (씩 웃으며) 그래요. 이기주의자라는 거, 인정하겠습니다. 남에게 피해를 주지도 않고, 그렇다고 손해를 보지도 않는 이기주의자. 됐습니까? 만족하십니까?

그렇다고 '배려심도, 예의도 없는 인간'이라고 말하는 건 너무 심하죠. 저보다 못한 사람들에게 관심을 보이지 않는다고 해서, 좀 무신경하다고 해서 그게 그렇게 욕먹을 일인가요? 남을 배려하지 않는다고 죽일 놈이라고 하면 세상에 남아날 사람이 있겠어요?

아, 죽을 필요까진 없겠지만 반성을 해야 한다고요? 그래도 정말 필요할 땐 남들을 위해 손해도 보고 해야 하는 거 아니냐고요? (잠시 침묵한 뒤) 그럼, 이 쇼를 보시는 여러분은 저하고 얼마나 다르죠? 제가 지금 거리에서 광대 마스크 뒤집어쓰고 시위하는 사람들에게 관심이 없다고 하는데, 이 시간에 제 쇼를 보시는 여러분은 저하고 무엇이 다른가요? 여러분께서도 손해 볼 마음은 털끝만큼도 없는 이기주의자들 아닌가요?

그러니, 그런 골치 아픈 얘기들은 접어두고, 저와 이 시간을 즐기시면 되는 겁니다. 인생 뭐 있습니까? 웃고 즐기면 되는 거죠. 사설이 길었습니다. 이제 불러볼까요? 나와요. 조커.

(밴드의 음악과 함께 노란 조끼에 빨간 양복을 입은 조커가 등장한다.)

반응으로 본 나의 인생 이야기

　헤이, 저커버그! 나는 스마트폰 세상에 들어와 있어. 페이스북 앱 '설정' 화면에서 '계정 삭제 계속'을 눌렀어. 이제 비밀번호만 넣으면 계정은 날아가지.

　늘 그렇듯 선택의 갈림길에 서면 설레면서도 주저돼. 그래. 지금 난 당신이 만든 반응의 신세계로부터 탈주를 꿈꾸고 있어. 혹시 당신을 협박하는 거냐고? 오! 아니야. 저커버그. 당신을 협박할 리가. 난 페이스북엔 불만이 없어. 단지 내가 왜 계정을 삭제하려고 하는지 개인적 이유를 말하고 싶은 것뿐이야. 정말 그거뿐이라고.

　내가 세상에 처음 반응을 보인 순간은 언제였을까. 이미 태어나 울음을 터뜨렸을 때였겠지. 그 고고성(呱呱聲)에 대한 첫 반응은 "아들이에요"였을 테고. 난 끊임없이 누군가에게 반응하고, 누군가의 반응을 받으며, 살아왔고 살아가겠지. 그때 그 요람에서 언젠가 묻히게 될 무덤까지.

인간은, 아니 동물은 살아 있는 한 반응해. 인간은 '인간적으로 반응하는 동물'일 뿐이지. 인간적인 반응이란 동물적인 반응과 어떻게 다를까.

폭력은 결코 '인간적인 반응'이라고 부를 수 없어. 인간적인 반응이란 사람만이 할 수 있는 반응이니까. 좋은 일이 있을 때 기뻐하고, 분노해야 할 때 분노하고, 다른 누군가의 고통에 슬퍼하고, 남의 행복에 즐거워할 수 있어야 인간은 인간이 되는 거야.

이렇게 어떤 반응이 계속되다 보면, 그래서 그 반응에 길들여지다 보면 특정한 반응을 기대하게 돼. 아무래도 자신을 모욕하고 비난하는 반응을 기대하긴 힘들지. 대개는 사랑이나 칭찬의 반응을 기다리게 돼. 자기 존재를 인정해주는 반응 말이야. 인정해주는 사람을 위해서라면 목숨까지 바치는 게 인간이잖아.

저커버그. 반응은 때로는 사람을 변화시키기도 해. 그 증거가 나야, 나. 초등학교 때 난 성적이 그렇게 좋지는 않았어. 선생님들이 가끔 쳐다봐주는 정도? 그런데 어느 날 갑자기 맨 앞자리로 점프했어.

여기엔 말 못 할 사정이 있었어. 쪽지 시험이었을 거야. 담임선생님이 짝꿍과 시험지를 바꿔서 점수를 매기도록 했어.

그때 짝꿍과 나는 비밀 계약을 맺었지. 서로 틀린 것을 하나씩 맞힌 걸로 하기로. 사이좋게 너도 하나, 나도 하나, 너도 하나, 나도 하나…. 짝꿍 녀석과의 상대적 격차 때문일까. 성적이 올라도 너무 올랐어.

"짜식. 너도 하니까 되는구나."

칭찬은 고래도 춤추게 하는 걸까. 속아준 세상이 부담스러웠던 걸까. 그때부터였어. 내가 공부에 열을 올리기 시작한 건. 일종의 플라세보효과였어. 가끔 '그 사건'이 생각나곤 해. 그 일이 없었다면 그 어린아이의 앞날은 또 어떻게 달라졌을까.

이후 '공부 좀 한다'는 게 나의 유일한 장점이 되었어. 등수가 아니라면 정말 나는 아무것도 아니었어. 매일 먹고, 학교 가고, 공부하고, 집에 가고, 공부하고, 다시 먹고, 자고…. 크지도 않은 키에 몸무게가 80킬로그램을 훌쩍 넘었어. 턱걸이 하나를 못 할 정도였지.

고3 때 체력장을 전부 뛰었는데도 20점 만점에 16점을 받았어. "기본점수 받을 걸 왜 뛰었니? 그 시간에 공부나 하지." 선생님들은 혀를 찼어. 묘하게도 그것마저 과시용 액세서리로 느껴지더군. '몬스터'란 별명이 붙은 건 그즈음이었어. 우월감과 열등감의 기괴한 조합물에 합당한 이름이었지. 자기 안에 웅크려 있으면서도 남들의 관심에 굶주려 있는. 부끄럽지만 어쩌겠어. 그게 바로 나인 걸.

대학에 가자 날 주목해주는 사람은 없었어. 다들 나보다 머리가 좋아 보였고, 옷차림도 깔끔했고, 성격도 좋았지. 더 깊고 울창한 열등감의 숲으로 들어갔어. 역시 몬스터에겐 책상 앞이 어울리는 걸까.

여기저기 상처를 입게 된 나는 사법시험이란 동굴 속으로 들어가기로 했어. 같은 언더서클에 있던 친구 녀석이 내가 공부하고 있던 도서관으로 찾아왔어.

"만약 네가 판사가 되면 내게 무죄를 선고할 수 있겠니?"

나는 대답할 말을 찾지 못했어. 이 얘기는 《정의를 부탁해》 프롤로그에 쓴 바 있어. 그런데 그때 꺼내지 못한 이야기가 있어.

"왜 학생운동을 하지 않으려고 하는 거냐?"

그가 재차 물었고, 나는 그에게 말했어.

"난 기간(基幹·조직의 중심)이 되지 못할 것 같아."

나뭇가지에 붙은 이름 모를 잎으로 살다가 낙엽으로 떨어져 거름이 되지는 못하겠다, 누구의 주목도 받지 못한 채로 무명(無名)의 헌신을 하며 살고 싶진 않다는 뜻이었어. 친구의 반응도 "너도 기간이 될 수 있어"가 아니었어. "모두가 기간이 될 필요는 없어"였지.

대학 졸업 후 신문사에 들어가서도 반응은 중요했어. 수습기자 시절 선배 기자들의 반응에 일희일비했지. "왜 일을 이렇게밖에 못 하나?" "정말 잘했어!" 질책과 칭찬 사이를 시계추처럼 오갔어. 우쭐함과 기죽음의 연속이었지.

뭐라도 기삿거리를 찾아 보고하면 반갑게 맞아주는 선배 목소리가 좋았어. 인정받기 위해 취재하고, 인정받기 위해 기사를 썼어. 기자라는 직업 자체가 반응과 뗄 수 없는 관계였어. 신문에 실린 기사에 대한 반응을 체크하는 것도 보도의 한 과정이었어.

"이번 기사에 경찰에선 뭐라고 해?"

"검찰 쪽은 뭐 특별한 반응 같은 거 없어?"

차장, 부장들은 기사의 파장을 궁금해했어. 별다른 반응이 없는데도 부풀려서 보고하는 기자들이 있었어. "반응이 아주 뜨겁습니다." "경찰이 난리 났습니다." 그들은 간부들의 예쁨을 받았어. 반응이 없는 기사는 가치가 없는 기사였던 거고.

인터넷이 도입되고 모바일 세상이 되면서 반응의 중요성은 더 커졌어. 반응은 PV(page view·조회 수) 같은 숫자로 정확하게 산출되었지. 기사 페이지에 얼마나 머무느냐, 댓글이 얼마나 붙느냐도 중요한 반응이었어. '제목에 유명인의 이름이나 신조어, 유행어를 넣어야 한다.' PV 올리는 방법이 체계화돼 갔어.

"기자들 이름이 서울 광화문을 중심으로 많이 검색된다. 기자들이 자신이 쓴 기사에 대한 반응을 찾아보는 게 아닐까 싶다."

인터넷 검색 전문가의 특강을 들을 때였어. 피식 웃음이 나왔어. 무의식적으로 포탈 검색창에 이름 석 자를 두드리고 있는, 겸연쩍은 내 모습이 스쳤기 때문이었지.

처음엔 내 글에 붙은 댓글들을 보며 대중의 감각을 익힐 수 있었어. 댓글에서 아이디어를 얻어 글을 쓸 때도 있었어. 그러다 어느 순간 댓글을 보기가 무서워졌어. '보수 언론'으로 불리는 지면에 다른 방향의 글이 실리는 게 싫었던 걸까. 성향을 문제삼는 댓글이 많이 붙었어. 가끔은 방향 제시를 하는 듯한 댓글도 보였어. '권 위원. 박근혜, 원세훈 얘기만 쓰지 말고 한명숙에 대해서도 써보시게.'

저커버그. 당신의 페이스북은 달랐어. '친구 추가'를 신청하고 수락하는 과정을 거치기 때문일 거야. 불특정 다수가 올린 기사 댓글과는 온도 차이가 컸어. '좋아요'가 많이 달릴수록, 공유가 많이 될수록, 댓글이 많이 달릴수록 반응이 피부에 다가왔지. 비슷한 생각을 가진 이들로부터 감정적인 지지를 받는 느낌이랄까. 점점 반응을 예상하거나 기대하면서 글을 쓰게 됐어.

그러다 반응에서 놓여나고 싶다는 생각이 든 건 방송사에서 신문사로 돌아와 칼럼을 다시 쓰게 되면서였어. 문득, 거울들에 둘러싸인 방에 갇힌 느낌이 들었어. 그것은 저커버그 당신의 책임도, 다른 누구의 책임도 아니었어. 내가 만들어낸 반응들 속에 스스로 유폐돼 있다고 할까. 나는 나에 대한 반응의 교집합에 그치는 것 아닐까, 두려움이 커져갔어.

반응을 예상하고 기대하는 것에 대해서도 다시 생각하게 됐어. 반응을 추구하며 산다면 반응 그 이상은 절대 될 수 없는 것 아닐까. 반응의 노예로 산다는 건 너무나 지겹고 끔찍한 일 아닐까. '죽는 날까지 하늘을 우러러' 반응에서 자유로워질 수 없다 해도 반응에 대한 의존도는 낮춰가야 하지 않을까.

그 무렵이었어. '페북에서 탈퇴했습니다. 한 시기를 마무리하려고 합니다.' 단톡방에 있는 한 대학 교수가 페이스북에서 해방되었다고 알려왔어. 마음속으로 그가 부러웠어. 나도 그러고 싶다는 욕망이 스멀거렸어. 그럼에도 망설였던 건 페북에 중독돼 있기 때문일 거야.

그러다 방아쇠를 당긴 사건이 있었어. '조국 사태.' 페북에 들어가면 자꾸만 마음이 심란해졌어. 머릿속이 정리되는 게 아니라 더 엉켰어. "조국이 잘못한 게 뭐가 있느냐." "이건 조국이 잘못한 거다. 부인이 한 일을 조국이 몰랐겠느냐." "조국이 잘못을 했다고 검찰의 인권 유린에 눈을 감아도 되느냐." '조국 수호', '조국 구속', '검찰 개혁'이 설상가상으로, 피장파장으로 부딪히고 부대꼈어.

세 갈래, 네 갈래, 다섯 갈래로 나뉜 페친들의 반응이 내 생각에 실시간으로 영향을 미치고 있었어. 저이는 괜찮은 사람인데 왜 저런 글을 올렸을까. 그가 쓴 글 중에 이 부분은 무슨 뜻일까. 그들이 왜 그런 생각을 하고, 그런 글을 썼는지를 생각하게 됐어. 반응에 반응을 하고, 또 그 반응에 다시 반응하고, 그 반응들이 내 마음에 잔물결을 일으키고…. 그 끝없는 파문에 갇힌 느낌이었어.

그래, 저커버그. 이전에도 이런저런 반응들이 영향을 미쳤을 거야. 내가 알아차리지 못했을 뿐이지. 반응에서 도피하는 게 과연 옳은 선택일까? 내 멘탈이 약한 게 아닐까? 묻고 또 물었지만 답은 하나였어. 페북 계정 하나 삭제한다고 해서 반응에서 해방될 수 없다는 건 나도 알아. 그저 반응의 창(窓)을 하나쯤 닫아보겠다는 안간힘이라고 할까.

왜 이 순간에 신라 장군 김유신이 생각날까. 술 취한 주인을 태우고 천관녀의 집을 찾아갔던 김유신의 말은 목을 베였지. 불쌍한 말…. 주인이 가지 않으면 될 일인데 말이 대신 죽은 거지. 나도 내 잘못을 페북에 전가하는 것 같아, 당신에게 미안하군. 그렇다고 베임을 당하는 건 아니니까, 이해해주리라 믿어.

자, 10개의 숫자와 기호로 된 비밀번호를 두드려 넣었어. 난 이제 곧 광활한 인터스텔라 속으로 들어가게 돼. 우주선으로 연결된 줄이 끊긴 채 우주 공간을 둥둥 떠다니겠지. 나는 자유로울까? 아니면 외로울까? 어쩌면 둘 다일지도. 이제 누르기만 하면 끝이야. 그럼, 굿바이, 저커버그!

아…이게 뭐지? '14일 이내에 계정에 로그인하시면 삭제 요청을 취소하실 수' 있다고? 무슨 이혼도 아니고 숙려 기간까지 주는 거야? 당신 머리는 못 당하겠군. 다시 '행복 끝, 고민 시작'인 거야? 2주를 버텨서 광야로 나아가느냐, 속절없이 당신의 품으로 돌아가느냐. 이러지 마, 저커버그. 내게 자유를 달라고.

정의는 늘 불완전하고 삐걱거리지만

'피해자다움'이란 21세기 한국에서 절찬리에 판매되고 있는 이미지 상품이다. 피해자는 흠 한 점 없이 순수해야 한다. 슬픔을 속으로 삭여야 한다. 무슨 일이 있더라도 무리지어 분노를 표출하거나 악다구니를 써서는 안 된다. 그것이 피해자다움의 콘텐츠다.

이런 사회에서 피해자는 머리부터 발끝까지 스스로를 검열하게 된다. 지금 남들 눈에 비치는 내 모습이 피해자 같을까. 표정이나 옷차림이 가식적으로 보이지 않을까. 억지 쓴다고 욕먹는 건 아닐까. 피해자가 세상을 떠난 경우 유족들은 더 곤혹스러운 상황에 놓인다. 왜 자꾸 유족들이 목소리를 높여? 그런 사고를 당신들만 당했어? 도대체 돈을 얼마나 받으려고 이래?

　영화 〈쓰리 빌보드〉의 피해자 어머니 밀드레드(프란시스 맥도먼드)는 '피해자다움'을 단호하게 거부한다. 10대 딸 안젤라는 집을 나간 뒤 불에 탄 시체로 발견된다. 성폭행당한 뒤 살해된 것이다. 7개월이 지났지만 범인은 잡히지 않는다. 뜨거웠던 지역사회의 관심도 시들해진다. 밀드레드는 마을 외곽 도로에 있는 세 개의 대형 광고판(Three Billboards)을 빌려 문구 세 개를 내건다. 미국식 대자보다.

> 죽어가면서 강간당했지
>
> RAPED WHILE DYING
>
> 아직 아무도 체포하지 못했다고?
>
> AND STILL NO ARRESTS?
>
> 어떻게 된 거지, 윌러비 서장?
>
> HOW COME, CHIEF WILLOUGHBY?

　다음 날 경찰서장 윌러비는 밀드레드를 찾아가 하소연한다. "전국의 모든 범죄자와 DNA가 일치하지 않고, 단 한 명의 목격자도 없는데 더 이상 어떻게 합니까?" 밀드레드는 그의 눈을 응시하며 말한다.

　"나였다면 데이터베이스를 만들 거예요. 남자아이들이 태어나면 DNA를 추출해놓고 그들이 뭔가 죄를 지었을 때 가능한 빨리 DNA를 대조하는 거죠. 100퍼센트 일치하면 그놈들을 죽일 거예요."

상황은 예기치 않은 방향으로 치닫는다. 암 투병 중이던 윌
러비가 자살하자 경찰관 딕슨(샘 록웰)은 사고뭉치인 자신을
건사해주던 상관의 죽음에 분노한다. 이후 뒤죽박죽으로 뒤엉
켜 싸우던 밀드레드와 딕슨이 하나의 접점에서 만난다. 딕슨
이 술집에서 "내가 여자를 성폭행하고 살해했다"고 친구에게
말하는 남자를 발견하면서다. 딕슨은 그에게 시비를 걸어 몸
싸움을 벌인 끝에 DNA를 확보한다. DNA 분석 결과 문제의
남자가 안젤라 살해범으로 나올까. 딕슨은 밀드레드를 찾아가
말한다.

"그는 당신이 찾는 범인이 아니에요. 하지만 여성을 살해한
강간범인 것만은 틀림없어요. 그가 어디에 사는지 알아요."

밀드레드가 "어디냐"고 묻자 딕슨은 "아이다호에 산다"고
답한다.

"그거 재미있네. 아침이 되면 아이다호로 가야겠어."

다음 날 아침 두 사람은 총을 차 트렁크에 넣고 아이다호로
향한다. 달리는 차 안에서 밀드레드가 딕슨에게 "정말 괜찮겠
느냐"고 묻는다.

"그놈 죽이는 거요? 사실 그렇지는 않아요. 당신은요?"

"나도 꼭 그렇지는 않아."

밀드레드의 마지막 말은 의미심장하다.

"가는 길에 결정할 수 있겠지(I guess we can decide on the
way)."

영화를 본 첫 감상은 혼란스럽다는 것이었다. 여러 생각과 감정들이 소용돌이친다. 그 소용돌이가 잦아들면 질문 두 개가 남는다.

첫째, 완전한 사람만이 정의를 추구할 수 있는가.

둘째, 완벽한 정의는 과연 존재하는가.

이 영화를 이끌어가는 밀드레드와 딕슨의 면면을 보자. 둘은 앙숙이지만 그들만큼 공통점을 가진 이들도 드물다. 둘 다 행동이 앞서는 스타일이다. 빈 구석이 많고 좌충우돌이다. 그들이 바라는 정의는 불완전 연소될 가능성이 크다.

당신은 그들이 너무 한심하다고 말할지 모른다. 영 미덥지 못한 게 사실이다. 하지만 그들의 모습은 곧 우리의 모습이기도 하다. 이성보다 감정이 앞서고, 시간이 지나면 반드시 후회할 행동을 하고, 직진 본능으로 움직이다 성급함에 걸려 넘어지기 일쑤다.

사회를 이끌어가는 주역은 역시 소수의 엘리트인가. 우리가 정의라고 부르는 것도 그들이 이뤄가는 수밖에 없는가. 아니다. 국민이 주권자인 나라에서 그들은 시민들을 대신해 집행할 뿐이다. 그들이 정의를 독점할 수는 없다. 밀드레드‘들’이 정의를 추구하는 것을 막을 권리는 누구에게도 없다.

이제 우린 두 번째 물음 앞에 선다. 현실 세계에서 완벽한 정의가 존재하기는 어렵다. 인간의 정의는 절대적이면서도 상대적이다. 정의는 고정불변의 것이 아니다. 어제는 정의였던 것이 오늘 새로운 이름의 정의에 반박된다. 인간의 정의(正義)

는 끊임없이 새롭게 정의(定意)되어야 한다.

출렁거리는 현실에서 무엇이 딱 맞는 정답인지는 말하기 어렵다. '가는 길에 결정하는' 것이 정답일 수 있다. 방향을 정한 뒤 길을 떠난다는 건 말처럼 쉽지 않다. 모든 걸 결정한 다음 떠난다고 한다면 떠나기 어려울 수도 있다.

아, 옳은 지적이다. 밀드레드와 딕슨이 마음먹은 정의는 이상하다. 우리가 배운 보통의 정의와는 다르다. 자기 딸을 죽이지 않은 성폭행 살인범에게 정의를 집행하겠다고 한다. 그가 내 딸을 죽인 범인이 아닐지라도, 설사 지구 반대편에서 일어난 일일지라도, 성폭행하고 죽인 것이 사실이라면 우리가 응징하겠다는 것이다. 죄를 저지른 것이 분명하다면 누구든 범죄자를 발견하고 확인한 사람이 다스려야 하지 않겠느냐는 것이다.

"분노는 더 큰 분노를 낳을 뿐이다." 영화의 한 인물이 밀드레드에게 자제하라고 했던 이 말은 조금 다른 의미로 다가온다. 어쩌면 밀드레드의 분노는 '더 큰 차원의 분노' 아닐까. 이 '더 큰 분노'는 만만치가 않다. 인간이 밀어붙일 수 있는 정의의 최대한이다.

'법적으로' 따지자면, 이러한 논리는 근대 법 정신이 세운 적법절차의 세계를 '줌 아웃(zoom out)'시키는 것이다. 범죄자의 인권도 중요하다. 범죄 혐의는 수사와 재판을 거쳐 증거와 진술로 입증되어야 한다. 경찰서장 윌러비가 말했듯 '모든 남성들을 잠재적 가해자로 봐서는' 안 된다.

하지만 적법절차의 세계가 말하는 정의는 무기력하다. "현행 법체계에서 더 이상은 어렵다." 우리가 지겹게 들어온 수사기관의 변명이다. 자녀 잃은 가족들에겐 통하지 않는다. 가족들은 수사기관이 자신들 앞에서 하소연할 것이 아니라 피해자의 고통에 공감하고, 가족의 마음으로 수사에 매달릴 것을 요구한다.

피해자들이 세운 광고판들은 세상을 향해 '계속 관심을 가져달라'는 아우성이요, 가족을 잃은 뒤 살아가기 위한 몸부림이다. 법 논리와 법 감정은 서로 연결돼 있고, 함께 진화해야 한다. 법 감정은 앞서가는데 법 논리가 제자리걸음을 한다면 그 사회는 불안해질 수밖에 없다. 법 논리는 어떻게든 법 감정을 설득해 편차를 줄일 방법을 찾아야 한다.

더욱이, 많이 배우고 어려운 시험을 통과했다는 법조인들이 자신들은 완벽하고 일반인들은 불완전하다고 생각한다면 그것처럼 위험한 일은 없다. 법률가 자신들만 정의를 주장할 수 있다는 착각은 그들을 잘못된 길로 이끈다.

엘리트 법조인들이란 자들이 벌인 일들을 보라. 사법행정을 했던 판사들이 작성한 문건에는 이렇게 적혀 있다.

●일반 국민들은 대법관이 높은 보수와 사회적인 지위를 부여받고 있는 만큼, 그 정도 업무는 과한 것이 아니며, 특히, '내 사건'은 대법원에서 재판받아야 한다고 생각하는 이기적인 존재들임.●

문건은 이어 '이기적인 국민들 입장에서 상고법원이 생겼을 경우 어떠한 장점이 있는지 접근해야 한다'고 강조한다. '내 사건'을 제대로 판단받고 싶다는 것이 왜 이기적인가. 상고법원 제도가 왜 필요한지 국민들이 납득해야 도입할 수 있는 게 당연하지 않은가. 그걸 두고 꼭 '이기적인 국민들 입장'이란 말을 넣어야 하는가.

　검찰은 더 가관이다. 수사를 잘못 해놓고도 한사코 오류를 인정하지 않으려 했다. 약촌 오거리 살인 사건을 보자. 강압수사로 사건을 조작했던 경찰은 그래도 재수사에 나서 진범을 잡았다. 하지만 검찰은 구속영장 신청을 기각했다. "물증인 흉기를 확보하지 못했다." 실제론 '조직 보호'를 위해서였다. 그 결과 15세 소년은 25세 청년이 되고서야 교도소에서 만기 출소했다.[**]

　그토록 정의를 외치며 먼지떨이 수사, 별건 수사를 벌이던 특수부 검사들이 퇴직만 하면 잘나가는 '전관(前官) 변호사'로 변신한다. 어제까지 척결하겠다고 벼르던 거악(巨惡)들을 위해 자신이 검찰에서 익힌 기량과 노하우를 아낌없이 발휘한다. 목표가 '자리'(권력)에서 '돈'으로 바뀌었을 뿐이다. 영화 〈시크릿 세탁소〉에서 탈세와 탈법을 비호하는 악덕 변호사는 말한다.

•　법원행정처 문건 〈8.29.(금) 법무비서관실과의 회식 관련〉(2014년 8월 31일) 일부. 밑줄은 문건 원문에 있던 것임.

••　박준영 지음, 《우리들의 변호사》, 이후, 2016.

"로스쿨에 갔다. 세상을 구하고 싶었다. 알고 보니 세상을 구한다는 건 아주 힘든 일이었다. 일은 많고, 돈은 안 되고, 세상은 구원을 원치 않는 눈치였다. 공평한 게 좋지만 그래도 이기고 싶었다. 의롭게 살고 싶었지만 앞서가고 싶었다. 그러다 '그냥 날 구하는 게 낫겠구나' 생각하게 됐다."

정의는 머리 좋고 공부 잘하는 자들의 독점물이 아니다. 피해자나 그 가족이 완전하지 않다고, 결함이 있다고, 그들을 조롱하거나 비켜가서는 안 된다. '순수한 피해자'라는 도식은 피해자의 발언권을 박탈하려는 수작이다.

정의는 늘 불완전하고 삐걱거리지만 사람들 마음속에 살아 숨 쉰다. 완전한 인간이 완전한 정의를 추구하는 것이 아니라 불완전한 인간이 불완전한 정의를 추구하는 것이다. 우리가 향해야 하는 건 결과로서의 정의가 아니라 과정으로서의 정의다. 그 토론의 과정이 바른 방향으로 이어지기만 한다면.

"가는 길에 결정할 수 있겠지."

영화 마지막 장면에 이르면 '비호감 캐릭터'였던 밀드레드와 딕슨이 사랑스러워 보이기까지 한다. 영악하지 못하고 서투르기만 한 두 사람이 떠나는 먼 길에 '축 장도(祝 壯途)'를 보낸다. 아니, 가능하기만 하다면 그들이 탄 차 뒷좌석에 앉아 함께 가보고 싶다. 그들의 목적지인 아이다호에서 무슨 일이 벌어질까. 두 사람은 또 얼마나 흥미진진한 소란을 피울까. 정말 궁금해서 견딜 수가 없다.

에필로그

즐거운 모험

언제부턴가 칼럼을 쓰는 일이 힘에 부쳤다. 한국 사회가 정확히 두 쪽으로 나뉘면서다. 과거엔 그나마 여러 갈래의 의견이 함께 어울릴 수 있는 공간이 있었다. 그런데 어느 순간 그것이 가능하지 않게 됐다. 2017년 대통령 탄핵이란 거대한 사건이 있었기 때문일까. 이편과 저편 사이엔 건널 수 없는 반감(反感)의 강이 놓였다.

그런 틈바구니에서 무언가를 쓴다는 건 쉬운 일이 아니었다. 그 지면에, 그 주제로, 그렇게 쓸 수 있는 사람은 나밖에 없다는 압박감이 들었다. 내가 쓰고 싶은 것보다 내가 써야 할 것을 써야 했다. 그러지 말자, 마음먹기도 했지만 어쩔 수가 없었다. 글 쓰는 과정을 지배한 것은 즐거움이 아니라 의무감이었다.

'스타일의 실험을 계속해보자.' 칼럼을 쓰면서 나름대로 세웠던 신조를 지키지 못했다. 포연이 자욱한 대치 상황에서 새로운 스타일을 시도한다는 게 한가롭게 비치지 않을까. 우습게 보이지 않을까. 그러다 보니 '…해야 한다' '…해서는 안 된다'의 말투에 기대고 있는 자신을 발견하게 됐다. 그 마음은 하나도 행복하지 않았다.

지난해(2019년) 가을이었다. 편집자 강태영이 찾아왔다. 강태영은 문학잡지 〈악스트(Axt)〉와 〈채널예스〉에 실었던 글들을 중심으로 책을 내자고 했다. 절반 이상을 새로 쓰고, 썼던 글도 처음부터 다시 손봐야 했다. 그해 12월, 황현산 교수의 말씀을 빌리면, 밤이란 선생 앞에 앉았다.

다르게 쓰기에 대한 욕망이 커졌다. 내키는 대로 소재를 골라서 마음껏 쓰고 싶었다. 꼭 틀림없는 사실을 말하거나 확고부동한 결론을 맺어야 하는 건 아니지 않은가. 껄렁대는 문제제기에서 멈춰도 되지 않는가. 일련의 물음들이 마음을 들뜨게 했다. 강태영도 반응을 보태주었다.

"지난번 글은 글을 갖고 노는 느낌이 있어서 좋았는데 이번 글은 그런 게 좀 약해서…."

"봉준호 영화처럼 어느 대목에선 차원이 확 달라질 수는 없을까요?"

그런 지적은 나도 할 수 있겠다, 당신이 한번 써보라고 하고 싶었다. 그런데 지적받는 마음이 싫지만은 않았다. 투덜대며 고쳐서 보냈고 가슴 졸이며 답을 기다렸다. 나이 들어 '젊은 데스크'를 만난 기분이릴까. 그와 이야기 나누며 글이, 문체가 달라져갔다.

그 과정에서 내가 얻은 교훈은 이것이다. 힘든 일이라고, 중요한 일이라고 꼭 인상을 찌푸리며 할 필요는 없다. 늘 눈앞을 가로막는 적(敵)은 자기연민이다. 나중 일은 나중에 고민하고, '뒷담화'는 남들에게 맡기고, 성큼성큼 즐거운 마음으로 가면 된다. 내가 가보고 싶은 대로 가보면 된다.

이 책의 많은 글들이 코로나19가 엄습했던 2020년 봄에 태어났다. 모두가 마스크로 얼굴을 가리고 '사회적 거리 두기'를 하던 3, 4개월이 글쓰기에 몸을 기울일 수 있었던 시간이었다. 길고 긴 터널 같았던 몇 달이 지나고 책을 탈고하자 인생의 또 다른 막이 올랐다. 1년 반 전 떠나왔던 곳으로 다시 돌아가 일하게 됐다. 전혀 예상하지 못했던, 스펙터클한 봄이다.

다시 스타트라인에 서서 다짐해본다. 저널리즘도 결국 사람에 대한 예의를 묻고, 따지고, 주장하는 일이라면 기꺼이, 즐겁게 해내리라. 무하마드 알리는 말했다. "나비처럼 날아서 벌처럼 쏘라." 벌처럼 쏜다는 건 한없이 가벼워 보이지만 벌의 입장에선 일생일대의 도박이다. 오직 한 점(點)에 온몸을 던지는 모험이다.

사람에 대한 예의

초판 1쇄 발행 2020년 6월 5일
초판 10쇄 발행 2022년 10월 12일

지은이 | 권석천
발행인 | 김형보
편집 | 최윤경, 강태영, 이경란, 임재희, 곽성우
마케팅 | 이연실, 이다영
디자인 | 송은비
경영지원 | 최윤영

발행처 | 어크로스출판그룹(주)
출판신고 | 2018년 12월 20일 제 2018-000339호
주소 | 서울시 마포구 양화로10길 50 마이빌딩 3층
전화 | 070-5080-4113(편집) 070-8724-5871(영업) 팩스 | 02-6085-7676
e-mail | across@acrossbook.com

ⓒ 권석천 2020

ISBN 979-11-90030-51-9 03300

만든 사람들
편집 | 강태영
교정교열 | 윤정숙
디자인 | 김아가다
본문 조판 | 성인기획